Wolfgang Roeder

Umwelt – Naturschutz

BETRUG

Ökofaschismus bis hin zum Völkermord

Dr. Böttiger Verlags-GmbH

Nach Paul Webers bekannter Grafik: „Hitler, ein deutsches Verhängnis". Die Grafik erschien in Niekischs „rechtsstehender" Zeitschrift „Widerstand" im Januar 1933, d.h. noch vor der sogenannten Machtergreifung.

Satz: Dinges & Frick, Wiesbaden
Druck: Ebner Ulm
Printed in Germany 1993
ISBN: 3-925725-20-2

Wolfgang Roeder, geboren 1943 in Dresden,
wuchs bis 1953 im Harz auf, lebte dann bis 1964 in
Münster, Westfalen. 1960 gewann er einen 14tägi-
gen Spanienaufenthalt als ersten Preis eines Na-
turbeobachtungswettbewerbs. 1961 legte er die
mittlere Reife ab und erhielt 1964 den Gesellen-
brief der Schreinerinnung. Seitdem arbeitete er
als Restaurator in Köln und Erftstadt – zeitweilig
auch als selbständiger Restaurator. Sein besonderes Interesse gilt den Sprachen und den Natur-
wissenschaften.

Dieses Buch widme ich meiner Bekannten Marlies Lauterbach aus Erftstadt. In ihr fand ich nicht nur einen verständnisvollen Zuhörer, sie hat mir auch immer wieder Mut gemacht, die Arbeit fortzusetzen. Dafür meinen Dank!

Wolfgang Roeder, Erftstadt, Januar 1993

„Ein Nein gibt es immer, auch wenn es – weil gerade nicht opportun – nicht offen ausgesprochen wird. Wir aber leben vom Ja, das sich Menschen in ihrem Handeln geben."

Cornelia Oelsen, 1992

INHALTSVERZEICHNIS

VORWORT.

Seit 1980 bin ich dem „Waldsterben aus Luftverschmutzungsgründen" als Amateurforscher auf der Spur. Zunächst hatte ich nur meine Zweifel an dem, was gesagt und geschrieben wurde. Bald verdichteten sich diese zum Verdacht, daß es sich hierbei um einen gigantischen Betrug handeln müsse. Nur, wie ihm zu Leibe rücken? Kann ein Laie mit den Erkenntnissen, die ihm zur Verfügung stehen, es mit der durch die Medien aufgerührten Creme Wissenschaft aufnehmen? Denn, wenn es sich wirklich um einen Betrug handeln sollte, dann war anzunehmen, daß er nach allen Seiten abgesichert worden war. Das soll jeden Zweifler entmutigen, seinem Verdacht nachzugehen. Das geschieht am wirksamsten dadurch, daß man die Behauptungen ständig und von allen Seiten wiederholen läßt. So erscheinen sie als „allgemein anerkannt". Und wer will schon gegen die allgemeine Anerkennung anecken?

In meiner Beharrlichkeit hatte ich zwei Vorbilder. Das eine war mein Onkel Ulrich Roeder (1897-1987). Noch in den letzten Jahren seines neunzigjährigen Lebens unternahm er als Amateurforscher Expeditionen in den Kamerun, weil er fest davon überzeugt war, daß es neben dem bekannten Waldelefanten eine zweite Großsäugerrasse, den Zwergelefanten, geben mußte. Er wollte den Beweis dafür erbringen und ließ sich weder durch sein fortgeschrittenes Alter noch durch die üblichen Entmutigungen durch die Fachwelt von dieser schließlich sensationellen Entdeckung abbringen. Aus

seiner Hartnäckigkeit zog ich die Energie für meine
Bemühungen.

Das andere Vorbild danke ich meinem Vater, der mich immer ermahnt hatte: Wenn Du etwas als richtig erkannt hast,
bist Du verpflichtet, danach zu handeln. Als guter Kenner
deutscher Geschichte verehrte mein Vater unter anderen
auch besonders Johann Georg Elser. Dieser hatte in muster-
gültiger Konsequenz und mit großer handwerklicher Gewissenhaftigkeit 1939 die Bombe im Münchner Bürgerbräukel-
ler gelegt, die um Haaresbreite der Deutschen Geschichte
eine ganz andere Wendung hätte geben können.

Was hat das mit Umwelt und Naturschutz zu tun? Sehr viel!
Als Hitler sein Buch „Mein Kampf" unter das Volk streute,
nahm keiner seine Aussagen für bare Münze. Hitler kannte
das politische Phlegma seiner Landsleute. Sie würden das
nicht ernst nehmen, was er sehr ernst meinte. Hinterher waren alle klüger. Genauso verhält es sich heute mit dem Umweltbetrug. „Es wird nicht alles so heiß gegessen, wie gekocht.
Und etwas Gutes ist schließlich auch daran". Vermutlich wird
sogar heißer gegessen als gekocht, denn die Folgen werden
dramatisch sein. Jedenfalls führt zu keinem guten Ende, was
mit Lüge und aufgeputschter Propaganda beginnt.

Das Bundesverdienstkreuz für einen Mann wie Herbert
Gruhl hat mich aufgerüttelt. Hier braute sich im Namen von
Umwelt- und Naturschutz etwas zusammen, was nicht nur in
seiner Verlogenheit, seinem Mißbrauch der Wissenschaft, seinem zynischen Menschenbild der nationalsozialistischen Ras-
senlehre ähnelte. Der verwandte Geist steckte in dem maka-
beren Wort „verheizen". Ging es früher darum, Millionen
Menschen, die als Juden oder Untermenschen abgestempelt
worden waren, zu verheizen, so meint Herr Gruhl jetzt
scheinbar etwas viel Harmloseres. Ihm gilt als ökologische
Schande, wenn Leute auf unseren Breiten sich für ihre Wohnung etwas mehr Wärme wünschen, als er ihnen zubilligen
will. Das unterscheidet sich von der Sache der Verbrennungsöfen in Auschwitz. Aber ist die Lösung des „Übervölkerungsproblems", die Herrn Gruhl vorschwebt, deshalb hu-
maner, weil er an die Stelle von Zyklon B den freimarktwirt-

schaftlich verordneten Hungertod der Überbevölkerung
setzt? Und trifft der nicht jetzt schon Jahr für Jahr Millionen
unschuldige Menschen, Kinder, Alte und auch Arbeitsfähige?
Wenn die Impotenz des Menschen in Haß umschlägt und sich
wütend auf die Schwächeren wirft, dann hat die Stunde des
Faschismus geschlagen. Die Slogans ändern sich wie die Opfer. Auf den Gehalt, die Zielrichtung kommt es an.

Energie und Sturheit waren nötig, weil ich zunächst überall
auf Widerstand stieß. Freunde und Bekannte wollten den ab-
strusesten Behauptungen der Medien mehr glauben als dem,
was ich ihnen als plausiblen Beweis dagegen aufbieten
konnte. Aber auch bei denen, die Verantwortung für die
Wahrheitsfindung haben sollten, fand ich kein Gehör. Wenn
ich ihnen die offensichtlichsten Betrugsfälle darlegte, wurde
ich abgewiesen oder einfach für verrückt erklärt: Ein Queru-
lant, der sich in Szene setzen will. Es scheint in unserer so
„freiheitlichen Gesellschaft" nicht erlaubt zu sein, etwas zu sagen, was der allgemeinen Mode und der unablässigen Propaganda der Medien widerspricht.

Ich bekam das immer wieder zu spüren, und gerade das
konnte meinen Argwohn nur bestärken und ausweiten. War
das ganze Umweltgetue eine gesellschaftspolitisch berech-
nete Absicht? Dabei gehörte das „Waldsterben" anfangs gar
nicht in das Repertoire der Umweltschutzbewegung. Dieses
Pferd ritt die Forstlobby zuerst alleine. Erst später sprang
auch der Rest der „grünen Bewegung" auf die Märe auf.

Zwölf Jahre lang habe ich meine Erfahrungen und Beobachtungen zusammengetragen. Als ich endlich die einzelnen
Beobachtungen und Einwände zusammenfaßte und versuchte, sie auf einen gemeinsamen Nenner zu bringen, regte
sich bei mir ein weiterer Argwohn: Handelte es sich bei dem,
was als Umweltschutz vorgegeben wird, nicht um Politik,
noch dazu um eine unglaublich menschenverachtende Politik?

Aber ich will bei den Fakten bleiben und bei den täglich zu
machenden Beobachtungen und Unstimmigkeiten. Mit Politik habe ich nichts, und mit Parteipolitik schon gar nichts im
Sinn. Aber erschrocken bin ich über die politische Absicht,

die sich in der sogenannten Umweltbewegung unübersehbar ausdrückt. Ich habe mich nie in den Dienst irgendeines politischen Interesses gestellt. Mich ärgerte der Betrug, der an uns ständig verübt wird, und die Erniedrigung, die mit ihm einhergeht. Mir geht es schlicht und einfach um das, was Sache ist. Nichts hasse ich mehr als Verdrehungen und Lügen. Das hat mich bewogen, dieses Buch zu schreiben. Ich habe es so geschrieben, daß Sie, wenn Sie es lesen, immer wieder zugeben müssen: Ja, so ist das gelaufen, ich habe so etwas geahnt. Wenn Sie dann resignierend weiterdenken, aber was zählt schon mein einfacher Menschenverstand im Land der großen, hochgepriesenen Experten, dann möchte ich Sie ermutigen, nicht auf die Wahrheit zu verzichten, auch wenn sie sich hinter viel Zweifelhaftem verbirgt.

Und noch eines: Bei meinen Feststellungen bewegte mich eigentlich nie das hämische Gefühl, mehr zu wissen als andere, ihnen dadurch irgend etwas vorauszuhaben zu wollen. Mit dem Buch möchte ich alle, die ich damit erreichen kann, auffordern, auch den größten und scheinbar menschlichsten Zielen zu mißtrauen, wenn sie von denen, die solche Lebensweisen anderen predigen, nicht selbst gelebt werden, und vor allem, wenn sie sich bei ihrer „Predigt" des Betrugs, der Übertreibungen und verlogenen Behauptungen bedienen. Sind denn nicht schon oft mit den glänzendsten Idealen die schlimmsten Machenschaften verkauft worden? Hatte nicht gerade das der Nationalsozialismus und Kommunismus so erschreckend erfolgreich vorgeführt? Was, wenn die grüne Umweltschutzbewegung mit etwas anderen Formeln das Gleiche versucht wie vorher die rote oder die braune Bewegung?

Erftstadt im Januar 1993
Wolfgang Roeder

KAPITEL 1

Wie es zu diesem Buch kam

Zunächst müssen Sie, lieber Leser, etwas über mich erfahren. Wie komme ich dazu, Ihnen, die Sie wie alle Zeitgenossen mit erwünschten und unerwünschten, nützlichen und völlig abwegigen Informationen ständig überhäuft werden, auch noch etwas zum Lesen zuzumuten? Was berechtigt mich, mit Ihnen über Wahrheit und Unwahrheit der herumposaunten Umweltschutzargumente zu streiten?

Mit Recht verlangen Sie – werter Leser – gewisse Qualifikationen von mir. Widerstand und Protest alleine, mag er sich nun gegen „die Industrie", „das Profitinteresse des Kapitals", „Die-da-oben", und was es heute noch gibt, oder, wie in meinem Fall, gegen „die grüne Bewegung und ihren Betrug" richten, rechtfertigt gar nichts. Da muß schon etwas mehr zusammenkommen. Und dieses etwas Mehr muß glaubwürdig sein. Über die Glaubwürdigkeit einer Behauptung sollte nur das eigene Nachdenken und die Logik der Sache entscheiden. Trotzdem färbt dabei oft auch die Person ab, die sie vorträgt. Deshalb will ich Ihnen kurz berichten, wie ich zu den Aussagen gekommen bin, die Sie in den folgenden Kapiteln lesen werden.

Schon als Jugendlicher habe ich an naturkundlichen Wettbewerben teilgenommen und 1960 sogar einen 1. Preis gewonnen. Das hat mein Interesse an diesen Themen wachgehalten. So wurde ich Mitglied naturkundlicher Gesellschaften, als fleißiger Pilzsammler z.B. bei der Deutschen Gesellschaft für Mykologie e.V. (Pilzkunde)

Das mag schon eine Qualifikation sein. Darauf beziehe ich mich aber nicht. Mein Beruf bringt mich der benötigten Qualifikation schon näher, ich bin nämlich Restaurator. In diesem Beruf hat man es ständig mit Fälschungen, Verfälschtem, Kopien und Nachempfindungen zu tun. Solche aufzuspüren ist mein beruflicher Alltag. Daneben kommt man ständig mit den Eitelkeiten unserer Mitmenschen ins Gehege. Wer möchte nicht etwas ganz Besonderes, etwas Einmaliges, etwas Echtes besitzen? Schon um der Illusion willen nehmen manche Menschen Blendwerk und auf alt gemachte Oberflächen in Kauf. Vielen ist der Schein wichtiger als die Wirklichkeit. Mit Zweifel läßt es sich in diesem Fach schlecht leben. Nicht, weil es der Kunde möchte, sondern aus Prinzip wird alles, was zur Restaurierung ansteht, sorgfältig geprüft. Das ruft oft mißliebige Situationen hervor. Niemand hat das besser und treffender beschrieben als André Mailfert in seinem Buch „Denn sie wollen betrogen sein". Mailfert mußte es wissen, er war selbst ein sehr erfolgreicher Fälscher aus Orleans. [1]

Um eine Fälschung zu entlarven, nutze ich zuerst meinen Instinkt. Nichts ist mir wichtiger als dieser. Beim Betrachten eines Gegenstandes, sei es ein Gemälde, ein Möbelstück oder eine Vase, habe ich einen ganz „leeren Kopf". Ganz bewußt verzichte ich auf alles Nachdenken und Vergleichen. Nur meine Empfindungen sollen sich äußern dürfen. Ist dann aber ein kleines Mißtrauen, das sogenannte „ungute Gefühl" aufgekommen, dann erledigt sich das meiste wie von selbst. „Hellhörig" geworden, setzt die gezielte Suche ein, und die ähnelt dann in manchem einem Kriminalstück. Ohne „Kriminologie" kommt man da nicht weiter.

Um voranzukommen, muß ich mich in die Lage des möglichen Fälschers versetzen. Ich erinnere mich, einmal gelesen zu haben, daß es meist drei Motive sind, die den Fälscher typische Fehler machen lassen: Er will meistens mit schlechtem Material, in kürzester Zeit, so viel Geld wie möglich machen.

Natürlich gibt es auch gediegene Fälschungen. Nur sind sie sehr selten. Der Fälscher war dann eine Art Idealist oder er hält sich für ein verkanntes Genie. Es kann sich zum Beispiel um einen wissenschaftlichen Fanatiker handeln, der mit der

Fälschung irgendeine Hypothese über Stilelemente oder Materialien unter Beweis stellen will oder um einen Enttäuschten, der die Kunstwelt, das Rudel von Experten, an der Nase herumführen möchte. Ich denke da zum Beispiel an den Maler Malskat, der in Norddeutschland gefälschte Fresken vorwies, oder an die römischen Studenten mit ihren Modigliani-Fälschungen. Sie wollten sich nicht bereichern. Sie wollten sich nur an der Fachwelt rächen und die zum Narren halten, die mehr über ein Kunstwerk daherinterpretieren als dieses Platz im Museum einnimmt.

Ganz ähnlich erging es mir mit dem Betrug im Umwelt- und Naturschutz. Ich stand der Sache wegen meines schon erwähnten naturkundlichen Interesses ja gar nicht so fern. Meine langjährigen Naturbeobachtungen hatten in mir einen Erfahrungsschatz zusammengetragen, der durch das, was ich von den Natur- und Umweltschützern in den Medien aufgetischt bekam, beleidigt wurde. Ich konnte das, was ich gesehen und über lange Jahre beobachtet hatte, mit dem vergleichen, was man mir da einreden wollte, und es hielt nicht stand. So wurde ich „hellhörig". Und nun ging ich der Sache nach, wie ich es von meiner Restaurierungsarbeit gewohnt bin.

Bald bemerkte ich aber doch schwerwiegende Unterschiede. Während Kunstfälscher, denen man auf die Schliche gekommen ist, die Achseln zucken und sich meist still davonstehlen, war das bei den Umweltbetrügern ganz anders. Sie begannen nun noch viel lauter und frecher zu schimpfen und prügelten auf den ein, der sie ertappt hatte. Sie trumpften mit ihren Behauptungen um so ungeheuerlicher auf, je fadenscheiniger sie waren. Ihre Frechheit, die ich während der vergangenen zwölf Jahre des öfteren zu spüren bekam, ärgerte mich. Aber sie veranlaßte mich auch, der Sache umso zielstrebiger nachzugehen.

Wieder kam mir hierbei mein Beruf zugute. Bei meinen Tätigkeiten kann das Radio nebenbei laufen. Neben meinem Arbeitsplatz habe ich nun immer Notizblock und Kugelschreiber griffbereit liegen. Sobald etwas in Sachen Umweltschutz vorgetragen wird, schreibe ich mir das auf. Da dies sehr häufig geschieht, habe ich einen riesigen Fundus an Aussagen gesammelt. Hinzu kommen noch die zahlreichen Artikel, die ich aus meinen Tageszeitungen und aus anderen Publikationen ausschneide.

So sammelte sich immer mehr Material bei mir an. Ich mußte es einteilen und sortieren. Natürlich war vieles mehrfach berichtet worden. Daran ließ sich gut feststellen, wann ein bestimmtes Umweltthema aufkam, von wem es zuerst ins Spiel gebracht wurde und wie es dann seine Runden drehte. Anhand dessen konnte ich nachzeichnen, wie sich ein und dasselbe Ereignis in der Berichterstattung verschiedener Vertreter der Umweltschutzidee wandelte. Ich konnte an dem Material verfolgen, wie sich reißerisch aufgemachte Berichte in den Medien aufschaukelten. Ich habe aber auch gesehen, wie diese Medien mit den „Richtigstellungen" umgingen, wenn sie dazu gezwungen waren. Daß dort der Wunsch nach wahrheitsgemäßer Berichterstattung nicht vorherrscht, läßt sich an solchen „Kleinigkeiten" eindrucksvoll feststellen.

Bei dem gesammelten Material unterschied ich wohlweislich zwischen der Stimmungsmache und den nackten Fakten und Zahlen. Das Vorgehen ist dabei recht einfach. Zunächst führe ich mir in jedem Fall die Größenordnung vor Augen. Das ist zum Beispiel bei den Horrormeldungen über Wasser-, Lebensmittel- oder Bodenverschmutzungen sehr wichtig. Zunächst stelle ich fest, in welcher Größenordnung eine „giftige" oder sonst irgendwie nicht dorthin gehörende Substanz auftritt. Dann frage ich, wie verhält sie sich zu dem Vorkommen anderer Substanzen, die an sich ebenfalls auch nicht ins Wasser, in den Boden oder was da jeweils verschmutzt sein sollte, gehören, dort aber scheinbar von Natur aus vorhanden sind. Solche Vergleiche sagen meist viel mehr aus, als die ursprüngliche, meist aufgebauschte Meldung.

Die Zahlen hierfür suchte ich mir aus einschlägigen Fach- und Lehrbüchern beziehungsweise Lexika zusammen. Das war mitunter nicht immer einfach. Manchmal mußte ich mich ans Telefon hängen und einen der bekannteren Fachleute anrufen, um mir weiterhelfen zu lassen. Mit der Zeit entwickelte ich dabei aber eine gewisse Findigkeit und Routine.

Die Ungeheuerlichkeiten, die solche Vergleiche aufdeckten, entschädigten mich für die Arbeit.

Freilich verschwand mit der Zeit so manche Hochachtung, die ich für studierte Fachleute gehegt hatte. Natürlich fand ich auch gewissenhafte Forscher und Fachleute, die kaum anders hinter ihrer Sache her waren, wie ich hinter meiner. Die meisten aber unterschieden sich kaum von den Millionen Menschen, die in unserem Land auf der Autobahn an Wäldern vorbeifahren, dort nichts vom „Waldsterben" sehen können und doch bereitwillig und zu jeder sich bietenden Gelegenheit darüber klagen.

Dies alles kostet Zeit, Anstrengung und Geld. Was hat es mir gebracht? Meine Bekannten machten sich oft über meinen Eifer lustig. „Du bist verbohrt", mußte ich hören, oder „An Dir ist wahrscheinlich ein Dedektiv verloren gegangen". Kürzlich fand ich in Gerd Webers Buch „Treibhauseffekt, Klimakatastrophe oder Medienpsychose" eine Begründung für meine Arbeit. Weber beschrieb dort, daß gründliche Beweise bei vielen Leuten selten eine Änderung ihrer vorgefaßten Meinungen bewirken, und fährt dann fort: „Ihnen fehlt es meist schon an Zeit und Ausdauer, um sich selbst begründete, vernünftige Erkenntnisse in der angeblich für sie so wichtigen Sache zu besorgen. So straft ihre dabei gezeigte Bequemlichkeit, die sich mit der von den Medien ihnen übergezogenen Meinung zufrieden gibt, ihre angeblich „tief" sitzende Besorgnis Lügen".[2]

Entweder besteht die behauptete große Umweltbedrohung, dann müßte man sie auch mit allem Ernst angehen, oder es handelt sich nur um irgendwelche, spekulative Modemeinungen, dann kann man sie unbesorgt fallen lassen, weil sie für das eigene Verhalten keinen Wert haben. Ich nahm die „grünen Untergangsapostel" sehr ernst. Weil ich aber nichts vom Untergehen halte, bin ich den Ankündigungen der Untergangsapostel mit allen mir möglichen Mitteln nachgegangen. Ich wünschte mir, ihre Mitläufer brächten dazu den gleichen Ernst und die gleiche Gewissenhaftigkeit auf.

Was brachte mir die Arbeit über die Jahre ein? Erfolge? Was, werter Leser, ware Ihrer Meinung nach in dieser Sache

ein Erfolg? Zunächst habe ich Lügner und Übertreiber an-
gegriffen und erfuhr natürlich Gegenangriffe. Ich erhielt Anzeigen von beleidigten „Umweltschützern", aber und vor allem auch von den Medien. Einige der Leute, die den Staatsanwalt bemühten, um mich zum Schweigen zu bringen, will
ich Ihnen doch nennen. Sie hatten – das sage ich gleich vor-
weg – alle keinen Erfolg. Andernfalls wäre es ja auch nicht zu
diesem Buch gekommen. Wo ich solche Leute Lügner und
Betrüger genannt hatte, blieb ich den Nachweis bisher nicht
schuldig. Ich konnte immer Beweise liefern, daß schließlich
selbst die Staatsanwaltschaft einsehen mußte, daß es sich bei
den angegriffenen Behauptungen um unbegründeten Lug
und Betrug handelte.

Zum Beispiel hatte ich 1987 dem SPD-Abgeordneten
Robert Antretter seine Falschaussagen im Zusammenhang
von Verkehr und Umwelt vorgehalten. Sein Rechtsanwalt
drohte mir daraufhin mit einer Beleidigungsklage. Dies bot
mir die Gelegenheit, nicht etwa einiges von dem Gesagten
zurückzunehmen, sondern dem Ganzen „noch einen drauf-
zusetzen". Ähnlich erging es den Grünen, deren Stadtrats-
mitglied in Detmold, Manfred Schopmeier, mich verklagen
wollte, obwohl sich die Grünen selbst 1989 mit Irreführungen
in Sachen Tropenhölzer hervorgetan hatten.

Auch der Chefredakteur des „Kölner Stadt-Anzeiger", De-
derichs, glaubte den Staatsanwalt einschalten zu müssen, weil
ich den unglaublichen Umweltmärchen, die dieses Blatt ver-
breitet, in zahlreichen Leserbriefen entgegengetreten war.
Die Anzeige wegen „Verleumdung einer Zeitung" verlief 1990
im Sande. An der Linie ihrer Umweltberichte hat das Verfahren aber nichts geändert

Der positive Erfolg meiner Bemühungen ist bescheiden.
Ich konnte wenigstens erwirken, daß Spendenaufrufe in Sachen „Wald in Nöten" in der Presse nicht mehr abgedruckt
werden durften. Ein unglaublich negatives Beispiel ist aber
der Petitionsausschuß des Deutschen Bundestags. Ihm habe
ich über ein halbes Jahr lang immer wieder meine Vorhal-
tungen geschickt. Was daraus wurde, finden Sie als Beschluß-
empfehlung hier abgedruckt. Sie enthält keine sachlichen Er-

kenntnisse sondern ist nur ein Beispiel dafür, wie angekränkelt das Denken dort ist.

Mein wirklicher Erfolg liegt aber woanders. Er hat etwas mit Selbstachtung zu tun. Ob mir andere darin folgen oder nicht, ich jedenfalls widerstrebe der „Intelligenz der Lüge", die um politischer Erfolge willen, andere zu „Dummköpfen" erniedrigt. Wie schrieb doch Talleyrand, der französische Meisterdiplomat aus der Zeit Napoleons:

„Dummköpfe haben ja keine Ahnung, wie kostbar die Lüge als Material ist. Ich brauche in meinem Geschäft jeden Tag ein Dutzend exquisiter Lügen. Also muß ich sie pfleglich behandeln und dafür sorgen, daß sie unerkannt entkommen. Die Lüge fühlt sich in ihrer Kunst beleidigt, wenn sie erwischt wird. Und ihre Sensibilität läßt es nicht zu, unbekannter Grobheit auf Dauer zu dienen."

Dieser Lüge das Fortkommen zu erschweren, um sie daran zu hindern, die Massen zu verachten und wieder so zu nasführen, wie es vor den grünen den roten, braunen und vielen anderen politischen Strömungen gelungen ist, darin sehe ich meinen Erfolg. Und den wird mir auf Dauer keiner nehmen können.

ANMERKUNGEN:

Die meisten meiner Belege entnahm ich Medien. Sie führe ich im Text an, aber nicht eigens in den Anmerkungen. In den Anmerkungen verweise ich auf Bücher und Aufsätze, die im Text nicht ausreichend zitiert werden. Zu den von mir in erster Linie herangezogenen Medien gehören: Der „Kölner Stadt-Anzeiger", die „Kölnische Rundschau", der „Westdeutsche Rundfunk" (WDR), die Wochenzeitung „Die Zeit", die Illustrierte „Der Stern" und das Magazin „Der Spiegel".

1) André Mailfert: *Denn sie wollen betrogen sein, Bekenntnisse eines Antiquitätenfälschers*, Ullstein, Berlin 1967.
2) Gerd Weber: *Treibhauseffekt, Klimakatastrophe oder Medienpsychose*, Dr. Böttiger Verlags-GmbH, Wiesbaden 1992.

KAPITEL 2

„*Waldsterben*" aus Gründen der Luftverschmutzung

Wir führen als erstes Beispiel des Rundumbetrugs das „Waldsterben" an. Niemand wird daran eigentlich noch zweifeln wollen. Es scheint inzwischen doch eine selbstverständliche Sache zu sein. Zu viel war darüber gesagt worden, zu viele Hinweise hat man bekommen. Es scheint allgemein Einhelligkeit in dieser Sache zu bestehen. Wer jemanden täuschen will, der muß seine Sache bis zur Selbstverständlichkeit einleuchtend darstellen. So auch hier. Nur von selbst versteht sich diese Sache durchaus nicht. Da in den Betrugsfall „Waldsterben" Politiker, Wirtschaftskreise und letztlich die Regierung verwickelt sind, verspricht die Sache delikat zu werden.

Zunächst sollte man alles vergessen, was man über das „Waldsterben" bisher vorgekaut bekommen hat und sich ganz unvoreingenommen die Sache noch einmal vor Augen führen. Beginnen wir mit den Meldungen, wie sie vor ein paar Jahren durch die Medien gegangen waren. Das erste, was wir daraus lernen, ist folgendes:

Über „Waldsterben" brauchen wir erst gar nicht mehr zu reden. Der Wald ist tot, er ist längst gestorben. Ja wissen Sie das denn nicht? Sie lesen wohl keine Zeitung, hören nie Radio, sehen schon gar nicht fern? Leben Sie eigentlich hinter dem Mond?

Da steht es schwarz auf weiß in den „Nürnberger Nachrichten": „Die Bäume werden dieses Jahrzehnt nicht überleben". Das wußte Herr Biebelriether bereits am 15. 8. 1982.

Das Jahrzehnt ist inzwischen um. Sie kennen Herrn Biebel-riether nicht, wie wär es mit einem anderen Experten, dem Oberforstdirektor Georg Lohrmann, ein Jahr später: „Im Jahr 1990 ist der Schwarzwald endgültig kaputt". Bitte, Sie wollen eine andere Quelle. Wie wäre es mit „Natur und Um-welt" vom 15.10.1983: „Bisher fehlt noch der politische Wille zu kompromißlosem Handeln. Ohne ihn ist aber der Tod un-serer Wälder noch in diesem Jahrzehnt unausweichlich und unabwendbar". Oder etwas „Wissenschaftliches"? Da gibt es das Buch von Professor Peter Schütt, nach dem Umschlagtext ein „bekannter und anerkannter Fachmann". In dem 1983 er-schienenen Buch „So stirbt der Wald" sagt er uns nicht nur, daß der Wald stirbt, sondern auch, wie er es tut, und warum er es tut. Fast schon liefert er die Gebrauchsanweisung für das „Waldsterben".[1]

Vielleicht hatte sich zwischenzeitlich doch etwas getan, meinen Sie? Herr Dr. W. Bommert ist da anderer Meinung. Erst am 15.11.1991 um 16.05 Uhr durfte er (WDR IV, Hör-funk) verlautbaren: „Von Besserung kann keine Rede sein, der Wald siecht nach wie vor dahin, die jährlichen Berichte der Bundesregierung lassen keinen Zweifel". Na bitte! Das be-stätigt, was man schon im deutschen Bundestag 1985 hören konnte (Bundestagsplenarprotokoll 10/171): „Für Süd-deutschland, wo heute schon 66 bis 70 Prozent der Wälder ge-schädigt sind, sagen Forstleute uns voraus, daß innerhalb der nächsten fünf Jahre ein großflächiges Absterben beginnt". Die Abgeordnete Liesel Hartenstein (SPD) wußte das am 17.11.1985. Wollen sie noch einen von der CDU, der F.D.P. oder von den Grünen? Alle sagen es. Ich sagte Ihnen doch: Sie brauchen sich um das „Waldsterben" nicht mehr zu küm-mern. Der Wald um uns her ist längst tot. Sie müssen das nur noch einsehen wollen.

Wenn Sie es nicht sehen, dann liegt das bestimmt an Ihren Augen. Denen sollten Sie übrigens niemals trauen, wenn Sie es mit „Umweltschützern" zu tun haben. Das zeigt sich schon, wenn Sie über die Autobahn fahren und einfach nicht er-kennen wollen, daß die Bäume am Straßenrand von den Ab-gasen buchstäblich zerfressen sind. Noch drastischer ist das

bei den Bäumen in den Straßenschluchten Ihrer Stadt, die
außer dem Autoverkehr auch noch über Jahrzehnte dem bäu-
mevernichtenden Streusalz ausgesetzt waren, und die, weil alles zubetoniert ist, kaum etwas vom Regenwasser abbekommen. Sie sind längst eingegangen. Wenn sie das nicht erkennen können, dann wollen sie es nicht erkennen. Gehören Sie
etwa zu jenen „unverbesserlichen Wachstumsfetischisten",
die immer noch nicht begriffen haben, was die Stunde geschlagen hat, oder, was man heute sagen muß, um mit der
Zeit, der „neuen Zeit" zu marschieren?

Die Stadtbäume hätten allerdings allen Grund einzugehen,
fehlt es ihnen doch fast an allem, was ein normaler Baum
braucht. Selbst ihre Wurzeln müssen, statt sich in Humus zu
aalen, mit Bauschutt auskommen. Aber schauen Sie ruhig hin.
Selbst diese Bäume überleben, und der Wald steht nach wie
vor. Wenn man den Forsthistorikern trauen darf, stand er –
von Frost- und Sturmbruch einmal abgesehen – nie so üppig,
wie jetzt. Sie glauben es mir nicht? Hören Sie Professor P.
Abetz von der Universität Freiburg: „Hinweise auf immissi-
onsbedingte Zuwachsrückgänge lassen sich aus den bisherigen Untersuchungen nicht erkennen. Vielmehr spricht das
hohe Zuwachsniveau – Sie lesen richtig, der Professor spricht
von einem „hohen Zuwachsniveau" – vor allem der Fichte in
den letzten Jahrzehnten für verbesserte Wachstumsbedingun-
gen". Es gibt unter Fachleuten, die sich über Jahrzehnte mit
dem Thema befassen, viele solche Stimmen. Aber unsere Medien übergehen sie, weil sie nicht zur jüngsten Mode passen. [2]

Nehmen wir ein anderes Beispiel. Es ist von weit hergeholt,
weil es aus einer wirklich geschädigten Waldregion stammen
soll. Die „Süddeutsche Zeitung" schreibt am 16.12.1987 unter
der Überschrift „Waldschäden auf der Südseite der Alpen
nehmen rapide zu" unter anderem: „Die Schäden durch Sauren Regen weiten sich nach einer Studie italienischer Forscher weiter nach Süden aus. Die Zeitschrift „Oasis Am-
biente" schreibt in einer jüngeren Ausgabe: „Im Aosta-Tal im
Nordwesten Italiens seien mittlerweile 52 Prozent der Bäume
krank. Noch 1984 habe es in dieser Alpenregion keine Schäden gegeben". Soweit die Zeitung.

Nun war 14 Tage vorher, am 1.12. 1987 vom Forstwirtschaftsinspektoriat Bozen der Waldschadensbericht 1987 öffentlich vorgestellt worden. Der Bericht befaßt sich mit der Region auf der Südseite der Alpen. Nach diesem Bericht habe sich der Gesundheitszustand der Bäume seit 1984 deutlich verbessert und zwar sei er von 80 auf 85 Prozent gestiegen. Bei den geschädigten Bäumen überwiege die Schadensstufe Nr 1, auf die wir weiter unten noch zu sprechen kommen. Nur 0,3 Prozent der Bäume können als schwer geschädigt oder abgestorben eingeschätzt werden. „Saurer Regen" konnte als Verursacher nicht ausfindig gemacht werden. „Die Bodenversauerung scheint also keinen nennenswerten Einfluß auf das Schadbild des Südtiroler Waldes zu haben", heißt es in diesem amtlichen Bericht. Schäden fanden sich in trockenen und vorwiegend in sehr trockenen Lagen, so daß sich daraus „eindeutige Zusammenhänge" ergeben.[3]

Berichte hin, Berichte her. Sie bieten jedem, was er braucht. Aber warum oder wofür braucht er sie eigentlich? Auch darauf werden wir weiter unten noch zu sprechen kommen. Wahrscheinlich steht der Wald noch so gut und so schlecht da, wie eh und jeh, und muß dafür herhalten, Sie, lieber Leser, meschugge zu machen.

Natürlicher Wald

Als man uns, um 1980 erst langsam und dann immer massiver mit dem „Waldsterben" kam, erschrak ich wie jeder andere Bürger. Ich riß meine Augen auf und beschloß, aufmerksamer durch den Wald zu streifen. Veränderungen fand ich keine, so sehr ich mir auch Mühe gab. Sie meinen, ich lebe in einer für den Wald besonders günstigen Gegend? Urteilen Sie selbst! Ich lebe in dem Braunkohlengebiet westlich von Köln. Die großen Braunkohlekraftwerke sind bei uns „gleich um die Ecke". Weil das Gerede vom „Waldsterben" nicht aufhören wollte und sich über die Jahre sogar noch steigerte, begann mich die Sache zu interessieren.

Das erste, was mir auffiel war, daß riesige Bestände an gefälltem, gutem Holz seit Jahren im Wald herumlagen. Zum Teil waren auf Ihnen schon Moospolster und Pilze gewachsen. Unter grasbewachsenen, verdächtig länglichen Hügeln entdeckte ich liegengebliebenes Langholz, das dort seit Jahren vor sich hinfaulte. Es stammte noch aus Zeiten, in denen von „Waldsterben" keine Rede war. Hatte man es vergessen? Aber Holz kostet doch Geld! Die Liebe der Förster zum deutschen Wald konnte doch nicht so groß sein, daß sie es dem unseligen ,Wieland dem Schmied' gleichtaten und das Holz um keinen Preis herausgeben wollten. Warum ließ man diese Bäume nicht weiterwachsen? Waren sie am Ende wirklich krank und hatte man sie geschlagen, um nicht den ganzen Wald anzustecken? Aber dann hätte man sie erst recht aus dem Wald entfernen sollen. Laienhafte Überlegungen, nicht wahr?

Am 21.9.84 erschien in der Wochenzeitung der deutschen Intelligenz „Die Zeit" auf Seite 4 jener fürwahr „intelligente" Artikel von Leuten, die ich aufgrund dessen, was man mir über sie gesagt hatte, für gescheiter gehalten hätte. Der Artikel war überschrieben „Der Baum" und reihte Auslassungen von Günter Grass, Gräfin Dönhoff, dem Forstwissenschaftler Bosch, dem Philosophieprofessor Meyer-Abich, dem Ökologen Ellenberg und anderen aneinander. Dort las ich dann, daß der Wald ein „Ort der Buße" sei oder auch ein „Gegenort als Ort des Protestes". Der Philosoph Meyer Abich raunte: „Heute sehen wir das elementare Problem, daß alles, was der Mensch anfaßt, sich sogleich in Industriegesellschaft verwandelt". Die Gräfin findet: „Die Reaktion auf das Sterben der Wälder ist deshalb eine ganz natürliche Haltung auf das positivistisch-materialistische Industriezeitalter". Günter Grass schimpft natürlich: „daß der Blut- und Bodenrausch von damals heute noch Hemmungen schafft, sich auf das Thema Wald einzulassen". Wäre es umgekehrt nicht logischer, Herr Grass?

Bei mir schuf das keine Hemmungen. Ich ging wieder in den Wald und fotografierte dort die unglaublichen Zustände: die Verwahrlosung, das verfaulende Langholz, die liederliche

Waldpflege und sandte diese Bilder mit markigen Sätzen, die ich in dem Artikel gefunden hatte, der herausgebenden Gräfin zu Weihnachten. Sie wollte das Geschenk nicht haben. Ich bekam postwendend alles mit einem wütenden Schreiben zurück.

Mir geht der Sinn für das Höhere und Tiefere dieser Wortschaumschläger ab. Aber ein Satz von Meyer-Abich, den die anderen auf ihre Weise abgewandelt, bekräftigt und wiederholt hatten, blieb mir im Gedächtnis haften. „Heute ist die Umweltzerstörung wichtiger als die soziale Frage". Sollte sich hier das Motiv ankündigen, oder war das wieder nur so eine Meinung unserer Intellektuellen? An der Verbesserung der Umwelt scheinen die nämlich gar nicht interessiert zu sein, eher noch an den enormen finanziellen Mitteln, die sich der ‚sozialen Frage' entziehen ließen, um sie mit Gutachten, Veranstaltungen, Reden, Kommentaren usw „bewußtseinsbildend" zu verplempern. Das half entsprechende Arbeitsplätze zu erhalten.

Der Satz des Herrn Hatzfeldt: „Der Wald ist das Symbol für ein aus den Fugen geratenes Industriesystem" ist, wie so vieles in dem Artikel, der reine Unsinn. Dieses Industriesystem ist im Unterschied zu den Finanzen nirgends aus den Fugen geraten, und der Wald kann dafür kein Symbol sein. Der Wald ist wirtschaftliches Eigentum und soll Gewinn bringen. Wir werden gleich sagen, wem. Hier liegt nämlich das ganze Geheimnis dieser „neuartigen Waldschäden" und des „Waldsterbens" begraben.

Ich sandte kurzum alles, was mir die Gräfin wütend zurückgeschickt hatte, an ihren Kollegen Dr. Bucerius, der damals noch Herausgeber der Wochenzeitung „Die Zeit" war. Ich bat ihn, dafür zu sorgen, daß der Schwachsinn mit dem „Waldsterben" aus seiner Zeitung wieder verschwinden möge. Er schickte mir eine knappe, aber für mich in dieser Sache sehr wichtige Antwort. Ich solle mich nicht so aufregen, schrieb er, schließlich stürben jährlich ja nur 1,5 Prozent der Bäume ab. Da war ich baff. Also nicht 80 Prozent, 60 Prozent, 52 Prozent oder 40 Prozent – ganze 1,5 Prozent des Waldes fiel dem „Waldsterben" zum Opfer. Beim Menschen schwankt die Sterberate, je nach Land und Wohlstand seiner Bevölkerung zwischen 1 bis 3 Prozent im Jahr. Das stand nun nicht mehr im Brief des Verlegers. Aber ich beschloß, der Sache nachzugehen.

Die menschliche Zivilisation schädigt die Natur, sagen uns ihre Schützer unentwegt. Man müßte also in einen Urwald gehen, um sich ein wirkliches Bild von der „heilen Natur" zu machen. Diesen „natürlichen Wald" hatte man früher, als die Menschen offensichtlich noch realistischer waren, wegen der ungeahnten Vernichtung, die dort pausenlos vor sich geht, „grüne Hölle" genannt. Sich das einmal anzusehen, wäre keine schlechte Idee. Nur in Deutschland läßt sich das schwer ausführen, weil es keinen „natürlichen Wald" gibt. Hier muß selbst der „Urwald" noch künstlich angelegt werden, wie jener Witz-Urwald im Bayerischen Wald, der Touristen anlocken soll. Urwald, das ist wie der Einkauf im Reformhaus.

Oder noch eines! Da man von Deutschland aus weit reisen muß, um „reine Natur" zu erleben, und sich das nicht viele Menschen leisten können, läßt es sich hier gefahrlos von Natur schwärmen. Die Menschen erleben in Deutschland „Natur" nicht. Was sie dafür halten, ist eine Parklandschaft. Wenn sie aber „Natur" hören, dann denken sie an so etwas wie „Urlaub", und das ist doch sicher etwas Feines.

Im wirklichen Urwald, in den Tropen, befindet sich gut die Hälfte aller Bäume im Zustand des Absterbens. Ihr tiefer ansetzendes Astwerk ist zusammengebrochen und verkommt. Der obere Teil kämpft auf Leben und Tod, nur um ans Licht zu gelangen. Dabei wird erbarmungslos und brutal alles Schwache weggedrängt und zum Absterben gebracht. Den Boden bedecken – wie übrigens auch im Bayerischen Wald – Baumleichen. Alle Pflanzen müssen sich gegen die allgegenwärtigen Zerfallsprodukte durchsetzen. Überall lauert der Tod. Mein Onkel wußte so manche Geschichte aus dem Urwald Kameruns zu erzählen. Die Waldböden verfilzen, Wasser sammelt sich an, darin wuchern allerlei lianenartige Pflanzen und verschlingen sich zum schier undurchdringlichen Gewirr. Jeder Schritt muß mit der Machete freigeschlagen werden und wird zur Strapaze.

Dem gegenüber ist unser Wald das reinste Paradies. Ihn zu kultivieren, ist in unseren Breiten erst in den letzten 500 Jahren gelungen. Seitdem herrscht Ordnung im Wald, für manchen Geschmack sogar zuviel Ordnung. Man pflanzte die Bäume in Reih und Glied. Das hatte natürlich nichts mit preußischem Militarismus zu tun, was Leute wie Günter Grass unterstellen. Es geht ums Geschäft. Der Wald ist ein Acker, der von Zeit zu Zeit abgeerntet wird. Die Zeit der Ernte tritt, je nach gepflanzter Baumart, erst nach mehreren Generationen ein. Aber der Wald wächst und mit ihm sein Wert. So jedenfalls erhoffen es sich die Waldbesitzer.

Natürlich wollte man den Ernteertrag steigern. Dazu setzte man die Bäume dichter zusammen, als es ihnen guttat. Die Bäume sollen sich gegenseitig in die Höhe konkurrieren und möglichst viel Holz in gutgewachsener Länge liefern. Daß darunter die Standfestigkeit der Bäume leidet, ist einleuchtend. Sie können den Stürmen kaum Widerstand entgegenbringen. Die großen Sturmschäden der letzten Jahre finden hier ihre ganz natürliche und folgerichtige Ursache.

Man regulierte, wie überall in der Landwirtschaft, auch die Vermehrung der Bäume und griff in die natürliche Auslese ein. Das war nicht sonderlich schlimm. Nicht ohne Folgen blieb aber, daß man sich beim Anpflanzen der Wälder nicht an die natürliche Standortwahl der Baumarten hielt. Für Waldanpflanzungen standen eben nur jene Gebiete zur Verfügung, die anderweitig, z.B. für den Anbau von Getreide und andere Feldfrüchte, nicht in Frage kamen. Das waren unwegsame Gebiete, schlechte Böden und vor allem Höhenlagen. Die aber sind für die meisten Baumarten nicht gerade der natürliche Standort.

Höhenlagen sind in der Regel trocken. Das Regenwasser fließt schnell ab. Über die Höhen bläst der Wind so kalt. Davon singen selbst die Lieder. Die Windgeschwindigkeiten sind dort höher, als in den Niederungen und Tälern. Der Wind kann die Höhenlagen viel wirksamer austrocknen, als ihm dies in den Niederungen möglich ist. Hinzu kommt der sogenannte Eisbruch. Auch hierfür sind die Höhenlagen deshalb anfälliger, weil sich Temperaturschwankungen viel rascher durchsetzen als im geschützten Tal. Für alle diese Probleme des Waldes ist aber niemand anderes verantwortlich zu machen als der Waldbesitzer, der sich diese Anbaugebiete aus wirtschaftlichen Gründen ausgesucht hat.

Erinnern wir uns an den Jahreswechsel von 1978 auf 1979. Es war das Jahr, in dem Teile Schleswig-Holsteins unter meterhohen Schneewehen versanken. Dort, wo man so etwas selten erlebt, blieb man in manchen Gegenden tagelang von der Umwelt abgeschnitten. Binnen weniger Stunden schlugen die Temperaturen um. Von 17 Grad Wärme fiel das Thermometer auf fast ebenso viele Grad Kälte. Es hatte gerade geregnet, als der Frost zuschlug. Alles wurde von einer dicken Eisschicht überzogen. Dann kam plötzlich Wind auf. Es krachte und splitterte überall in den Wipfeln der Bäume. Dann wurde der Regen zu Schnee. Ganze Bäume brachen unter der Last zusammen. Ein Jahr danach, im Herbst 1980, kam dann zum ersten Mal die Rede vom „Waldsterben" auf. Die Bilder der zurückgebliebenen Baumstrünke dienten dem „Stern" und anderen Medien als objektive Beweise für das „Waldsterben". Vom Eisbruch der Neujahrstage 1979 las man in diesem Zusammenhang bei ihnen freilich nichts. Denn gegen das Wetter lassen sich schlecht Schadenersatzklagen führen.

Weißt du wieviel Nädlein wachsen?

Mit dem Gerede vom „Waldsterben" kam natürlich nicht nur bei mir der Wunsch auf, deutlichere Zahlen über Ausmaß und Umfang dieses Sterbens zu erfahren. Zunächst einmal mußte „Waldsterben" definiert werden. Dazu teilte man das Sterben in vier Schadstufen ein. Man unterscheidet also zwischen „leicht geschädigt", „schwer geschädigt", „tödlich erkrankt" und „abgestorben". Als wichtigster Indikator für die Schadenerhebung diente der überprüfbare Nadel- und Laubverlust. Dazu muß man den Nadel- beziehungsweise Laubbestand eines gesunden Normalbaumes der jeweiligen Gattung festlegen. Wie dieser Normalbaum der Schadensstufe 0 beschaffen sein soll, bleibt Ermessenssache. Man kann davon ausgehen, daß, wenn sich erst einmal die entsprechenden Werte eingebürgert haben, sie kaum mehr einer hinterfragen wird.

Jedenfalls wurde festgelegt: Weist ein Baum zwischen 10 und 25 Prozent weniger Nadeln oder Blätter als der Normalbaum aus, dann liegt die Schadensstufe 1 vor, fehlen ihm bis zu 60 Prozent dann spricht man von der Schadensstufe 2. Alles, was darüber liegt, fällt in die Schadensstufe 3 und 4. Nun begann eine arbeitsaufwendige Nadel- und Blätterzählerei. Die Ergebnisse dieser Arbeitsbeschaffungsmaßnahmen listen die jährlichen Waldschadensberichte auf, die damals eingeführt wurden.

So häuften sich die Zahlen und Statistiken. Damit konnte die Waldsterbehilfemafia ihre Aussagen untermauern und ihr den Schein von Objektivität verleihen. Diese Verobjektivierung hatte einen weiteren, allerdings weniger objektiven Vorteil für die Waldlobby. Zeigte sich in einem trockenen Sommer irgendwo ein gelbes Blatt am Baum, war das ein untrügliches Zeichen für „Waldsterben". Hatten sich irgendwelche, von ihren grünen Beschützern gepflegte Insekten über einen Forst hergemacht, so war das zweifelsfrei „Waldsterben". Hatte es „Storchennesterbildungen" gegeben, obwohl dort gar kein Storch nisten wollte, so hatte man unbestreitbar „Waldsterben". Zeigten die Bäume eine schüttere Krone, so hatte das natürlich nichts mit Altersweisheit zu tun – es war ein Hinweis auf das „Waldsterben".

Aber damit noch nicht genug. Man entdeckte noch sogenannte „Angsttriebe". Auch sie bewiesen eindeutig das „Waldsterben". Zwar kennt der Baum im Unterschied zu rührigen Umweltschützern weder Ängste noch Streß. Doch gelten plötzlich die üppigen Triebe eines Baumes als untrügliches Anzeichen seiner Todesangst. Mit ihnen teilt der Baum der Forstlobby unverkennbar mit, daß er kein Sterbetestament unterschrieben hat und noch nicht sterben will.

Ähnliches fanden Baumpsychologen bei besonders üppiger Samenausstreuung heraus. Jedenfalls erzählte man uns

soetwas im Hinblick auf die außergewöhnlich großen Eichel-
und Bucheckernerträge der Jahre 1987 und 1990. (WDR
Landreport). Man muß schon ein rechter Phantast sein, will
man an die Todesangst der Bäume glauben. Wohl aber ist
nicht in jedem Jahr das Wetter im Frühling zur Zeit der Be-
stäubung während der Baumblühte gleich günstig. Die Buchen blühen sehr früh, und oft ist es dann für die Bienen
noch zu kalt, um auszufliegen. Die Eichen treiben allerdings
erst Ende Mai aus und blühen im Juni. Dementsprechend
fehlt es eigentlich sehr selten an Eicheln. Aber wen, wenn er
schon Baumpsychologie betreibt, wird das noch stören?

Hat man Ihnen das nicht auch alles bei den „Waldsterbe"-
Exkursionen der Volkshochschule gezeigt? Oder haben Sie
sich bisher etwa noch nicht an einer dieser Exkursionen beteiligt? Glauben Sie auch ohne dies ans „Waldsterben"? Wenn
es so sein sollte, erkennen Sie daran „objektiv" nur, wie ernst
Ihnen das Thema „Waldsterben" wirklich ist? Ihr Wissen über
das Ausmaß der Gefährdung des Baumbestandes hätte sich
durch solch eine Exkursion allerdings kaum vermehrt. Ähnliches gilt übrigens auch von den amtlichen Waldschadensberichten.

Mit großem Erkenntnisgewinn habe ich allerdings 1984 an
einer geologischen Exkursion in den Schwarzwald teilgenommen. Wir besuchten nämlich, ohne es zu wissen – der Exkursion ging es ja um etwas anderes – das zentrale Waldster-
begebiet um Wolfach im Kinzigtal. So durchstreiften wir die
Wälder von Haslach bis Wittichen und stießen auf keinen
einzigen Baum, der abgestorben wäre.

Der eigentlich geologische Sinn der Exkursion schlug un-
versehens um, als ich eine Ausgabe der Zeitschrift „Natur"
8/1984 aufschlug. Dort las ich unter der Überschrift „Das radioaktive Waldsterben", daß dieses gerade um Wittichen statt-
fände, weil dort eine besonders hohen Radioaktivität gemessen würde. Seit Urzeiten strahlt dort das natürlich vorkom-
mende, radioaktive Gestein. Nun saßen wir nach mühevoller
Steineklopferei auf der Halde, ruhten uns aus und blickten
über das wunderschöne Tal mit seinem Kloster hin, das von
einem prächtigen Herbstwald eingerahmt wurde. Aber nir-

gends war ein sterbender oder gar abgestorbener Baum zu sehen.

In dem erwähnten Artikel stand es aber schwarz auf weiß, hier gingen die Bäume der Reihe nach ein. Waren wir, meine Begleiter und ich, noch ganz normal? Hatten wir uns nicht eben erst an dem herrlichen Baumbestand erfreut? War etwa jene bunte Herbstlaubfärbung „das radioaktive Waldsterben"? Das geschah im Oktober 1984. Nur wenige Tage später hätte uns jener Dichter in „Natur" seine Geschichte unangefochten verkaufen können. Dann wäre nämlich an den Laubbäumen kein einziges Blatt mehr zu zählen und der Nachweis ihres radioaktiven Todes erbracht gewesen. So kann es einem ergehen, wenn er unbedingt den eigenen Augen trauen will.

Was heißt denn nun aber: „Der Wald stirbt"? Es fällt schon bei einem einzelnen Baum schwer, festzustellen, wann und ob er stirbt. Wenn er tot ist, glaubt man es zu sehen. Aber selbst aus dem Baumstumpf eines offensichtlich toten, gefällten Baumes können unter Umständen wieder neue Triebe schlagen. Wie ist das erst bei Wäldern, die je nach Medienbericht zwischen 20 bis 80 Prozent vom „Waldsterben" befallen sein sollen?

Natürlich beziehen sich solche Meldungen nur auf einzelne Bäume eines Waldes. „Waldsterben" besagt also, daß gewisse Anteile der Bäume eines Waldes geschädigt sind. Wie dieses Geschädigtsein eingeteilt wird, hatten wir schon abgehandelt. Vergißt man die Einteilung und hört nur „geschädigt", so erschrickt man schon, wenn bis zu 80 Prozent der Bäume betroffen sein sollen. Von diesen fallen aber allein 70 Prozent unter die Schadensstufe 1, das heißt sie haben allenfalls bis zu 25 Prozent weniger Nadeln oder Blätter, als es die Definition der Förster verlangt. Weitere 25 Prozent fallen in die Schadstufe 2. Nur zwischen 2 und 3 Prozent entsprechen in ihrem Erscheinungsbild der Schadensstufe 3 und 4. So sieht das Bild schon anders aus.

Aber wie so oft auf diesem Gebiet liegt es möglicherweise an der Definition des Schadens, daß so viele Bäume als geschädigt gelten können. Tatsächlich sprechen viele anerkannte, aber von den Medien weniger geliebte Experten von

„psychologischen Quellen" des Waldschadens. Hier sind nicht die Baumpsychologen angesprochen, sondern die Tatsache, daß sich das Waldsterben in den Köpfen der Leute und nicht im Wald ereignet. Die Definition dessen, was man als „geschädigt" ausgibt, hat sich nämlich in den letzten Jahren drastisch geändert. Dafür legt Professor Kandler vom Botanischen Institut München zahlreiche, nicht widerlegbare Beweise vor.

Die Forstgutachten, auf die sich Professor Kandler stützt, und die es ja schon vor den Waldschadensberichten gab, belegen ihre Aussagen und Einschätzungen recht genau mit Fotos. Daraus läßt sich leicht erkennen, daß früher als gesund galt, was nach heutigen Vorstellungen als leicht, ja sogar manchmal als schwer geschädigt eingestuft wird. Früher hielt man für ganz **normale** Trockenheits- oder Altersschäden, was heute als Schadensstufe 2 und 3 „alarmiert". Schon 1924 befaßte sich Geheimrad Rebel, der lange Jahre die bayerische Forstverwaltung leitete, mit Kronenverlichtungen. Er blieb mit seinen Untersuchungen damals noch ein Außenseiter. Rebel führte diese Kronenverlichtungen als typische Hitzekrankheit auf zu heiße und zu trockene Sommer zurück. Darunter „litten", so der Geheimrat, je nach Region zwischen 10 bis 50 Prozent des Bayerischen Staatswaldes. [4]

Man sieht, das „Waldsterben" verursachen weniger neue Schadensquellen als vielmehr neuartige Waldschadensstatistiken. Diese Aussage ist nicht – wie Sie, lieber Leser auf Anhieb vermuten müßten – eine leichtfertige Behauptung. Sie hat einen realen Grund. Den Hinweis fand ich beim genannten Professor Kandler. Er schreibt: „Zwischen der Produktivität einer Fläche (Bodenfläche W.R) und der Laubbedeckung besteht ein Zusammenhang, für den allgemein der Blattindex – das Verhältnis von Blattfläche zur Grundfläche – gilt. Die Produktivität ist optimal 3 bis 4, und die ganze Landwirtschaft richtet sich in ihren Anbauplänen danach. Ist der Index höher, dann wird die Beschattung der einzelnen Blätter zu stark, so daß diese nichts mehr produzieren und zu Mitessern werden. Die Produktivitätskurve sinkt dann wieder ab".

Die inzwischen übliche Schadensdefinition legt bei Fichtenwäldern als „normal" einen Blattindex von 11 – 20 zugrunde. Das pflanzliche Optimum liegt aber nur bei 3 bis 4. Demnach sollen nach den amtlichen Schadensdefinitionen die Fichten, und wahrscheinlich auch andere Bäume, als „normal" eine gewaltige Überkapazität an Nadeln und Blättern vorweisen. Der Baum greift auf verbleibende alte Nadelbestände nur zurück, wenn ihn Insektenfraß, Eis- oder Windbruch und andere Gefahren dazu zwingen. Sonst bleibt der zahlenmäßige Überhang der Nadeln nur aus einer Art Trägheit am Baum hängen. Der kann nämlich gut auf diese überzähligen Nadeln und Blätter verzichten, ohne daß sein Wachstum gestört wird. Erst Trockenperioden nötigen den Baum, auf überzählige Nadeln, die zusätzlich mit Wasser versorgt werden müßten, zu verzichten.

Die ganze Nadelzählerei ist ein großer unwissenschaftlicher Humbug. Man denke nur, die Bauern fingen plötzlich an, auf ihren Wiese die Grashalme nachzuzählen und anderen die Schuld daran zu geben, wenn sie dabei nicht auf die gewünschte Zahl pro Flächeneinheit kommen oder einige vergilbte Halme antreffen. Andere Bauern könnten auf die Idee kommen, Schadensersatzforderungen zu stellen, weil sie in ihrem Maisfeld einige mickrige Maiskolben entdeckt haben. Natürlich gibt es überall, wo Feldfrüchte angebaut werden, ein Anbaurisiko. Warum soll das dort, wo Bäume angebaut werden, im Wald anders sein? Mit einem jährlichen Ausfall von 1,5 Prozent vom Gesamtbestand des Waldes in der Bundesrepublik ist dieses Risiko ausgesprochen gering.

Daß ein niedrigerer Blätter- oder Nadelbestand für die Bäume sogar „ganz gesund" sein kann, zeigt folgendes Ereignis. 1890 kam es in Süddeutschland zu einer größeren Insektenplage: „Der große Nonnenfraß". Die Insekten fraßen damals ganze Wälder kahl. Forstwissenschaftliche Untersuchungen fanden heraus, daß drei bis vier Jahre nach dem Kahlfraß die Wälder ihre bis dahin und seither größten Zuwachsraten erlebt hatten. Das hatte zwei Gründe. Ein Grund könnte sein, daß der Insektenkot die Bäume gut gedüngt hatte. Der wichtigere Grund aber ist, daß die Bäume alle alten Nadeln verloren hatten und nur noch junge Nadeln besaßen. Der Verlust überflüssiger Nadeln hatte die Zuwachsleistung der Bäume erhöht.

Das erklärt die bereits erwähnten Zuwachsmessungen von
Professor Abetz. Der mußte nämlich feststellen, daß der Zuwachs bei Fichten und Buchen der Schadenstufe 1 und 2 weit
höher liegt als bei den sogenannten gesunden Bäumen der
Schadenstufe 0. Das gilt sogar für einen großen Teil der
Bäume aus der Schadenstufe 3. Erst bei Schadensstufe 4 ist
der Zuwachs deutlich geringer als bei den gesunden und hört
schließlich ganz auf. Wenn man daraus irgendwelche Schlußfolgerungen ziehen kann, dann doch wohl die, daß Blatt und
Nadelverlust kein taugliches Zeichen sind, um daran die
Krankheit- und Sterbensbereitschaft von Bäumen zu messen.
Die Waldsterbehilfemafia verhält sich nach einem treffenden
Bild von Philip Egert wie jener Mann, der in der Dunkelheit
seine Hausschlüssel verloren hat, aber, um sie zu suchen, bis
zur nächsten Straßenlaterne weitergeht, „weil es dort heller
ist".[5]

Professor Paul Manion, der oberste Forstbeamte der USA,
sieht es nicht so witzig. Als Amerikaner kann er seine Meinung bei uns unbedenklicher äußern: „Wenn die Erhebung
(Waldschadensberichte W.R.) die Kronenverlichtung in Betracht zieht und den Einfluß von Wetterbedingungen, biotischen Wirkstoffen, Kulturpraktiken, der Geschichte des Bestandes und der normalen Baumphysiologie auf die Symptome außer acht läßt, wie kann sie dann ein wichtiges Werkzeug der Forschung sein? Die Erhebung ist dürftig angelegt,
hat aber als **Werkzeug der politischen Manipulation sehr gut
funktioniert**. Wissenschaftler sollten die Erhebung auf die geringe Information, die sie möglicherweise enthält, durchgehen und den Rest als **politischen Unsinn** verwerfen." [6]

Aufschlußreich ist ein Interview, das Professor Manion mit
Ernst Haubrock führte, und das am 28. Juli 1985 in „Die Welt"
erschien. „Frage: „Warum vertreten immer noch so viele Forscher die Schadstofftheorie trotz der vielen Indizien, die gegen sie sprechen?" Manion lachend: „Weil mit dieser These
am leichtesten große Mengen Geld von den Regierungen

locker zu machen sind". Und ernster: „Nach meinen Erkenntnissen – und ich habe mich immerhin 25 Jahre mit diesem Thema befaßt – ist die Schadstofftheorie unbewiesen, unvertretbar und vor allem gegenüber dem Wald und damit auch dem Menschen unverantwortlich... Die Schadstofftheorie ist schädlich, weil sie viele Wissenschaftler davon abhält, dem Problem von kranken Bäumen mit Ernsthaftigkeit und mit der notwendigen wissenschaftlichen Genauigkeit zu Leibe zu rücken".

Es gibt diese Waldschadenberichte immer noch. Sie werden trotz der enormen Herstellungskosten erstellt und von der Waldlobby wie das Evangelium hochgehalten. Ich habe den nordrheinwestfälischen Umweltminister Matthiesen, SPD, daraufhin angesprochen, als er am 1. 10. 1985 öffentlich kundgetan hatte, es habe wegen der beiden verregneten Sommer eine Verbesserung der Waldschadensbilanz um 5,6 Prozent gegeben. Mich hatte geärgert, daß er nun ausgerechnet den vorher so lautstark angeklagten Waldkiller, den „Sauren Regen", als Ursache dafür bemüht, daß sich der Wald erholt habe. Natürlich hat Matthiesen deshalb seine These vom bösen, „Sauren Regen" nicht zurückgenommen. Er hat sie im Juli 1986 noch einmal nachdrücklich bekräftigt. Denn bis dahin hatte man den Bürgern weder einen teuren Katalysator noch eine einzige, noch teurere Entschwefelungsanlage aufgenötigt. Der Minister ließ mir durch seinen Sekretär Rost mitteilen, daß man Wichtigeres zu tun habe, als meine Fragen zu beantworten. Der „politische Unsinn" hat offensichtlich Methode.

Ein Heller und ein Batzen, die waren plötzlich mein...

Der Wald, so haben wir oben festgestellt, wächst meistens nicht mehr an seinen früheren „natürlichen" Standorten, sondern dort, wo es dem Waldbesitzer wirtschaftlich am günstigsten erschien. Wer sind nun diese Besitzer? Früher war

Waldbesitz ein Adelsprivileg. Die zahllosen Liebesromanzen der Adelsfräulein mit dem jeweiligen Förster haben den Adel aber nicht so an den Wald gekettet, daß er ihn nicht, als der Besitz weniger einbrachte und es gesetzlich möglich wurde, rasch veräußert hätte. Inzwischen gehört der Wald zum größten Teil, nämlich zu 54 Prozent, der öffentlichen Hand, dem Bund, den Ländern und Gemeinden. Einen Teil besitzt die Holzindustrie und etwas teilen sich Jäger, Bauern und Liebhaber. Auch ein paar Adelige besitzen noch Wald.

In der Regel wächst der Wald einfach vor sich hin. Es dauert lange von der Aussaat bis zur Ernte. Bei Eichen dauert es zum Beispiel sieben Generationen, bis man den Bestand einschlagen kann. Hätte man also, als Napoleon sich auf seinen Ostfeldzug nach Moskau begeben hatte, einen Eichenwald angelegt, so stünde er erst im Jahre 2020 zur Ernte bereit. Bei Fichten muß man natürlich nicht so lange warten. Aber acht Jahrzehnte kommen auch hier zusammen.

Natürlich will kein Waldbesitzer so lange auf den Ertrag „seines" Waldes warten. Er will das schon gar nicht, wenn nicht einmal feststeht, ob er selbst, oder erst seine Kinder oder Kindeskinder – die von den Grünen viel bemühten „künftigen Generationen" – in den Genuß des Ertrages kommen. Wofür gibt es Banken? So findet man die Holzbestände der Wälder auf der Habenseite der Bilanzen. Dies ist umso häufiger der Fall, je größer der jeweilige Haushalt ist, und immer dann, wenn der Haushalt fremdfinanziert werden muß. Das trifft seit 1957, dem Jahr, in dem Julius Schäffer als Finanzminister gefeuert und sein Juliusturm verbraten worden ist, vor allem auf die öffentlichen Haushalte in Deutschland zu. Zufällig sind diese auch die größten Waldbesitzer. Da die Bäume wachsen, der Holzbestand eines Waldes zunimmt, erbringt der Wald seinen Zinsertrag quasi von alleine. Das ist sehr praktisch, wenn man sich mit Kredit über Wasser halten muß.

Nun ergibt sich dabei eine kleine Unbequemlichkeit. Der Holzbestand wird mit einem bestimmten Preis in den Büchern geführt. Der Preis kann sich natürlich ändern. So lange der Preis nur in den Büchern steht, ist das weder für den Waldbesitzer noch für die Bank besonders tragisch. Wenn es schließlich zum Ertrag kommen soll, der Wald eingeschlagen wird und ein Geldbetrag dafür erlöst werden soll, wird es kitzelig. Es ist alles andere als sicher, daß sich der Preis, der für den Holzbestand in den Büchern steht, auch erlösen läßt. Denn der Holzpreis gleitet auf dem Weltmarkt langsam und stetig bergab. Damit die Holzentwertung in bestimmten Billanzen nicht zu großes Durcheinander stiftet, wird der Preis von Staats wegen hochsubventioniert.

In Deutschland war das mit den Holzpreisen schon längere Zeit ein wenig anders als auf dem Weltmarkt. Hier konnten die Siegermächte nach 1945, kraft ihres Sieges, das Holz zu einem Drittel des Weltmarktpreises einkaufen. Große Gebiete wurden damals kahl geschlagen. Dazu kam dann der Wiederaufbau. Holz wurde verbaut, verheizt und es trieb im Holzvergaser sogar Autos an, solange für Benzin die Devisen fehlten. Es dauerte Jahre, bis die alten Bestände nachwuchsen. Das waren gute Jahre – nicht für den Wald – aber für die Waldbesitzer. Was man beim Export beim Weltmarktpreis abstreichen mußte, durfte man als Entschädigung beim Binnenmarktpreis draufschlagen. So war das mit dem freien Markt unter Ludwig Erhard.

Aber dann wurde Holz mehr und mehr entbehrlich. Produkte, die Jahrhunderte lang aus Holz hergestellt wurden, fertigte man aus anderen Materialien oder man verzichtete auf sie. So verschwanden die Telegrafen- und Schiffsmasten, um deren willen die Fichtenschonungen so eng gepflanzt worden waren. Noch 1923 waren diese Stämme so wichtig, daß die französische Regierung, weil sich eine im Versailler Abkommen zugesagte Lieferung verzögert hatte, zur Besetzung des Rheinlandes schritt und alle vorhersehbaren, verheerenden Folgen dafür in Kauf nahm. Aber auch anderswo wurde das Holz inzwischen verdrängt, im Haus- und Treppenbau, bei der Möbelherstellung, bei Eisenbahnschwellen, im Schiffsbau. Selbst beim Auto baute man früher so manches Teil aus Holz, was Oldtimer so begehrt macht. Damit ist es jetzt vorbei. Schon verdrängen Computer, Video und Bildschirmtext, die moderne Kommunikationstechnik mehr und mehr das Papier. Die Zeitungen erwarten Absatzkrisen, weil die nachwachsende Generation weniger Zeitungen kauft.

Die Fichte, die besonders schnell wächst, hatte in Zeiten großen Holzbedarfs die Edelhölzer des Kirschbaums, Nußbaums, der Akazie, Ulme, Linde, des Ahorns in den Forstkulturen verdrängt. Es bereitet mir zum Beispiel Mühe, Dickfurnier aus Nußbaum aufzutreiben, das ich beruflich für die Restaurierung antiker Möbel benötige. Vor hundert Jahren sah man die technische Entwicklung nicht vorher und bepflanzte allen nur irgendwie verfügbaren Grund und Boden mit der schnellwachsenden Fichte. Nun bietet sich die Idee von den „nachwachsenden Rohstoffen" an, um künstlich wieder eine Nachfrage nach dem ungewünschten Holz in Gang zu bringen. Auch die Kampagne gegen die Abholzung tropischer Regenwälder findet hier ihre praktische Erklärung. Im Grunde geht es um ein Embargo gegen Holzimporte aus den in Sonntagsreden gerne bedauerten Entwicklungsländern.

Bei sinkender Nachfrage würden die Preise dahingleiten. Wie sollte man sich als Waldbesitzer in einer solchen Situation verhalten? Bei Professor Hartmut Graßl lesen wir in seinem „wissenschaftlichen" Werk mit dem Titel „Wir Klimamacher": „Tun Sie einmal gar nichts. Nichtstun ist die ökologisch verträglichste Art des Daseins". So etwas mag für jemanden zutreffen, der sich einen Posten als Leiter der Max Planck Gesellschaft für Meteorologie in Hamburg erdienert hat. Im allgemeinen garantiert ein solcher Rat nur Mißerfolg.[7]

Aber genau dem Rat waren offensichtlich die Waldbesitzer in Deutschland gefolgt. Sie hofften auf die Trendwende. So blieb der Holzbestand möglichst unangetastet in den Büchern und der Wald auf den Höhen stehen. Dort altert er vor sich hin, wird älter und älter, und manchmal steinalt. Jeder Mensch weiß, auch wenn er nicht daran denken will, daß er einmal seine Altersgrenze mehr oder weniger natürlich erreicht. Bevor es soweit ist, stellen sich allerlei Beschwerden und Krankheiten ein. Warum sollte es den Bäumen anders ergehen?

Nun gibt es natürlich auch unter Waldbesitzern Schlitzohren, die rechnen können. Sie erkennen, daß sich der Trend

trotz „Bio-" und „Natur"-Propaganda nicht so leicht umkehren läßt. Was läge näher, als rasch alles zu halbwegs gängigen Preisen wegzugeben? Den letzten straft die Geschichte: das wäre gut marktwirtschaftlich gedacht. Doch das würde den Mitbewerbern das Geschäft nur um so gründlicher vermiesen. Der bedeutenste Mitbewerber ist aber die öffentliche Hand. Ihre Haushalte leiden chronisch Not. Aber die öffentliche Hand verfügt auch über gewisse Möglichkeiten. Sollte sie in der verfahrenen Situation einfach zusehen, wie weitere Aktivposten leichtfertig aus dem Haushalt gestrichen werden?

Marktwirtschaft hin, Marktwirtschaft her. Wenn es den Großen ans Eingemachte geht, wird gehandelt. Und schon stehen die Fällquoten fest. Sie stellen, etwa wie die Milchquoten der Bauern, sicher, daß nicht zuviel Holz auf den Markt geworfen wird. Über die Fällquoten führt der Bundesverband des Deutschen Holzhandels e.V. in Wiesbaden regelmäßig eine Liste. Diese Listen sind bemerkenswert. Sie zeigen, daß die Fällquoten über all die Jahre auffallend gleich geblieben sind. Fallen wegen eines Eisregens, wegen eines Sturmes oder erhöhten Schneefalls zum Beispiel 18 Millionen Festmeter Holz an, so werden nur noch 12 Millionen Festmeter Holz hinzu gefällt. Die Summe ergiebt gleichbleibend jeweils rund 30 Millionen Festmeter. Kommt es in einem Jahr zu einem größeren Unwetter, wie kürzlich mit dem Sturm Wiebke, dann wird einfach in dem drauffolgenden Jahr nichts oder entsprechend weniger eingeschlagen. Im Durchschnitt bleibt die Menge konstant, und das bereits seit Jahrzehnten.

1991 wurde z.B. gar nichts eingeschlagen. Der Sturm Wiebke hatte nämlich zwischen 2,5 und 3 Prozent des Waldes umgelegt. Das war eigentlich nicht so viel, bedenkt man die Aufregung, die er ausgelöst hatte. Die Holzmenge aus dem Windbruch reichte für gut zwei Jahre. Noch in diesem Jahr (1992) blieb ein Überhang von Wiebkes „Schadholz" von 5 Millionen Festmetern. Konsequent wurden 1992 erstmals nach dem Sturm wieder 25 Millionen Festmeter zum Einschlag freigegeben.

Diese Fällquoten sind noch aus einem anderen Grund interessant. Pro Jahr werden in Deutschland also rund 1,5 Prozent des Waldes gefällt. Das entspricht genau der Zahl, die mir Dr. Bucerius als Richtwert für die absterbenden Bäume genannt hatte. Nun sieht man es den Baumstämmen nicht an, aus welchem Grund sie gefällt wurden. Auch dem normalen Waldschadenholz, das zum Beispiel aus Holzbruch stammt, sieht man die Schädigung nicht an, wenn der Sturm den Stamm nicht gerade angeknickt hatte. Aber selbst das hat kaum Auswirkungen. Man zerteilt den Stamm genauso wie die anderen Stämme, schneidet die Splitterstelle heraus und verkauft den Rest gerade so, wie alles andere auch. Trotzdem haben die gründlichen Forstleute Buch geführt und, wie das bayerische Staatsforstamt herausbekommen: lediglich 2 Prozent des gefällten Holzes stammt von absterbenden Bäumen. Also nur 2 Prozent von den 1,5 Prozent des Waldbestandes, der jährlich gefällt wird, geht auf wirkliches „Waldsterben" zurück. Den Rest rücken nur entsprechende Nadelzählstatistiken in die Nähe des „Waldsterbens".

Aber noch ein weiteres erkennt man an den Fällquoten. Das „Waldsterben", selbst bei Sturmschäden, Eisbruch und anderen Gründen, ist für die Forstlobby wirtschaftlich belanglos. Hat ein Sturm, wie Wiebke, einmal zuviele Bäume umgeworfen, läßt man das Holz liegen, bis es abgerufen werden kann.

Schließlich zeigt sich noch eines. Der Einschlag von Buchen und Eichen nimmt in den letzten Jahren ab. Warum ist das verwunderlich? Gerade diese Bäume sollen ja, nachdem die Fichten und Tannen aus dem Gerede gekommen sind, die am meisten bedrohten Absterbekandidaten sein. Die Fällquote zeigt in nackten Zahlen, daß es immer weniger empfehlenswert erschien, gerade diese Bäume zu fällen. Sollten die Forstunternehmer nicht mehr kranke von gesunden Bäumen unterscheiden können? Tröstlich, daß es wenigstens die Journalisten und Intellektuellen können – und natürlich die Politiker.

Noch etwas läßt uns staunen. Überblicken wir die letzten 170 Jahre, so stoßen wir auf nicht weniger als 60 größere Schadenswellen. [8] Sie traten jeweils so in Erscheinung, daß man sie nach heutigem Sprachgebrauch „Waldsterben" nennen müßte. Jede Schadenswelle zeigte die gleichen Symptome, aber nur die letzte – wenn es sie geben sollte – gelangte in die Medien.

Geld stinkt nicht

Warum aber nun dieser Wirbel um das Waldsterben? Es scheint mit dem Waldbesitz in Deutschland wirklich nicht zum besten zu stehen und, wie meistens, liegt es am Geld. Alle bekommen Subventionen, warum nicht auch die Forstindustrie? Über die EG ist das schwer zu machen, die kennt sich bei den Holzpreisen aus. In Deutschland schlägt – wie wir gesehen haben – der Holzbestand in öffentlichen Haushalten hoch zu Buche. Das dafür geliehene Geld ist längst ausgegeben und es läßt sich durch den Holzverkauf nicht wieder einbringen. Man hatte geduldig abgewartet, den Waldbesitz überaltert, altersschwach und anfällig werden lassen. Aber eine Trendwende bei den Preisen ist nicht eingetreten. Wer soll nun für das möglicherweise aufreißende Defizit aufkommen? Sie haben völlig richtig gehört: „Wir alle müssen Opfer bringen".

Das ist leichter gesagt, als getan. Vor dem freiwilligen Opfer steht der Widerstand. „Warum soll ich für die falsche Finanzwirtschaft der Forstindustrie Opfer erbringen? Mir genügen schon die Opfer, die die finanzpolitischen Fehler unserer Politiker kosten," denkt so mancher mit Unmut. Die ihm zugedachte Antwort hat zwei Teile. Der erste Teil klärt ihn über den Nutzen auf, den auch er aus dem Wald zieht, der zweite Teil versucht, ihm nachzuweisen, daß er am „Waldsterben" mitschuldig ist.

Viele Menschen gehen gerne im Wald spazieren. Das hat für sie einen unbestrittenen Nutzen. Da das Spazierengehen die forstwirtschaftliche Nutzung nicht beeinflußt, entscheidet das nicht über die Anpflanzung von Wald im öffentlichen

Interesse. Der Wald gilt aber als „grüne Lunge", und als solche wird er förderungswürdig. Bekanntlich atmen grüne Pflanzen CO_2 ein und geben Sauerstoff frei. Für Fichten und andere Nadelbäume trifft das allerdings nicht zu.

Bei Laubbäumen stimmt das, aber nicht immer. Sie gönnen sich nämlich einen langen Urlaub. Nur in der relativ kurzen Zeit von vier bis sechs Monaten, in denen sie frische Blätter tragen, liefern sie auch Sauerstoff. Jede Wiese, jedes Getreidefeld (z.B. auch Winterweizen) erfüllt die beim Wald gepriesene Lungenfunktion viel besser. Wenn man – was Biologen getan haben – die Oberflächen der Grashalme, die auf der Grundfläche, die ein Baum benötigt, mit der Blattoberfläche dieses Baumes vergleicht, bekommt man ein erstaunlich ähnliches Ergebnis. Aber ein Büschel Gras ist für uns eben noch kein Baum.

Auch als Luft- und Wasserfilter soll sich der Wald bewähren. So sagen es die Schlagworte. Im Schatten der Bäume ist es kühler, außerdem verbreiten sie gewisse ätherische Öle. Beides erweckt den Eindruck, daß hier die Luft frischer sei. Das ist alles. Und die Filterfunktion? Nichts anderes geschieht auf jeder Wiese, auf jedem bewachsenen Feld. Nüchtern gesehen unterscheidet den Wald nichts von einem Kartoffelacker – außer natürlich die Form des Ertrags.

Bleibt also der Anspruch auf Schadenersatz. Nur, wie will man den begründen? Aus der Verlegenheit half eine Studie aus den zwanziger Jahren. Jemand hatte damals Überlegungen über mögliche Rauchschäden an Bäumen angestellt. Sehr weit sind seine Untersuchungen nicht gediehen. Aber er lieferte die erlösende Idee. Der angebliche Schaden kommt aus der Luft und „wir alle" sind an der Luftverschmutzung Schuld. Denn, was findet man da nicht alles in der Luft. An erster Stelle wird nun der „Saure Regen" mit Schwefelsäure und Stickoxyden genannt. Auch Industriestäube sind schuld. Am überzeugendsten sind natürlich die Autoabgase, denn fast jeder fährt Auto und niemand riecht sie gerne. Sie könnten, wenn man ihnen die Schuld anhängte, am überzeugensten klar machen, daß jeder zur Kasse gebeten werden darf: autofreier Sonntag!

Ich habe das alles zunächst hingenommen und viele Berichte darüber aus Rundfunkmeldungen, Zeitungen und Zeitschriften gesammelt. Da stieß ich plötzlich auf eine Ausgabe der Zeitschrift „Essen & Trinken". Mit offenen Augen las ich dort, in welchen Mengen der Waldkiller SO_2, jenes fürchterliche Gift, zur Konservierung unserer Speisen dient. Was uns im Wein, in den Rosinen, im Meerrettich, beim Trockenobst zugemutet wird, müßte in kürzester Zeit alle Wälder umgelegt haben, wenn nur etwas von dem stimmte, was da gesagt wird. Schließlich schaute ich im Lexikon, in meinem Brockhaus nach, und was fand ich da? SO_2 sei ein „biologisches" Pflanzenschutzmittel, das sich besonders gegen den Mehltau der Rosen bewährt. Man mische sich eine recht kräftige Lösung und besprenge damit seine Rosenstöcke, hieß es da. Über SO_2 und sauren Regen und die Erfahrungen, die man damit im Höglwald bei Augsburg gemacht hat, werde ich im nächsten Kapitel etwas sagen. SO_2, der schlimme „Waldkiller", ist in Wirklichkeit Düngemittel, Konservierungsstoff und Pflanzenschutzmittel. Wenn das kein Betrug ist?

Georg Gallus, Staatssekretär im Bundesministerium für Landwirtschaft und Forsten, bringt den Betrug auf den Begriff. Laut AP Meldung vom 14.8.1987 steht für ihn und seine Lobby seit 1984 eindeutig fest, daß Abgase von Autos, Schadstoffemissionen der Industrie, vor allem der Kraftwerke, für das Baumsterben verantwortlich seien. Der Staatssekretär ist nicht der einzige, der fest davon überzeugt ist, daß nur Schadstoffbelastungen der Luft als Ursache für das „Waldsterben" in Frage kommen können. Auch der „anerkannte Fachmann", Professor P. Schütte schreibt in dem zitierten Buch apodiktisch: „Verantwortlich für das „Waldsterben" ist die Gesamtheit der Luftverunreinigungen. Dazu zählen neben SO_2, NO_x, ungesättigte Kohlenstoffe und Photooxidantien, auch die als Aerosole auftretenden Schwermetallstäube". Seitdem reißt die Flut der öffentlichen Feststellungen und Meldungen über die Ursachen des „Waldsterbens" nicht mehr ab. [1]

Für 600 solcher Studien zahlte das Bonner Ministerium zwischen 1982 und 1989 über 277 Millionen DM. Ein Auftragsmachwerk war unbrauchbarer als das andere, weil es nicht überzeugend genug darlegen konnte, was tatsächlich auch nicht der Fall ist. All die wissenschaftliche Vermuterei, das hochbezahlte Phantastentum, all die zusammengekratzten „Faktoide" konnten nicht nachweisen, daß die angebliche Luftverschmutzung irgend einen Schaden im Wald angerichtet hat. Ich warte auf den Tag, an dem die zahllosen, inkompetenten Vielschreiber, die Steuergelder zurück zahlen, die ihnen unsere Politiker so bereitwillig zugeschoben haben.[9]

Im Januar 1991 untersuchte Herbert Eder 2000 einschlägige Zeitungsartikel und über 300 Bundes- und Landtagsdokumente und 200 Forschungsberichte. Er stellte fest, daß sich zwischen dem, was in den Medien als Hauptverursacher des angeblichen Waldschadens hingestellt wird und dem, was sich wissenschaftlich nachweisen ließ, „kein Zusammenhang herstellen läßt". Er entdeckt aber einen deutlichen Zusammenhang zwischen dem Erscheinen solcher Artikel und politischen Ereignissen, besonders Wahlterminen. Die andere Aussage müssen wir wörtlich zitieren, sonst glaubt sie uns niemand: „Besonders aufschlußreich sind die Auswertungsergebnisse nach den Kriterien Autor, Informationsquelle und Hauptbezug. Bei allen untersuchten Informationsquellen zeigte sich, daß nur sehr wenige Personen – meist weniger als zehn pro untersuchter Gruppe – sich intensiv (also selbständig, WR) mit dem Thema befaßten. Häufig deckten sich noch die angegebenen Informationsquellen. Darum ist festzustellen, daß das gesamte Thema „Waldsterben" von nur ganz wenigen Dutzend Personen aufbereitet und weitergegeben wurde – zumindestens der Teil, der ins öffentliche Bewußtsein gelangte".[10]

Man schreibt, wie bei Intellektuellen scheinbar üblich, einfach immer wieder nur von einander ab. Wie schrieb doch G. Bröcker in einem Leserbrief, den „Die Zeit" bereits am 4.2.1983 abdruckte: „Durch häufiges Wiederholen einer Hypothese in den Massenmedien wird nun diese zum Gesetz". Das hielt „Die Zeit", vor allem aber das Magazin „Der Stern" nicht ab, unablässig die Gebetsmühlen in Sachen „Waldsterben" herunterzuleiern.

Für die Waldbesitzer bleibt es trotz der intensiv verbreiteten und überall wiederholten Sterbehypothese schwer, selbst daraus einen Anspruch auf Schadenersatz bei Autofahrern, der Industrie und den Elektrizitätsabnehmern geltend zu machen. Sie verkaufen ja nach wie vor ihr Holz. Welche Preise sie dabei erzielen, hat mit dem „Waldsterben" nichts zu tun. Denn der Käufer ihres Holzes kann nicht zwischen gestorben oder lebend gefälltem Holz unterscheiden. Nur der Waldarbeiter, der die Bäume tatsächlich gefällt hat, könnte darüber Auskunft geben. Um einen Schadensersatzanspruch zu begründen, müßte für Sterbeholz ein geringerer Preis als für normales Einschlagholz gezahlt werden.

Die Sterbehypothese soll auch nicht die Gerichte überzeugen. Man wendet sich an die Öffentlichkeit. Sie soll Opfer in Form höherer Abgaben, Steuern, Gebühren u. dgl. entrichten, um die Haushaltslage der Waldbesitzer aufzubessern. Zusätzlich wird eine nicht unbedeutende Anzahl akademischer Arbeitsplätze geschaffen. Was gibt es nicht an „papers", Gutachten und Gegengutachten, an Positionspapieren und Gegenpositionspapieren, an Stellungnahmen und Gegenstellungnahmen zu schreiben. Und dann die Nadelzählerei, und andere „wissenschaftliche" Untersuchungen!

Darüberhinaus tun sich ungeahnte Möglichkeiten auf, führenden Leuten politischer und anderer Nachwuchsorganisationen mit Aufträgen für hochdotierte Gutachten unter die Arme zu greifen. Da kommt die gutgeschmierte Maschine der politischen und verbandlichen Geschäftlhuberei wieder einmal so richtig in Schwung. Deshalb werden auch die Medien nicht müde, wie eine buddhistische Litanei, die Sterbehypothese für den Wald immer wieder herauf- und herunterzubeten. Wird sie deshalb wahrer? Sie wird im Volk leichter geglaubt, und nur darauf kommt es an.

Und wie immer, wenn etwas fault, stellen sich rasch Schmeißfliegen ein. Immer hängen sich Leute dran. Clevere Geschäftemacher wittern ihre Chance für ein leichtes Schnäppchen. Schnell finden sich sieben Leute, die einen Verein mit klangvollem Namen wie „Stiftung Wald in Not", „Schutzgemeinschaft Deutscher Wald" usw. gründen. Solche

Vereine sprießen wie Pilze nach einem lauen Herbstregen aus dem Boden. Im Wald haben sie wenig zu schaffen, dafür umso mehr im Blätterwald der Medien. Dort findet man ihre Anzeigen. Sie sind nach bewährtem Schnittmuster gefertigt. Eine überspitzte Behauptung kündigt das Ende des Waldes an. Eine noch überspitztere versucht beim Leser deshalb Schuldgefühle zu wecken. Dem folgt schließlich die Hauptsache: der Spendenaufruf mit Spendenkonto. Wohin die Spendengelder dann fließen, was mit ihnen geschieht, bleibt abgesehen von den Anzeigenkosten unerfindlich. Tausende zahlen für die nächste Biertischrunde des Vereins, an der man sich über die Spender totlacht. Die Vereinskassen füllen sich, und Vorstände und Hauptamtliche leben gut davon.

ANMERKUNGEN:

1) Peter Schütt, W. Koch, H. Blaschke, K. Lang u.a.: *So stirbt der Wald, Schadensbilder und Krankheitsverlauf,* BLV Verlag, München, Wien, Zürich 1983.

2) P. Abetz: *„Wachstumsanalysen gesunder und kränkelnder Nadelbäume in Südwestdeutschland unter besonderer Berücksichtigung von Immissionen",* in: Statusseminar zum BMFT Förderschwerpunkt Ursachenforschung zu Waldschäden, 30. März bis 3. April 1987, KFA Jülich 1987.

3) Forstinspektor von Bozen: *Wie gesund sind unsere Wälder,* 5. Bericht vom 1. 12. 1987.

4) Philip Egert: *Leserbrief* in: Fusion, Wissenschaft und Technik für das 21. Jahrhundert, 11. Jg. Heft 1. 1990 Seite 9.

5) K. Rebel: *Waldbauliches aus Bayern,* Bd. 2, Huber, Diessen bei München 1924.

6) Paul Manion: *Effects of Air Pollution on Forests,* in: Journal of the Air Pollution Control Association, 35. Jg. 1985.

7) Hartmut Graßl, Reiner Klingholz: *Wir Klimamacher, Auswege aus dem globalen Treibhaus,* S. Fischer, Frankfurt 1990, Seite 274.

8) Bayer AG: Bayer Pflanzenschutzberichte, Leverkusen 2/1984.

9)Pressenotiz des Bundesministers für Forschung und Technologie vom 21.9.1989.

10) Herbert Eder: *Der Wald lebt,* in: Forschungskreis Stadtentwicklung (Hrsg.), Sonderheft: Umweltschutz und Politik oder Festhalten schadet, Mai 1991, Seite 65 ff.

KAPITEL 3

Saurer Regen

Der frische Duft der Luft

Für das „Waldsterben" werden viele Ursachen verantwortlich gemacht. Am häufigsten wird der „Saure Regen" genannt. Warum das so ist, werden Sie bald erfahren. Da Regen aus der Luftfeuchtigkeit stammt, muß auch die Ursache für den „Sauren Regen" in der Luft zu suchen sein. Vom „Waldsterben" also zur Luftverschmutzung! Beim Wald sind wenigstens die Bäume greifbar, anders bei der Luft. Man spürt sie, aber man sieht sie nicht. Der kleine Unterschied öffnet Panikmachern ungeahnte Möglichkeiten. Deshalb verspricht auch das folgende Kapitel spannend zu werden.

Natürlich kann die Luft allerlei Stoffe und Gase mit sich führen. Wir alle kennen das. Wer hätte nicht schon nach einem Sommerregen auf dem Dach seines Autos gelblichen Staub bemerkt. Es handelt sich um feinsten Sand, der aus der Sahara stammt. Gewaltige Sandstürme hatten ihn in höchste Höhen hinaufgewirbelt und dort oben verweht. So ist er langsam absinkend bis zu uns gelangt.

Der Luft sind solche Gase und Stoffe von Natur beigemengt. Wenn man die Luft rein physikalisch bestimmen möchte, sollten sie dort nicht hingehören. Wo gibt es aber auf der Erde etwas physikalisch Reines? Wieviel Mühe geben sich Ingenieure zum Beispiel in der Computerindustrie, um einen „Reinraum" herzustellen, in dem sich Computerchips produzieren lassen? Vor der dazu erforderlichen Technik würde sich so mancher Umweltschützer bekreuzigen wollen.

Bei der Luft ist es ähnlich wie beim Wasser. Beide enthalten normalerweise viele Stoffe, von denen wir glauben, sie würden dort nicht hingehören. Solche Stoffe geben dem Wasser seinen guten Geschmack und der Luft ihre würzige Frische. Haben Sie schon einmal aqua destilata, also annähernd reines Wasser getrunken? Versuchen Sie es einmal und vergleichen Sie den Geschmack mit dem Ihres Mineralwassers und dann schauen Sie auf dem Etikett nach. Dort werden einige der Chemikalien aufgezählt, die in dem Wasser enthalten sind. Oft handelt es sich um recht böse Chemikalien. Aber in der Verdünnung, in der sie auftreten, sind sie völlig harmlos geworden. Mit der Luft ist es nicht anders.

Professor Günther O. Schenk hat in mehreren Veröffentlichungen vor der „unnatürlichen" Definition der Luft gewarnt, die Umweltschützer gebrauchen. Im Gegensatz zu ihnen ist nach Professor Schenk „die natürliche Luft erstens ein mineralisches Aerosol, das seit Jahrtausenden Pflanzen auf dem Luftweg ernährt und die Umwelt mit lebenswichtigen Nutz-, Nähr- und Spurenstoffen versorgt, können zweitens viele Schadstoffe auch Nutzstoffe sein, können drittens Maßnahmen zum Umweltschutz schädliche Nebeneffekte haben, können viertens Maßnahmen ,nach Stand der Technik' ökologischen Sinn in Unsinn verkehren". Das sind mäßige Worte. Im fachlichen Teil zeigt der Professor, wie Maßnahmen zur Luftreinhaltung aufgrund des falschen Begriffs von Reinluft, beträchtlich zu Pflanzenerkrankungen unter anderem gerade auch zum „Waldsterben" beigetragen oder sie sogar ausgelöst haben. Den „unnatürlichen" Begriff der Luft verbreiten gerade unsere naturbesessenen Naturfreunde.[1]

Man sollte die Stoffe, welche die Luft mitführt, „Luftbefrachtungsstoffe" nennen. Das wäre ein wertfreier Begriff, der allen Deutungen offen bleibt. Das aber würde unseren Umweltschützern nicht schmecken. Sie brauchen zuerst und vor allem eine Wertung. So haben sie den Begriff „Schadstoffe" durchgesetzt - und schon glaubt jeder zu wissen, daß solche Stoffe ihm auch schaden.

Untersuchte man die Luft, auf alle Stäube und Substanzen, die sie mit sich führt, bräuchte man lange Listen. Wahrscheinlich würde es schwierig werden, irgendeinen Stoff dort überhaupt nicht vorzufinden. Die Frage ist nur, wieviel einer Substanz in einer Einheit Luft verteilt ist. Als Maß wählt man gerne einen Liter oder einen Würfel mit der Kantenlänge von einem Meter, den Kubikmeter. Damit hat man die sogenannte Konzentration des Stoffes in der Luft.

Ein Geruch von Hölle

Da es im folgenden um den sogenannten Sauren Regen gehen soll, ist Schwefel gefragt, genauer gesagt, die Verbindung aus Schwefel und Sauerstoff: Schwefeldioxyd SO_2. Dieses SO_2 soll für den Sauren Regen verantwortlich sein, und der soll die Wälder zum „Sterben" bringen. Dieser Saure Regen entsteht, wenn SO_2 sich im Regenwasser löst. Daraus bildet sich eine schweflige Säure. Sie darf natürlich nicht mit der sehr scharfen Schwefelsäure verwechselt werden.

Die schwefelige Säure kommt in der Natur nur in äußerst verdünnter Form vor, weil sich wenig SO_2 auf große Luftmengen verteilt. Damit man Schwefeldioxyd überhaupt merkt, müssen laut Brockhaus wenigstens vier Milligramm auf einen Kubikmeter Luft kommen. Daß heißt, wenn man vier tausenstel Gramm SO_2 auf einen Kubikmeter Luft verteilen würde, dann würde diese Luft empfindliche Schleimhäute zu reizen beginnen. Sehr empfindliche Menschen würden zum Beispiel einen Hustenreiz verspüren. Aber Dichten von vier Milligramm pro Kubikmeter Luft kommen sehr selten vor.

Wenn ich mir zum Beispiel die Luftwertetabelle im „Kölner Stadt-Anzeiger" ansehe, die uns die gemessenen „Schadstoffe" täglich vor Augen führt, dann ist dort von Mikrogramm die Rede. Das ist ein beträchtlicher Unterschied. Ein Mikrogramm ist ein Tausendstel eines tausendstel Grammes, also ein Millionstel Gramm. Das ist gar nicht so leicht festzustellen. Milligramm lassen sich mit der Präzisionswaage des Apothekers gerade noch messen. Sehen können Sie das Stäubchen vielleicht noch mit Hilfe eines Vergrößerungsglases. Wahrscheinlich brauchen Sie dazu aber schon ein Mikroskop. Beim Mikrogramm können Sie ruhig alle Hoffnung aufgeben, es je sehen zu können. Selbst wenn es auf einem Haufen liegen würde, müßten sie, um es zu sehen, ein Spezialmikroskop einsetzen. Entsprechend aufwendig ist es auch, diese geringe Menge in einem Kubikmeter Luft nachzuweisen. Erst in jüngerer Zeit wurden Analysegeräte entwickelt, die das mit einer gewissen Zuverlässigkeit schaffen.

Da es so schwer ist, sich diese Menge vorzustellen, habe ich mir einmal die Mühe gemacht, es auf andere Weise zu veranschaulichen. Man hatte im Schwarzwald zum Beispiel einen Jahresmittelwert von 20 Mikrogramm pro Kubikmeter Luft ermittelt. Ich habe nun ausgerechnet, wieviele Kubikmeter Luft notwendig sind, um darin etwa eine Tonne SO_2 unterzubringen. Es sind – sage und schreibe – 500 000 000 Kubikmeter, also 500 Millionen Kubikmeter Luft erforderlich. Das ist die Luftmasse, die einen Raum von ein Kilometer Länge, ein Kilometer Breite und 500 Meter Höhe ausfüllt. Der Kölner Dom ist z.B. nur 160 Meter hoch. Man müßte ihn schon dreimal übereinanderstellen und selbst dann fehlten noch 20 Meter an der Höhe. Aber auch einen solchen Raum kann man sich schlecht vorstellen.

Ich habe mir daher ausgerechnet, wieviele Einfamilienhäuschen voll Luft, zusammen eine Tonne SO_2 ergeben würden. Ein stattliches Einfamilienhaus faßt durchschnittlich 500 Kubikmeter umbauten Raum. Man bräuchte also eine Million solcher Häuser. Ein Haus kommt auf eine Straßenfront von ungefähr 10 m. Würden wir die Häuser also nebeneinander aufstellen, ergäbe das eine Straße von 10.000 Kilometer Länge. Das hieße, das erste Haus stünde z.B. an der Westküste Frankreichs und das letzte an der Behringstraße, dem äußersten Zipfel Rußlands, an der Grenze zu den USA. Die Häuserkette reichte also durch ganz Eurasien.

Aber nun soll ja auch jede Tannennadel etwas von dem Schwefel abbekommen. Es müßten allein im Schwarzwald mindestens 4 oder 5 000 000 000 000 000 000 000 000 000-000 000 000 000 Nadeln (ich kann mich auch verzählt haben) geben. Schließlich hat jede Tannennadel ja ein Recht darauf, beim „Waldsterben" berücksichtigt zu werden. Nehmen wir uns aber eine Tannennadel vor, dann erkennen wir leicht, daß auf ihr bequem 1000mal ein 20-millionstel Gramm Platz hätte. Wie aber findet das SO_2 die Tannennadeln, vor allem dann, wenn es regnet?

Aber Spaß bei Seite! Schwefel hat einen üblen Geruch. Daher wird er auch mit Hölle und Teufel in Verbindung gebracht: „Pech und Schwefel"! Das mag so manchem Umweltschützer noch seit dem Mittelalter in den Knochen sitzen. Aber wundern Sie sich nicht: Sie essen das Zeug sogar. Sind Sie Weintrinker? Essen Sie gerne Rosinen? Oder streichen Sie sich schon mal Meerrettich auf ein Stück Kochfleisch? Das sind ein paar Beispiele, bei denen Sie den „Sauren Regen", das in Wasser gelöste SO_2, in ihren Körper bekommen. Das Erstaunliche ist die Menge, die Sie davon zu essen und zu trinken bekommen. Sie sind verglichen mit den für Luft zulässigen Werten ganz und garnicht zimperlich. So billigt das strenge Lebensmittelrecht Kellermeistern zu, jedem Liter Wein bis zu 300 Milligramm SO_2 zuzusetzen. Wohl gemerkt jedem Liter, dem tausendstel Teil eines Kubikmeters, dürfen 300 Milligramm, also 300 000 Mikrogramm Schwefel zur Konservierung zugesetzt werden. Das ist im Vergleich zur Luft eine gigantische Menge. Entlarvt das nicht schon den ganzen Betrug?

Ist die Luft stark mit Stoffen befrachtet, spricht man gerne von „Smog". Auch er wird ähnlich wie das „Waldsterben" recht willkürlich in Schadstufen eingeteilt. Auch beim Smog hat man drei solche Stufen festgelegt. Der höchste Smogalarm, die Stufe III, setzt ein, wenn die SO_2 Konzentration der Luft 1,8 Mikrogramm pro Kubikmeter erreicht hat. Dieser Alarm unterzieht jeden einzelnen Bürger, jeden Betrieb und jede Einrichtung einer sehr unangenehmen Reglementierung. Wie unsinnig diese Vorschriften oft sind, macht der Le-

serbrief einer Mutter, der am 25.1.1985 im „Kölner Stadt-Anzeiger" zu lesen war, an einem einfachen Beispiel deutlich:

> „Smogalarm im Ruhrgebiet - schulfrei! Die Kinder wa-
> ren begeistert und haben vergnügt stundenlang im
> Schnee gespielt - in smogverpesteter Luft! Wer hat sich
> denn diesen Blödsinn ausgedacht?"

Frau Hiller aus Köln hatte den Nagel auf den Kopf getroffen. Sie widerlegte den Schwindel überzeugender, als es so
manche langatmige, wissenschaftliche Abhandlung könnte.

Damit aber nicht genug. Fragen wir noch einmal: Wo
kommt der Saure Regen eigentlich her? Schwefel mag so teuf-
lisch riechen wie er will, für das Leben ist er ein sehr wichtiger Stoff. Man findet ihn in den wichtigen Aminosäuren, in
Enzymen und Vitaminen. Er gehört zu den Grundbausteinen
der belebten Zelle. Dementsprechend kommt Schwefel auch
überall dort vor, wo es Leben gibt. So gab es natürlich auch in
jenen Pflanzen der Steinkohlenzeit Schwefel, bevor sie ver-
faulten und zu Kohle, Erdöl und Erdgas wurden. Dementsprechend ist Schwefel auch in diesen fossilen Energien zu
finden. Wenn wir sie verbrennen, setzen wir den Schwefel wieder frei, und so gelangt er zurück in die Luft, aus der ihn sich
die Pflanzen vor Jahrmillionen geholt hatten.

Das ist beileibe nicht die einzige Schwefelquelle. Meerwas-
ser enthält Schwefel, den es zum Teil an die Seeluft abgibt.
Die wohl umfangreichsten Quellen für Schwefel sind, neben
Heilquellen, Vulkane. Sie brauchen nur einmal auf so einem
Vulkan, wenn er nicht gerade tätig ist, herumzusteigen. Ich
habe das zum Beispiel 1972 sehr hautnah auf dem Ätna in Sizilien erlebt. Es roch, als stünde ein Ausbruch unmittelbar bevor. Aus vielen Ritzen drang dieser scharfe, hustenreizende
Geruch hervor. Die Ränder dieser Spalten hatten sich vom
Schwefel schon gelblich gefärbt. Das ist bei vielen tätigen Vul-
kanen so. Sie blasen Unmengen von Schwefel in die Luft.

Nach den Aussagen der Umwelthysteriker müßte das Leben um den Ätna herum vom Schwefel völlig vergiftet und abgestorben sein. Wie aber sieht es wirklich dort aus? Die einschlägige botanische Literatur preist das außergewöhnlich
üppige Wachstum der Ätnaregion. Auch die Reiseführer lo-

ben es mit bunten Worten - und zu Recht. Denn das Wachstum ist dort von ganz Sizilien am schönsten. Man muß einfach diese herrlichen Bäume bewundern, die keine Forstmaßnahmen zu Krepeln vergewaltigt haben. Diese stattlichen Eichen, Kastanien, Ahorne, Kiefern, Akazien schmücken das Land mit ihrer Pracht. Von „Waldsterben" ist nirgends etwas zu sehen. Diese Bäume sind schlauer als unsere Umweltschützer und ihre Politiker. Sie lassen sich nicht einreden, daß SO_2 für sie Gift sei. Sie nutzen es, wie alle Pflanzen seit eh und je als wertvollen Dünger.

Nach der letzten Eiszeit haben sich auf der nördlichen Halbkugel riesige Hochmoore gebildet, von denen noch gewaltige Torflagerstätten zeugen. Sie konnten nur entstehen, weil sie aus der Luft mit SO_2 und anderen Mineralien versorgt worden sind. Etwas ähnliches gilt für die Riesenwälder, die sogenannten Redwoods in Kalifornien. Sie gedeihen deshalb so gut, weil der frische Seewind, der vom Pazifischen Ozean her weht, besonders reich an SO_2 ist. Man sieht, SO_2 ist alles andere als ein „Waldkiller" - und es stammt nicht unbedingt aus Kohle- und Erdölkraftwerken.[1]

Die SO_2-Wolke eines Vulkanausbruchs kann hochkonzentriert sein und dann Menschen, Tieren und Pflanzen auch gefährlich werden. Das war wahrscheinlich im Jahr 79 n. Chr. bei dem berüchtigten Ausbruch des Vesuvs der Fall. Damals raffte die giftige Schwefeldioxydwolke die Menschen in Pompeji und Herkulaneum überraschend dahin. Doch extrem hohe Schwefelkonzentrationen wie bei jener Naturkatastrophe treten in der Natur sehr selten, im Bereich der Industrie ohne Kriegseinwirkung nie auf.

Schwefel gelangt also in vielfältiger Form in die Luft. Dort wird er immer wieder durch Regenwasser ausgewaschen. Besonders sauer sind zum Beispiel Gewitterregen, die nach längeren Wärme- und Trockenperioden fallen. Diese Gewitterregen enthalten zusätzlich zu SO_2 noch weitere, wichtige „Waldkiller", auf die wir hier nur ganz nebenbei hinweisen, die sogenannten Stickoxyde. Das sind Verbindungen von Stickstoff und Sauerstoff. Die beiden wichtigsten Gase unserer Athmosphäre verbinden sich allerdings äußerst ungern.

Um ihre Abneigung voreinander zu überwinden, sind hohe Energien nötig, die ihnen beim Gewitter zum Beispiel sich entladende Blitze liefern. Daher entsteht besonders während des Gewitters eine Menge sogenannter Stickoxyde, die den Sauren Regen weiter anreichern. Die Bauern haben das, ohne die besondere Chemie dahinter zu verstehen, seit alters bemerkt. Sie wußten, daß der Gewitterregen, der mehr SO_2 und Stickoxyde als gewöhnlicher Regen mit sich führt, besonders fruchtbar ist. Damals kannte man eben noch keine Umweltschützer.

Jedenfalls kommt SO_2 auf ganz „natürlichem" Weg in die Luft. Die Gelehrten können sich streiten, welcher Anteil davon auf menschliche Aktivitäten zurückgeht und wieviel aus sogenannten „natürlichen" Quellen stammt. Sie können aber nicht darum herumreden, daß SO_2 ein guter und wichtiger Dünger ist. Schwefelverbindungen sind wichtige Planzennährstoffe. So konnte man am 21. April 1989 in „Die Zeit" lesen:

„Schwefelmangel infolge reinerer Luft beklagen die Landwirte in Schleswig-Holstein. So lag dort die Rapsernte rund 15 Prozent unter dem Bundesdurchschnitt, weil durch die Luftreinhaltemaßnahmen in den vergangenen Jahren der atmosphärische Schwefeleintrag stark reduziert wurde; gerade in Schleswig-Holstein war und ist aber der Saure Regen die dominierende Schwefelquelle. Zudem scheinen die dort gezüchteten Doppel-Null-Sorten erheblich anfälliger gegenüber Schwefelmangel zu sein als der früher übliche Raps, der deutlich mehr Bitterstoffe enthielt... Deshalb wird den Landwirten empfohlen, schwefelhaltigen Dünger auf dem Rapsacker zu verteilen..."

Inzwischen mehren sich die Klagen wie die folgende. „Hunger nach Schwefel, Umweltschutz bringt Nährstoffmangel" überschreibt „Die Landpost" Heft 33, 1992 einen Artikel auf Seite 17, und schreibt dazu: „Pflanzen brauchen Schwefel ebenso wie Nitrat und Phosphat, um Eiweißverbindungen aufzubauen," und dann weiter: „Versuche in Bayern zeigten, daß der Rapsertrag bei gleichhoher Stickstoffgabe bis zur Hälfte zurückging, wenn nicht zusätzlich Schwefel gedüngt wird".

Das gilt aber nicht nur für Raps, sondern für alle Pflanzen, die Proteine bilden, auch für die Bäume. Auch der Forstwissenschaftler Professor Peter Burschel klagte in einem Interview im WDR darüber, daß dem Wald SO_2 **fehlt**. Den Bäumen werde mit dem Sauren Regen ein für ihre Gesundheit überaus wichtiges Düngemittel entzogen. Das sind keine neuen Erkenntnisse, sie beschäftigten die Düngespezialisten schon lange.[2]

Schließlich wird SO_2 auch seit alters als Pflanzenschutzmittel eingesetzt. Wer zum Beispiel Rosen züchtet, weiß, daß es sinnvoll ist, die Pflanzen hin und wieder mit einem Konzentrat von Saurem Regen zu besprühen. Die Pflanzen bleiben dann das Jahr über gesund. Ähnliches weiß man von anderen Pflanzen, z.B. Tomaten. Mit Schwefel lassen sich zahlreiche Pflanzenkrankheiten kurieren.

Wie soll nun der Saure Regen, den wir uns millionenfach konzentrierter als in der Luft im Wein genüßlich hinter die Binde kippen, der uns die Blumen gesundhält und einen wichtigen Pflanzendünger abgibt, wie soll dieser Saure Regen nun ausgerechnet den Wald zum „Sterben" bringen? Man fand dafür viele Hypothesen. Doch die wenigsten davon leuchten ein. So ging man her und wollte es ausprobieren.

Bekannt geworden ist ein solcher Versuch, den die Medien ja zunächst auch laut ankündigten. In einem Waldstück, dem Höglwald bei Augsburg, wurde 1985 dieses Forschungsprojekt durchgezogen. Man setzte eine Sprinkleranlage ein, um ein bestimmtes Waldstück monatelang mit einer unnatürlich hoch konzentrierten Schwefelsäurelösung zu besprühen. Damit wollte man den Beweis erbringen, daß SO_2 tatsächlich ein „Waldkiller" sei. Und das Ergebnis? Man erfuhr es nicht. Immer wieder habe ich in der Fernsehanstalt, von der ich zuerst von diesem Versuch gehört hatte, nachgefragt. Ich erhielt keine Antwort. Nur durch einen Zufall bin ich schließlich auf den Versuchsbericht gestoßen.

„Das Forstwissenschaftliche Central-Blatt" 9/86 berichtete darüber in einer nicht gerade publikumswirksamen Form. Nur wenn man sich in das Lesen schwieriger, wissenschaftlicher Texte eingearbeitet hat, kann man den Bericht einigermaßen entziffern. Das Ergebnis war nämlich in knappen Worten folgendes: Obwohl man bei diesen Versuchen eine schwefelige Säure einsetzte, die um vieles konzentrierter war als gewöhnlicher Saurer Regen, geschah den Pflanzen nichts. Der ganze Versuch war ein glänzender Fehlschlag. Wieder erwies sich der „Waldkiller" und das Lebensmittelkonservierungsmittel SO_2 als das, was es wirklich ist, nämlich als Düngemittel und Pflanzenmedizin. Das wollte man natürlich vor den genasführten Bürgern nicht breittreten. So wurden diese wichtigen Versuchsergebnisse nicht ins Umgangsdeutsch übersetzt und publik gemacht. Nicht nur die Falschaussage ist Betrug, sondern auch das Verschweigen wichtiger Erkenntnisse oder die unterlassene Richtigstellung. Es ist vielleicht sogar seine hinterhältigste Form.

Belastungen auf Kosten des Staates

Ich werde nun ein paar Beispiele der grandiosen Verdummungspolitik bringen, die mit dem sauren Regen in Zusammenhang stehen. Beginnen wir also gleich mit einem Fall, der für den Weltbetrug Umwelt- und Naturschutz bezeichnend ist. Es handelt sich um die sogenannte Rauchgasentschwefelung.

Seit 1986 arbeiten in deutschen Landen die ersten dieser Anlagen, die der Luftverschmutzung wehren und das für den Sauren Regen verantwortliche Schwefeldioxyd aus der Luft fernhalten sollen. Dabei sind die Methoden, die bei solchen Anlagen angewandt werden, unerheblich. In jedem Fall geht es darum, dem Rauch, bevor er durch die Schlote in die Luft entweicht, das SO_2 zu entziehen und es in Gips zu binden. Als Bindemittel wird nützlicher Kalkstein verwendet.

Gips wird gebraucht, das wissen die Häuslebauer. Aber Gips gibt es übergenug. Den Gips, den uns die Rauchgasentschwefelungsanlagen liefern, kann kein Mensch brauchen. Er ist naturgemäß mit Ruß und anderem verschmutzt. Allein im Raum Köln/Aachen fallen nun jährlich vier Millionen

Tonnen dieses dreckigen Gipses an. Wohin damit? Täglich
sind LKWs unterwegs, welche die ungeheure Menge dieser
gräulich schmutzigen Masse auf die Müllkippen, die Depo-
nien karren. Ich kann die hochbeladenen LKWs täglich bei
mir vorbeifahren sehen.

Auf den Mülldeponien türmen sich gewaltige Berge dieses
Drecks. Er wird dort „endgelagert". Was soll das heißen? Ein
nützlicher Stoff, der unsere Wälder ernähren sollte, der bei
der in der Luft gemessenen Dichte absolut ungefährlich ist -
sonst bekämen wir ihn ja nicht in tausendfach stärkerer Konzentration im Wein zu trinken - wird ohne jeden Anhalts-
punkt zum „Waldkiller" erklärt. Nun beginnt das Theater:
Das durchaus nützliche SO_2 wird mit viel Aufwand an Anlagen, Energie, Rohstoffen und Arbeit und mit erheblichen Kosten in einen völlig nutzlosen Stoff umgewandelt. Dieser Stoff
wird sofort nach seiner Herstellung auf den Müll geworfen
und trägt zum seinerseits beklagten Müllproblem bei. Die
Entschwefelungspolitik macht sich damit zum Sinnbild des
angeblichen Wegwerfzeitalters. Sie veranlaßt die teuerste und
blödsinnigste Herstellung von Müll, die man sich nur denken
kann.

Das ist aber noch nicht das Ende des Widersinns. Inzwischen hat man sich natürlich Gedanken gemacht, was sich
mit dem Gips und anderen Filterrückständen anfangen läßt.
Und siehe da, die Gelehrten hatten eine Idee. Neuerdings
fängt man nämlich an, aus den Stäuben, die Elektrofilter aus
den Braunkohleabgasen herausgefiltert haben, und aus dem
Gips der Entschwefelungsanlagen Forstdünger herzustellen -
es soll sogar ein „guter" Dünger sein. Dieser muß gekauft und
mit erheblichem Aufwand wieder in den Wald eingebracht
werden.[3]

Ein anderer Fall wurde um die Schwedischen Seen erzeugt.
Der Saure Regen sollte, so warnte man in Schweden, die Seen
versauern. Schuld am Sauren Regen ist natürlich - was könnte
sich ein grünes Gehirn auch sonst vorstellen - die Industrie.
Aber wo ist sie denn, die verantwortliche Industrie? Den Umweltschützern Schwedens machte diese Frage kein Kopfzer-
brechen. Diese Industrie liegt in Mitteleuropa, also in der

Bundesrepublik, eventuell auch noch in England. Aber England erwähnen die Schweden ungern in einem unangenehmen Zusammenhang.

Luftbefrachtungsstoffe halten sich nicht lange in der Luft. Nach wissenschaftlichen Untersuchungen schaffen sie bei normaler Witterung im Durchschnitt 30 Kilometer. Dann sind sie entweder durch ihr Eigengewicht, vor allem aber durch die Luftfeuchtigkeit und den Regen ausgewaschen worden. Bei Trockenheit gelangen sie weiter, wie sich am gelbliche Feinststaub aus der Sahara zeigt. Aber Saurer Regen kann selbst für Umweltschützer nicht mit Trockenheit einhergehen.

Wie sieht das nun mit Schweden aus? Das Land liegt gut 1300 Kilometer von England entfernt und nicht weniger von den Industriegebieten Deutschlands. Das Klima des Landes wird weitgehend von den Westwinden und dem Golfstrom beeinflußt. Der Westwind führt viel Regen mit sich, der zumeist an der norwegischen Gebirgsschwelle abregnet. Dann erst erreicht die Luft Schweden.

Wie soll nun das SO_2 aus den Industriegebieten nach Schweden gelangen? England und Deutschland liegen zu weit ab. Außerdem sorgen die meist feuchten Winde dafür, daß das Saure am Regen längst ausgeregnet ist, bis die feuchte Luft Schweden erreicht. Aus welcher Richtung muß aber der Wind wehen, wenn er Sauren Regen aus Deutschland nach Schweden bringen will. Doch wohl aus dem Süden. Nun urteilen Sie selbst, wie oft wir eine Großwetterlage haben, in der ein stetiger und trockener Südwind die lange Strecke von Deutschland bis Schweden zurücklegen könnte und dann dort Sauren Regen abläßt. Umweltschützer haben mit solchen Überlegungen keine Schwierigkeiten. Sie übergehen sie der Einfachheit halber.

Der nächste Fall liegt schon etwas näher. Im Winter bildet sich über Berlin gelegentlich Smog. 1985 kam es zu dem großen Smog-Alarm in Berlin. Auch hierfür muß natürlich die Industrie herhalten. Wo sollte man sie finden? Man schaut sich um. Was liegt näher, als das Industriegebiet des Bitterfelder Braunkohlenreviers verantwortlich zu machen? Es hatte damals noch den für Schuldzuweisungen großen Vorteil, in der sogenannten DDR zu liegen. Wo aber liegt dieses Industriegebiet wirklich? Die Landkarte läßt es gut 130 Kilometer südsüdwestlich von Berlin liegen. Welchen Wind brauchen wir also? Einen Südsüdwestwind - und den mitten im Winter, wenn es für die Smog-Bildung stramm kalt sein soll.

Das beste kommt aber erst. Smog bildet sich nur bei einer Inversionswetterlage. Die auffälligste Voraussetzung für diese Wetterlage aber ist Windstille. Damals durchgeisterten die Zeitungen Bilder von Berlinern, die ihr Gesicht mit Tüchern als Gesichtsmasken verhüllt hatten, um sich gegen das „Gift" zu schützen. Diese Leute trinken bedenkenlos ein Gläschen Wein, lassen sich Kartoffelpuffer schmecken oder andere Speisen mit millionenfacher Schwefelkonzentration. Was braucht es mehr, um die Wirkung der Verblödungspolitik zu belegen? Denn selbst bei Alarmstufe III braucht keiner um seine Gesundheit zu fürchten. Wohl aber sollte man sich Sorgen um die Gesundheit der Politik machen, die so etwas zum Anlaß nimmt, Menschen grundlos in Angst und Schrecken zu versetzen.

In diesem Sinn ist auch die beruhigende Aussage des nordrhein-westfälischen Umweltministers Klaus Matthiesen zu verstehen. Sie findet sich in der „Kölner Rundschau" vom 15. 3. 1991 unter der Überschrift „Die Smoggefahr in NRW ist 1990 deutlich gesunken". Schon die Überschrift ist Unfug. Wer kann denn die Wetterlage beeinflussen, die den Smog hervorruft? Es könne ihn, ließ der Minister verlautbaren, an Rhein und Ruhr nur noch bei sehr ungünstigen Wetterlagen und Winden aus dem Osten geben. Nach dem „Kölner Stadt-Anzeiger" sprach er sogar von „anhaltendem Ostwind". Was die ungünstigen Wetterlagen (Inversionswetterlagen) betrifft, so waren die immer schon selten. Daran hat Matthiesens „Politik" nichts geändert. Was den Wind aus dem Osten betrifft, so wird der jeden Smog rasch beiseite blasen. Darüber hinaus wäre dann noch zu fragen, wo die Schadstoffe herrühren? Denn östlich von Köln gibt es wenig luftverschmutzende Betriebe. Das alles kümmerte den Sprecher der CDU-Landtagsfraktion Heinrich Dreyer aber nicht. Er wußte dazu nur zu vermelden, daß diese herrlichen Erfolge nicht Matthiesen von der SPD, sondern der Bonner Umweltpolitik der CDU zu danken seien.

Doch bleiben wir noch ein wenig beim Wind in Nordrhein-Westfalen. Nehmen wir den Westwind, der dort häufiger auftritt. Matthiesens Umweltministerium in Düsseldorf blickte oft voll Sorge auf das vom „Waldsterben" heimgesuchte Eggegebirge im Osten des Ruhrgebietes. Schuld daran waren natürlich die Abgase der Ruhrindustrie, die der Wind schnurstracks dorthin transportiert. Das klang recht plausibel. Doch dann stieß ich auf eine Anzeige, die mich etwas verblüffte. In ihr warb eine Klinik in Bad Lippspringe um Patienten, die an Asthma leiden. Wörtlich heißt es in der Anzeige: „Wo die Luft noch Wunder wirkt".

Erstaunt griff ich zur Landkarte. So blöd wahr ich doch nicht. Bad Lippspringe liegt doch westlich am Fuß des Eggegebirges. Und tatsächlich, da liegt es auch heute noch. Das muß man langsam auf der Zunge zergehen lassen. Da spricht unser Umweltminister seit Jahren davon, daß die schweren Waldschäden im Eggegebirge ausschließlich auf Luftschadstoffe aus dem Ruhrgebiet zurückzuführen seien. Er hatte es auch vor Ort z.B. am 10. 4. 1986 in Willebadessen bei der Sendung „Hallo Ü-Wagen" des WDR wiederholt. Gleichzeitig werben aber Ärzte mit einer Luft, die noch Wunder wirke, ausgerechnet bei Asthmakranken, also bei jenen armen Kranken, die bei geringster Luftveränderung und Luftbelastung schon Erstickungsanfälle bekommen. Und ausgerechnet hier, wo der Wald an Luftverschmutzung „stirbt", soll diese Wunderluft anzutreffen sein. Wer treibt denn nun verantwortungslosen Humbug, der Minister oder die Ärzte?

Wem wollen Sie glauben? Jener 10. 4. 1986 war für mich sehr lehrreich. Ich war nämlich selbst bei der Sendung „Hallo Ü-Wagen" des WDR zugegen. Tags zuvor erst war ich im „Kölner Stadt-Anzeiger" (vom 9. 4. 1986) auf die winzige Meldung gestoßen: „Regen in Köln ist nicht sehr sauer - pH-Wert liegt um chemische Neutralitätsgrenze". Mit dieser Meldung hätte ich wenige Jahre zuvor nicht viel anfangen können. Die Beschäftigung mit dem Sauren Regen hatte mich aber inzwi-

schen gelehrt, was dieser pH-Wert bedeutet. Ich mußte mir
wegen der unverblümten Offenheit die Augen reiben. Da
stand nun schlicht und einfach, daß es den Sauren Regen in
Köln und Umgebung gar nicht gab. Denn ein Regen, der innerhalb der Neutralitätsgrenze liegt, ist eben schlicht und
einfach nicht sauer. Sie können sich vorstellen, mit welcher
Freude ich diesen winzigen Artikel in der Sendung dem Minister vor die Nase halten wollte. Leider kannte man mich
dort schon, ich war vorher schon durch Leserbriefe und Ähnliches unangenehm aufgefallen. So kam ich nicht zu Wort
und die Meldung blieb bis heute so winzig, wie sie gedacht
war.

„Den Tag rief ich herbei", krähte der Hahn

Welche Schlüsse soll man daraus ziehen? Unsere Luft ist
heute so sauber, wie schon lange nicht mehr. Nach 1965
wurde die Bahn elektrifiziert. In die· Schlote wurden Filter
eingebaut. Zunehmend wurde es sauberer. Das ging 25 Jahre
so. Und plötzlich brach diese „katastrophale Luftverschmutzung" über uns herein. Roch das nicht nach einer faustdicken
Lüge? Ich habe die Meßwerte des Emissionsamtes Essen für
Köln mit den Messungen der entsprechenden Ämter für den
Schwarzwald verglichen. Demnach könnte ich Köln bedenkenlos „Bad Köln" nennen. Die Unterschiede liegen im Bereich eines Millionstel Gramms. Darüber läßt sich weder argumentieren noch darauf eine Politik gründen.

Mein Urteil stützt sich auf eine weitere Überlegung. Minister Matthiesen (SPD) brüstete sich bei den Erfolgen seiner
Politik mit einer Luft, die er gar nicht hat entschwefeln lassen. Sie stammt aus dem Ausland und berührt nur hier und
da von Ferne sogenannte Luftverschmutzer. Im wesentlichen
aber reinigt sie sich unterwegs ständig selbst. Sie gehorcht dabei dem paracelsischen Gesetz, nach dem unerträgliche Be-
lastungsstoffe ständig umgewälzt, verdünnt und katalytisch
abgebaut werden. Die Luftmessungen selbst sind sehr frag-

würdig, weil sie nur bei Luftstillstand sinnvolle Ergebnisse liefern können. Wen wundert es schließlich, im Schlußteil eines Untersuchungsberichtes aus dem Chemischen Untersuchungsamt des Kreises Paderborn aus dem Jahr 1987 zu lesen:

> „In der Zusammenfassung ergibt sich aus den Messungen keine Signifikanz, weder für einen Anstieg noch für einen Abfall der Befrachtungsraten an den beobachteten Verbindungen. In anderen Bereichen Nordrhein-Westfalens werden nach Mitteilungen der Landesanstalt für Ökologie, Landentwicklung und Forstplanung gleiche Werte ermittelt. Überschreitungen der Normalbereiche wurden dort ebenfalls nicht festgestellt. Da sich in dem Beobachtungszeitraum ab 1983 keine größeren Tendenzen gezeigt haben, wird das Programm vorerst eingestellt."

An solchen Texten zeigt sich der ganze Schwindel. Jahrmillionen hat es auf der Erde gequalmt. Die ganze Erde war zuerst eine riesige Feuerstelle. Und noch immer qualmt sie aus unzähligen Ritzen. Der Ausbruch des Pinatobu, der seine Abgase bis in die Stratosphäre hinaufschießt, ist nur eines der vielen Beispiele. Und da kommen nun ein paar Naseweise und wollen sich daran machen, die Erdatmosphäre zu reinigen. Man wird gespannt sein, welche Filter und Katalysatorentechnik sie den Vulkanen überstülpen werden. Aber diese Naseweise brüsten sich mit den Erfolgen ihrer Politik und finden sie – na, wo schon – in vielen Stellen weit hinter dem Komma, im Bereich einer Verdünnung, wo nichts mehr wirkt.

Es ist schon ergiebig, sich die Listen der Landesanstalten für Emissionsschutz näher anzusehen. Da fand ich zum Beispiel im Sommer folgende Werte für SO_2

01 08 1990 0,07 mg/cbm Luft
02 08 1990 0,07 mg/cbm Luft
03 08 1990 0,05 mg/cbm Luft
07 08 1990 0,07 mg/cbm Luft
08 08 1990 0,04 mg/cbm Luft
09 08 1990 0,07 mg/cbm Luft

Da Werte für das Wochenende nicht bekanntgegeben werden, konnte ich sie hier nicht berücksichtigen. Interessant

sind hierbei die relativ hohen Werte, wenn man bei Milli-
onstelgramm überhaupt von hoch sprechen kann. Sie werden aber erst interessant, wenn man sie mit denen des Win-
ters vergleicht. Im August brannte ja keine Heizung, die Unmengen an SO_2 in die Atmosphäre geblasen hätte.

Wie sah es nun im Dezember des gleichen Jahres aus?

> 01.12 1990 0,05 mg/cbm Luft
> 04.12 1990 0,06 mg/cbm Luft
> 05.12 1990 0,08 mg/cbm Luft
> 06.12 1990 0,07 mg/cbm Luft
> 07.12 1990 0,07 mg/cbm Luft
> 08.12 1990 0,12 mg/cbm Luft

Ohne und mit Heizung – wo bleibt der Unterschied? Man
kann den Gedanken fortspinnen. Wenn es wirklich keinen
Unterschied zwischen dem heizungslosen Sommer und dem
beheizten Winter gibt, dann stimmt etwas mit dem Ursprung
des SO_2 in der Luft nicht, dann liegt doch nahe, daß der
„natürliche" SO_2-Gehalt der Luft wesentlich höher liegt, als
die Gelehrten bisher zugeben wollten. Bisher nimmt man an,
daß 85 bis 90 Prozent des Schwefels in der Luft von menschlicher Aktivität herrühren und nur 10 – 15 Prozent natürlichen Ursprungs sind. Das dürfte falsch sein, wie so vieles, was
uns „namhafte Wissenschaftler" weismachen wollen.

Dieser Argwohn wird verstärkt, wenn man sich die Durch-
schnittswerte über das Jahr 1986 hinweg ansieht. Denn mit
diesem Jahr setzten die ersten kostspieligen Entschwefe-
lungsmaßnahmen ein. Davor ließ man sich – wie die Umweltschützer immer behaupten – wenig von Umweltbewußt-
sein leiten und folgte nur wirtschaftlichen Gesichtspunkten.
Verfolgt man die Meßreihe, dann stellt sich heraus, daß sich
hier wenig tat. Die Meßergebnisse bleiben über all die Jahre
und trotz der enormen Aufwendungen verblüffend gleich.
Wo bleiben denn die Verbesserungen, die man sich so viel
Steuergelder und so viele unbequeme Reglementierungen
der Bürger hat kosten lassen? „Die Antwort, mein Freund,
kennt nur allein der Wind..."

Wenn die ganze Entschwefelung nichts gebracht hat, dann
darf man doch wohl fragen: Wofür das Ganze? Es wurden In-

vestitionsgelder in Höhe von Milliarden DM sinnlos verpraßt und die Energie sinnlos verteuert – zur Freude der ausländischen Konkurrenz. Damit wurde allein in Nordrhein-Westfalen die riesige Menge von jährlich vier Millionen Tonnen Gips aus der Luft herausgezogen, um damit die Mülldeponien zu bereichern. Wieviel wertvoller Kalkstein wurde dafür verpulvert, wieviel CO_2 zusätzlich verausgabt? Beweist das nicht eindrücklich den Erfolg umweltpolitischer Maßnahmen?

Der Gips bezeugt handgreiflich, daß man etwas für die Umwelt getan hat. Wirklich? Natürlich sind vier Millionen Tonnen unbrauchbaren Gips eine große Menge. Das darin gebundene SO_2 verschwindet kaum merklich in der noch viel größeren Raummasse der Luft. Es ist und bleibt in ihr nur eines der vielen anderen Spurenelemente. Die vom Atlantik her nachströmende Luft füllt — zum Glück — geduldig wieder auf, was der Umweltminister aus der Luft herausfiltern läßt. Die Luft des Atlantik sollte „rein" sein. Aber auch sie hält sich nicht an die Grenzwerte, die der Minister nach seinem theoretischen Begriff von reiner Luft erwartet.

Peking'sche Fahrradideologie

Einer der bösartigsten Feinde des Waldes und der reinen Luft soll das Automobil sein. Deshalb fordern Umweltschützer, Fahrverbot, Abschaffung des Privatautos, höhere Benzinsteuern, und sorgen mit verkehrsfreien Sonntagen oder verkehrsfreien Straßen für Spektakel. Sie mögen ihre Gründe haben. Als die Fahrzeuge um die Jahrhundertwende ihre lange Deichsel ablegten, ahnten wenige, was damit gelungen war. Man hatte die Tausende von Jahren während Abnabelung vom Tier erreicht. Seltsam, daß sich die Tierfreunde darüber so wenig freuen.

Zwar heißt die Radüberdeckung noch „Kotflügel", aber Pferde- und Rinderkot ist aus unseren Straßen verschwunden. Mit dem Auto kehrte dort Sauberkeit ein. Wer weiß denn

noch, welche Probleme die Berge von Mist in den Straßen
verursacht haben, und welchen Gestank? Daß mit dem Mist
auch die Spatzen verschwanden, ist das einzige, was Umweltschützern dazu einfällt.

Das Auto war eines der wichtigsten Erziehungsmittel. Es
vermittelte nicht nur dem letzten Anarchisten die Einsicht,
daß gewisse Verkehrsregeln ihren Sinn haben, und man sich
– wenigstens die anderen – möglichst daran halten sollten.
Wie kein anderer Gegenstand hat es den Menschen technische Grundkenntnisse nahe gebracht. Vielleicht findet hier
der Haß der Pekinglobby auf das Auto seinen eigentlichen
Grund. Jedenfalls verkündete der neulinke Guru und höhere
Beamte des CIA, Herbert Marcuse, 1968 im Kreis seiner Jünger, er werde als erstes nach dem Sieg der Revolution Motor-
rad, Campingwagen und Transistorradio verbieten lassen.
Noch hat dieser Sieg – Gott sei Dank – nicht stattgefunden.
Dank der Umweltschützerei kommen wir ihm aber täglich
näher.

Das Auto verstänkert die Luft. Wer in der Abgaswolke steht,
wird es nicht leugnen wollen. Aber die Wolke verzieht sich
rasch. Inzwischen haben Städtebauer und Verkehrsplaner
Wege gefunden, den Autoverkehr so zu führen, daß Menschen kaum mehr belästigt werden. Aber irgendwo bleiben
sie doch, die Abgase.

Im vorigen Kapitel haben wir schon gesagt, wo sie bleiben.
Für Pflanzen sind Autoabgase kein Schadstoff, eher ein Dün-
gemittel. Daran ändert auch die grüne Propaganda nichts.
Wer es nicht glauben will, schaue sich noch einmal die Bäume
entlang den Autobahnen oder in den Straßenschluchten der
Stadt an. Sie ernähren sich gut von diesen Schadstoffen.

Die Abgashysterie lebt davon, daß der Mensch von sich auf
Pflanzen schließt. Dabei kann nichts Gutes herauskommen.
Ein Beispiel ist der Katalysator, der dabei herausgesprungen
ist. Man glaubte, durch ihn den Smog in den Großstädten vermeiden zu können. Er hat nichts, aber auch gar nichts gebracht. Das liegt nicht daran, daß „der Katalysator die Abgase
häufig völlig ungereinigt in die Luft" läßt, wie eine Überschrift des „Kölner Stadt-Anzeiger" am 10. 2. 1992 klagt. „Der

geregelte Dreiwege-Katalysator hält nach neuen TÜV-Studien offenbar viel weniger Abgase zurück, als bislang angenommen wurde", konnte man weiter lesen. Außerdem „falle rund die Hälfte nach 20 000 Kilometer aus und lasse die giftigen Abgase ungereinigt passieren."

Solche Einsichten sind nicht so neu, wie die Zeitung vorgibt. In den USA und Japan hatte man auf den Katalysator große Hoffnungen gesetzt. Er ist dort seit über 20 Jahren am Auto Pflicht. Und was hat er gebracht? Er hat nichts, rein gar nichts zur Luftverbesserung beigetragen. Das gab man vor einigen Jahren auch unumwunden zu. Selbst im „Kölner Stadt-Anzeiger" war am 6. 10. 1988 ganz klein zu lesen. „Trotz Katalysator keine bessere Luft". Der Autor bezog sich auf eine Studie, die 1987 in der Schweiz vom Bundesumweltamt durchgeführt wurde und zu diesem Ergebnis kam.

Für eine kurze Zeit hörte man sogar Leute, die vor dem Katalysator warnten. Er behindere, sagten sie, die Verbrennung, und das führe dazu, daß vermehrt giftige, krebserregende Benzol-Aromate im Autoabgas auftauchten. Inzwischen ist man mit solcher Kritik vorsichtiger. Offensichtlich hat der Katalysator doch etwas gebracht: Umsatz. Und das scheint der Zweck zu sein, der alle Mittel heiligt. Weil man die Menschen durch Argumente nicht dazu bewegen konnte, für dieses völlig überflüssige und nichtsnutzige Gerät viel Geld an die empfangsbereite Autoindustrie zu zahlen, nötigte die Regierung sie durch Steuererpressung dazu.

Nicht anders verhält es sich mit der sogenannten ASU, der Abgassonderuntersuchung, die sich jeder Autofahrer für sein Kraftfahrzeug gefallen lassen muß. Man will am CO_2 Ausstoß feststellen, ob die Verbrennung optimal eingestellt ist. Warum nicht? Sinnvoll ist eine solche Untersuchung nur, wenn sie mit einer speziellen Sonde im Auspuff selbst vorgenommen wird. Zehn Zentimeter hinter dem Auspuff gemessen, wie es meistens geschieht, ist alles Quatsch. Die jeweilige Zusammensetzung der Luft, speziell die Luftfeuchtigkeit und die jeweiligen Luftbewegungen bringt alle Daten durcheinander. Arbeitsplatzbeschaffung, nichts weiter!

Im Heft 5, 1986 veröffentlichte der ADAC unter der Überschrift „Selbstkritik": „Bundesverkehrsminister Dollinger denkt darüber nach, ob und wie lange die ASU (Abgassonderuntersuchung) noch sinnvoll ist." CSU Politiker, hieß es dort weiter, schlugen vor, „die bis 30 Mark teure ASU wieder abzuschaffen, weil die Abwägung zwischen Aufwand für den Bürger und Ertrag in Form von Umweltentlastung dazu rate." Die Zusammenfassung des Artikels steht in den letzten beiden Worten: „Überflüssige Abgaskontrolle".

Und das Salzstreuen? Ist es auch überflüssig? Die Kommunalverwaltung hält es nicht für überflüssig, sondern für umweltgefährdend und will sich der Last entledigen. Seine Kosten lassen sich nämlich nicht dem einzelnen Autofahrer und Fußgänger aufbürden. Um die Fahrbahnen und Gehsteige im Winter eisfrei zu halten und den Verkehr dadurch sicherer zu machen, hat man sich in den vielen Jahren angewöhnt, Salz zu streuen. In letzter Zeit halten sich es „progressive" Gemeinden zu gute, wenn sie nicht mehr streuen lassen. Umweltschutz wird vorgeschoben.

Nun kennt jeder, der etwas von Bäumen versteht, das bewährte Mittel gegen den Sitkalausbefall. Sie ahnen schon, was jetzt kommt. Richtig! Als bestes Mittel gegen diesen Schädling bewährte es sich, einen Kranz von Salz um den gefährdeten Baum zu ziehen. Auch Salz hat unter bestimmten Bedingungen eine Dünge- und Pflanzenschutzfunktion. Es kommt wie immer auf die Konzentration an.

Wann bekommt der Baum etwas vom Salzstreuen ab? Im Winter, wenn der Boden hart gefroren ist. Wenn es der Frühling dann langsam von oben her tauen läßt, bringt er meistens auch Regen mit. Der wäscht die Salzreste ab und spühlt sie in den städtischen Abwasserkanal. Das wenige, was bleibt, ist bis zur Unkenntlichkeit verdünnt und könnte als Düngesalz dienen. Wenn der Baum schließlich nach Monaten treibt und ausschlägt, ist nichts mehr vorhanden. Aber sehen sie selbst nach! An den Autobahnen gibt es keine Kanalisation, zweifelsfrei werden Sie feststellen, daß dort auf 50 bis 100 Meter beiderseits der Fahrbahn alle Vegetation durch den Winterdienst vernichtet und der Boden wie in einer Salzwüste verkrustet wurde. Schauen Sie nach und Sie wissen selbst, was Sie von dem Salzstreuen halten können.

Warum also das Streuverbot? Etwa weil dadurch, wie die Barmer Ersatzkasse nach längeren Untersuchungen festgestellt hat, sich die Unfälle deutlich vermehrt haben, weil sich komplizierte Knochenbrüche seit Einführung des Verbotes verdoppelt haben? Wir wollen soviel Bösartigkeit nicht unterstellen. Die Antwort ist viel einfacher. Salzstreuen kostet die öffentlichen Haushalte Geld. Sparmaßnahme, ist die nüchterne und wahrscheinlich einzig treffende Antwort. Umweltschutz soll sie den Bürgern schmackhaft machen. Das ist aber nicht ohne Folgen. Wie wir in einem späteren Kapitel noch ausführen werden, wurde ein Gartenbesitzer, der seinem Gießwasser eine Priese Kochsalz als bewährtes Hausmittel gegen Brennesseln beigefügt hatte, in Nordrhein-Westfalen zu einer Geldstrafe von 200 DM rechtskräftig verurteilt. In einem anderen Fall bekam ein Gartenbesitzer DM 15 000 aufgebrummt, weil er wiederholt Gartenabfälle verbrannt hatte.

Wie bei den meisten Umweltmaßnahmen üblich, ändern sie für die Umwelt wenig bis nichts. Was bleibt sind Knochenbrüche, Millionen Tonnen Gipsabfälle und zunehmende Lasten für die Bürger. Sie sind der handgreifliche Beweis für den Größenwahn und die hysterische Protzerei unserer Umweltpolitiker, die mit ihren überzogenen Grenzwerten selbst noch naturgegebene Bedingungen unterlaufen möchten. Vielleicht steckt noch etwas anderes hinter der kostentreibenden Umweltpolitik. Will „unsere" Regierung auch dieses Land finanziell so ruinieren, wie es inzwischen alle anderen Länder bereits sind? Will sie es auf diese Weise dem Diktat des Internationalen Währungs Fond unterwerfen? Die Konkurrenz im Ausland wird ihr und unseren Umweltschützern dafür wenigstens dankbar sein.

Was sagte doch Monika Kunze im „Landreport" vom 23. 10. 1991, der wohl übelsten Verdummungssendung des WDR: „Die schlechte Luft nimmt uns den Atem!" Wirklich schlechte Luft stammt anderswo her. Sie kommt aus dem Munde der Medien und ihrer Politiker.

ANMERKUNGEN

1) Günter O. Schenck: *Kann der Umweltschutz der Umwelthygiene schaden? Unorthodoxe Gedanken zu Umwelt und Waldsterben,* in: Naturwissenschaftliche Rundschau, 43. Jg., Heft 3, 1990, Seite 93 ff und ders.: *Mineralbestandteile aus Kohlenrauch und -aschen als luftgetragene und sonstige Nutzstoffe zur Bodenerhaltung und Pflanzenernährung – Relativierung in der Ökologie,* in: Verwertung von Reststoffen aus Kohlekraftwerken zur Bodenverbesserung und Pflanzenernährung, Vorträge, VGB-Sondertagung vom 8. Oktober 1991, Essen, VGB, 1991.

2) H. Riehm: *Pflanzennährstoffe in den atmosphärischen Niederschlägen unter besonderer Berücksichtigung des Schwefels,* Vortrag auf dem 5. Internationalen Symposium für Agrochemie 1964 in Palermo, in: Lo Zolfo in Agrichimica, 1964, Seite 443 – 471.

3) H. Bannwarth: *Läßt sich Gips aus Rauchgasentschwefelungsanlagen ökologisch verwerten,* in: Forschung in Köln, Heft 1, 1988, Seite 49 – 57.

KAPITEL 4

Artenschutz

D ie Natur ist unbarmherzig und brutal – und so treibt sie es schon Jahrmillionen. Ohne Rücksicht und Erbarmen vernichtet sie alles, was keine Aussicht auf Fortleben mehr hat. Das ist der Grund, daß so viele Arten und Gattungen von Pflanzen und Tieren ausgestorben sind und immer wieder aussterben. In Rio de Janeiro haben sich 30 000 Vertreter aus 170 Nationen und zahlreichen internationalen Organisationen für Artenschutz ausgesprochen. Sie taten das „im Namen der Natur". Welch kurioser Widerspruch, welche Heuchelei!

Die Natur, wenn man darunter alles, was am Leben auf unserer Erde teilhat, zusammenfassen will, ist sich nie gleichgeblieben. Im Unterschied zu manchem grünen Umweltschützer ist sie stets in Bewegung. Diese Bewegung nennt man Evolution. Die Natur entwickelt sich weiter und verdammt dadurch zurückhinkende, veraltete Arten unweigerlich zum Untergang. Etwas Ähnliches gilt auch für menschliche Kulturen. Diejenigen, die beharren wollen und sich der technischen Entwicklung in den Weg stellen, sind zum Untergang verdammt.

Die meisten Arten von Tieren und Pflanzen sind an ganz bestimmte Biotope gebunden. Fern von der Symbiose, in die sie eingebunden sind, können sie nicht existieren. Aber Biotope verändern sich, wie alles auf dieser Erde. Denken wir nur an das Klima, das kaum merklich, aber über Tausenden von Jahren zwischen Eiszeit und Hitzeperioden hin- und hergeschwankt ist. Jedesmal haben sich dabei alle Biotope erst verlagert und schließlich gründlich verändert. Diejenigen Gattungen, die sich den Veränderungen nicht anpassen konnten, die zu starr waren, sich zu sehr auf das, was sie gewohnt waren, fixierten, sind eingegangen. Nur was in sich so beweglich wie die Natur als ganze geblieben ist, was sich neuen Gegebenheiten anpassen kann, was im Ansatz so etwas wie Geist erkennen läßt und ausübt, – mit einem Wort – nur was lebendig ist, kann überleben.

Aussterben ist also ein ganz natürlicher Vorgang. Die sogenannte Mutter Erde, dieser Materiekloß ist es, die durch ihre vielfältigen Katastrophen den Lebewesen das Änderungsverhalten bei Strafe des Untergangs abnötigt. Unzählige Arten sind ausgestorben, ehe noch irgendein Mensch seinen Fuß auf die Erde gesetzt hat. Und ebenso unzählige hat es seitdem erwischt. Die Dinosaurier brauchten zum Aussterben Millionen Jahre und haben es nicht einmal gemerkt. Bei anderen Gattungen mag es rascher gegangen sein. Die Dinosaurier hätten sich wie viele andere ausgestorbene Gattungen nicht träumen lassen, daß ihre Knochen einmal ausgegraben, zusammengesetzt und in riesigen Museumshallen ausgestellt werden würden. Nur der Mensch hat eine Einsicht in das Aussterben von Gattungen, wahrscheinlich weil er als einziges Lebewesen etwas dagegen tun kann. Nur er verfügt über die Technik, um Tiergärten anzulegen, künstliche Biotope zu pflegen, in denen lebensunfähige Gattungen künstlich am Leben gehalten werden, und er kann das Ausgestorbene in seiner Erinnerung wieder – in etwas anderem Sinn – zum Leben erwecken.

Deshalb ist der Mensch auch der Teil „der Natur", der mit Bewußtsein, wenn auch nicht freiwillig, die Entwicklung um des Überlebens willen vorantreibt. Daher hat es den Anschein, daß der Artenschutz sich weniger – wie er vorgibt – um das Überleben von zurückgebliebenen Gattungen kümmert, sondern sich eigentlich gegen den Menschen und seine evolutionäre Begabung richtet. Schon bei den Nationalsozialisten mußte das sentimentale Mitleid mit den Tieren von der Brutalität ablenken, mit der nicht linientreue Menschen be-

handelt wurden. Nichts anderes verbirgt sich hinter dem sogenannten Artenschutz heute.

Mein Onkel konnte, wie erwähnt, mit viel Mühe und gegen
die hähmische Verachtung durch „Wissenschaftler vom Fach"
der Welt eine zweite, bisher unbekannte Elefantenrasse vor-
führen. Kürzlich fand man im Dschungel Vietnams neue, bisher unbekannte Tier- und Pflanzenarten. Erst 1991 wurde im
Südpazifik eine neue Walart aufgespürt. Wer das Kleinge-
druckte zu lesen versteht, stößt hin und wieder auf Meldungen, daß man „ausgestorbene" Gattungen von Lebewesen
wiederentdeckt hat. Das alles hindert die Umweltschützer
nicht daran herumzuposaunen, daß Arten massenhaft aus-
stürben.

Wer kennt nicht die Horrormeldungen, daß stündlich, ja
minütlich eine Gattung Lebewesen ausstürbe. Am weitesten
wird dies von dem Untergangspropheten Hubert Weinzierl,
dem Vorsitzenden des BUND getrieben. Ihm konnte ich
schon vor Jahren nachweisen, daß er in acht Jahren in dieser
Hinsicht nicht eine einzige wahre Aussage gemacht hat.
Wenn es ums Artenaussterben geht, lügt er schamlos. Es
scheint sich für ihn auszuzahlen. Nicht nur bringt ihn jede
dieser Lügen wieder in die Medien und seinen Verein auf die
Spendenliste spendenfreudiger Bürger, sie bringen ihm auch
Medaillen und Ehrungen ein. Laut „Kölnische Rundschau"
vom 1. 10 1991 verkündete Weinzierl wieder einmal „täglich
sterben fast 100 Tier- und Pflanzenarten aus". Um seiner Aussage Gewicht zu geben, inszenierte er die Ehrung durch Prinz
Charles aus Großbritannien am 10. 12. 1991, der zuvor Ähnliches geäußert hatte.

Natürlich konnte weder Herr Weinzierl noch der Geschäftsführer seines Verbandes, W. Frehmuth mir die Liste
der 36 500 im letzten Jahr ausgestorbenen Tier- und Pflanzenarten vorlegen. Sie reagierten ganz sprachlos auf meine
Frage. Wahrscheinlich hatte noch niemand danach gefragt –
auch nicht von den Journalisten, die seine Horrormeldungen
so bereitwillig und ungeprüft abgedruckt haben.

Im belgischen Venn bei Aachen wurde ein großes Theater
gegen den „Vogel-Mord" abgezogen. Ein Dr. Rüdiger Hegner

aus Kerpen im Rheinland schloß sich dem an und gründete ein „Komitee gegen Vogelmord". Sie haben richtig gehört, man spricht von „Mord". Gemeint ist der Appetit, den einige Italiener für Singvögel haben. Natürlich wird wieder hemmungslos übertrieben. Ich habe die Abschußzahlen, die das Komittee nennt, nachgerechnet. Nach der von den Jagdverbänden genannten durchschnittlichen Trefferquote müssen allein während der drei Tage der kurzen Jagdsaison Italiens 1,5 Milliarden, also 1 500 000 000 Schuß fallen. Damit ließe sich ein beachtlicher Bürgerkrieg führen. Haben Sie bei einem Italienbesuch im Herbst je etwas von dem Geballer gehört? Ich habe es versucht und konnte dort nichts vernehmen. Ich las aber am 3. 9. 1992 in der „Kölnische Rundschau", daß jedes Jahr im Herbst rund 50 Milliarden Vögel in den Süden fliegen und im Frühjahr ebensoviele von dort zurückkehren.

Elefanten

Nehmen wir zum Beispiel den Elefanten. Am 31. Juli 1992 hat das Landgericht Frankfurt zwei Kaufleute, einen Chinesen und einen Afrikaner, zu zwei Jahren Gefängnis ohne Bewährung verurteilt. Nach Überzeugung der Richter hatten die beiden versucht, eine Tonne Elfenbein aus Kamerun nach Taiwan zu schmuggeln, um die dortigen Elfenbeinschnitzer mit Rohstoffen zu versorgen. Der Handel mit Elfenbein ist verboten, nachdem Elefanten als eine vom Aussterben bedrohte Gattung vollen Artenschutz genießen. Nun ja, wenn die Tiere wirklich bedroht sind, warum sollten sie auch dort, wo sie noch außerhalb der Zoologischen Gärten vorkommen, gejagd werden?

Nun bemühen sich aber mehrere südafrikanische Staaten verzweifelt darum, den Abschuß von 70 000 Elefanten erlaubt zu bekommen. Das Weltgewissen steht auf und gibt sich entsetzt. Zäh wurde auf der Artenschutzkonferenz am 10. 3. 1992 in Koyoto um diese Frage gerungen. Schließlich verlangten die Südafrikaner im Gegenzug, den Hering unter Schutz zu stellen – eine humorvolle Retourkutsche. Sie macht den ganzen Humbug deutlich, der von einigen wenigen, politischen Obszönitäten im World Wildlife Fund wegen der Elefanten getrieben wird.

Wir kennen den Elefanten in der Regel nur aus dem Zoo. Dort blinzelt er uns scheinbar gutmütig und verschmitzt aus seinen kleinen Äuglein an. Was aber los ist, wenn eine Elefantenherde in eine Plantage einbricht oder nur über einen Acker hinwegstampft, wollen wir gar nicht erst wissen. Nun gibt es aber offensichtlich zu viele von diesen Tieren. Den fünf Ländern, die den Abschuß von 70.000 Elefanten im Laufe der nächsten 10 Jahre durchsetzen wollten, ging es nicht um Elfenbein, obwohl sie zu den ärmsten Ländern Afrikas gehören. Sie konnten nachweisen, daß sich die Elefanten zu stark vermehren. Sie verlangen den Abschuß, um das unerträgliche Überhandnehmen dieser Tiere einzudämmen. Sie wollen dadurch den Bestand an Elefanten bei einer erträglichen Anzahl eingrenzen. Das Gerede vom Aussterben war offensichtlich Betrug. Einige Gutachten schreckten die Weltbevölkerung, um Spendengelder reichlicher in die Kassen gut gemanagter Umweltorganisationen fließen zu lassen.

Pandabär

Schauen wir uns als nächstes das Maskottchen Chinas und einer dieser Organisationen näher an. Der Pandabär ist ein Beispiel für eine unflexible Tierart, die zum Aussterben verdammt ist. Er ernährt sich ausschließlich von nur einer einzigen Bambusart – ein nicht gerade intelligenter Speiseplan. Diese Bambusart wird nun ausgerechnet von anderen Sorten verdrängt und sinnvollerweise der Bär gleich mit. Die Nibelungentreue jahrmillionenalter Freßgewohnheiten fordert ihren Preis.

China, das mit seinen Studenten auf dem Platz des ewigen Friedens und seitdem wenig zimperlich umging, bemüht sich darum, bei den westlichen Führungscliquen Punkte zu machen. Die Menschenrechtsverletzungen werden rasch verziehen, wenn man nur den Artenschutz ernsthaft befolgt. Und so wird seit 1965 alles drangesetzt, um diese Tiergattung am Leben zu erhalten. Das ist aber gar nicht so einfach, denn die Tierchen erweisen sich nicht nur beim Umstellen ihrer Freßgewohnheiten als äußerst träge, sie sind es auch in Sachen Liebesleben. Es ist fast so, als sehnten sie sich wie echte Rosenkreuzler nach dem Aussterben. Trotzdem wird „gegen die Natur" der Tiere alles mögliche getan, um dieses große „ökologische Disaster" zu verhätscheln. Dabei schreckt man selbst vor der Todesstrafe nicht zurück. Es ist nicht bekannt, daß der World Wildelife Fund gegen die Todesstrafe für Umweltsünder in China protestiert hat.

So konnte man am 7. 9. 1990 um 8 Uhr 30 im WDR hören: In China wurden drei Menschen zum Tode verurteilt, weil sie auf Pandabären Jagd gemacht hätten. Die Umweltschützer zogen daraus nach ihrer Art Konsequenzen. In der gleichen Sendung des gleichen Rundfunks konnte man nämlich am 8. 10. 1990 hören: Seitens der Naturschützer werde gefordert, alle Menschen, die im Pandagebiet lebten, sollten umgesiedelt werden. Aber bleiben wir bei dem Sender! Drei Wochen später, am 24. 10. 1990 war zu hören: Eine in Australien angeblich seit 1912 ausgestorbene Papageienart wurde wieder gesichtet.

Stummer Frühling

Das Wort „aussterben" klingt bedrohlich und übt erheblichen psychologischen Druck aus. Das wissen natürlich die Kassengewaltigen der Naturschutzverbände und lassen mit solchen Parolen ihre Kassen klingeln. Aber es gibt auch andere Bereiche, wo sich zum gleichen Zweck die Psychologie bemühen läßt. Der Winter mit seinen kahlen Bäumen ist oft eine bedrückende Jahreszeit, vor allem, wenn er lange dauert und dunkel und naßkalt daherkommt. Welche Freude, wenn

dann wieder die ersten wärmenden Sonnenstrahlen durch
die Wolkendecke brechen – und horch – sang da nicht wer?
Richtig, man hatte das erste Vögelchen zwitschern gehört. Da
war er, der erste Frühlingsbote. Unwillkürlich bleibt man stehen, um zu lauschen und eine freudige Zufriedenheit, eine
Erwartungshaltung stellt sich ein. Im Winter, bei der Fütte-
rung zum Beispiel, da können sie nichts als fiepen und krei-
schen, aber jetzt kündigt der Gesang den nahen Frühling an.
Der Eindruck ist bei vielen Menschen so stark, daß sie – zu
Hause angekommen – es nicht versäumen, davon zu erzählen.

Das soll nun vorbei sein. Der „stumme Frühling" droht.
Hand aufs Herz: Wie viele Vögel singen im Frühling in Ihrem
Häusergeviert, im Hinterhof, im Einfamilienhausgebiet oder
in Ihrem Garten? Oder lassen wir noch ein paar Wochen ins
Land gehen. Es ist schon warm draußen. Sie sitzen auf der
Terrasse, auf dem Balkon oder am offenen Fenster und genießen den Tag. Hoch oben schallert von der Antennenspitze
eine Amsel in den Abend. Wir merken auf und erfreuen uns
daran. Aber wieviele Amseln sind noch in der nächsten Umgebung? Gibt es da eine Art Wettgesang? Ja, manchmal muß
man schon scharf hinhören, um ganz weit weg von unserer
Amsel eine andere auszumachen, die ebenfalls in den Abend
hineinjubiliert. Aber vielleicht ist es gar keine Amsel, sondern
eine Singdrossel, die dadurch auffällt, daß sie den Gesang
wiederholt und sich bemüht, ihn noch zu übertrumpfen.

Aber wen hören wir noch? Da trällert unterhalb der Amsel
vielleicht noch ein Buchfink, ein Grünfink, ein paar Meisen
und das war es dann auch schon. So ist es fast überall und in
den meisten Fällen. „Stummer Frühling": Man kennt ihn
nicht, nicht einmal in Kölns Hinterhöfen. Nirgends gibt es
mehr Vögel, aber nirgends auch weniger. Und warum nicht?
Die Antwort ist einfach. Jeder Vogel hat ein Revier. Selbst der
kleine Zaunkönig verteidigt verbissen seines gegen jeden
Konkurrenten. Das ist der Grund, weshalb wir es nicht erleben werden, daß zwei Amselmännchen sich gemeinsam auf
eine Antenne setzen, um ihr Abendlied zu singen. Das jeweilige Vogelrevier hat eine ganz bestimmte Mindestgröße. Sein

Gebiet wird unerbittlich verteidigt, solange die Jungen in der Aufzucht sind. Dieser Revierraum hält die Vogelpopulation in ganz normalen Grenzen und dabei helfen unsere im Frühling auch musikalisch werdenden lieben Kätzchen mit.

Es ist nichts dran am „Stummen Frühling". Das Hinterhältige daran ist, daß das Gerede davon an eine unterschwellige Angst rührt. Denn in unserem Denken, in unserer Erwartungshaltung, gehört nach einem langen, meist häßlichen Winter der Frühling mit dem fröhlichen Vogelgezwitscher zur Aufmunterung der Seele einfach dazu. Mit diesen Gefühlen der erheiternden, entkrampfenden Frühjahrshoffnung spekulieren spendensüchtige Naturschutzverbände und erzeugen die unbewußte Angst, es könnte damit vorbei sein.

Aber damit nicht genug. Dem stummen Frühling soll bald ein stummer Sommer folgen. Von dem jedenfalls glaubte die Wochenzeitung „Die Zeit" am 2.5.1991 zu wissen. Es heißt dort: „Das Gebell der Rehböcke, Grillengezirp, Froschgequake – Sommernachtsträume in diesem Frühjahr, das nicht so recht gelingen will. Romantische Schäume, sagen Biologen, denn immer mehr Musikanten verstummen im Naturkonzert. Zum Beispiel die Frösche: Aus vielen Tümpeln in Feld und Flur kommt kein Laut mehr, ganze Populationen schwanden und verschwinden in Europa, in Asien, überall. Alan Pounds von der Stanford University hat den Niedergang des Harlekin-Frosches in Costa Rica studiert. Sein Fazit: Amphibien reagieren besonders sensibel auf Umweltverschmutzungen und Klimaturbulenzen. Vielleicht sind sie die Vorboten, die unseren Marsch in den ökologischen Selbstmord einläuten." Wie war das noch mit dem Frosch? Ja, richtig: Seine Wettervorhersagen sind präziser als die der Meteorologie.

Der gesamte Text strotzt nur so von Lügen, Phantastereien, reinem Schwachsinn. Aber mit solchem Unsinn wird vor allem die städtische Bevölkerung für dumm verkauft. Welch schöner Gesang, dieses „Gebell der Rehböcke". Wann haben Sie das letzte Mal Rehböcke in ihrem Garten bellen gehört? Seien Sie ehrlich! Und dann das Grillengezirpe, kann man es wirklich überhören? Anders mit den Fröschen. Sie waren

schon früher selten. Selbst in unserem Teil im Harz gab es zu
früherer, noch „unbelasteter" Zeit (zwischen 1945 und 1953)
nur sehr selten einen Frosch. Aber Kröten... Es hat schon seinen Grund, weshalb der Artikel in „Die Zeit" nicht signiert
war.

Borkenkäfer

Andere Tierarten gibt es dagegen so reichlich, daß man ihnen gerne das Aussterben wünscht, den Mücken zum Beispiel. In manchen Fällen, wie beim Kartoffelkäfer ist das auch
zu einem beträchtlichen Maß gelungen. Zu diesem Zweck
hatte man Chemikalien entwickelt, die den ungebetenen Gä-
sten zu Leibe rücken sollten.

Heute ist das verpönt. Man hinderte zum Beispiel den
Grafen von Nesselrode mit spektakulären Aktionen daran,
seine von Schädlingen bedrohten Wälder mit dem Pflanzenschutzmittel Tormona zu behandeln. Die am lautesten
schreien, brauchen ja auch nicht von den Holzerträgen zu leben, ihnen deckt Vater Staat auf Kosten der Steuerzahler den
Tisch. In der übrigen Landwirtschaft nennt man seltener Namen. Die Kampagne gegen den Pflanzenschutz trifft vor allem die Landwirte. Grüne Phantasten brauchen sich nicht
um den Ertrag von Eigentum zu kümmern, für ihre Bezüge
arbeiten andere.

Eigenartig ist nun wiederum, daß in einer Hinsicht selbst
hier Ausnahmen gemacht werden. Seit Jahren, aber vor allem
seit dem Sturm Wiebke, wird ein großer Holzvernichter an-
geklagt, der Borkenkäfer. Diesem Bösewicht will man allgemein an die Nagezange.

Der Schädling kann aber, das übersehen viele, nur dort auftreten, wo der Baum aus anderen Gründen bereits geschädigt
ist. In gesundes Holz mag er nicht. Er ist eigentlich so etwas
wie ein Bioindikator, ähnlich wie der Specht. Beide zeigen
nur an, daß der Baum, auf dem sie sich tummeln, bereits leidet und dabei ist auszutrocknen. Während der Borkenkäfer

im Verborgenen unter der Rinde nagt, läßt der agile Specht sein Wirken weit durch den Wald erschallen. Schädlingsbefall kommt überall dort vor, wo etwas wächst. Das ist so natürlich, wie der Versuch der Lebewesen, sich mit geeigneten Mitteln dagegen zu wehren.

Welche Schäden richten Borkenkäfer an? Bei der Eiablage bohrt das Weibchen ein Loch durch die Rinde und legt ihre Eier in der Kambiumschicht zwischen Rinde und Holz ab. Dies ist die eigentliche Wachstumsschicht des Baumes. Dort bohrt die Larve Gänge, deren Muster man leicht erkennt, wenn man die Rinde ablöst. Sie sehen immer gleich aus. Von einem Hauptgang zweigen zahlreiche Seitengänge ab. Da diese Gänge gerade die Wachstumsschicht zerstören, stirbt der geschädigte Baum bald vollends ab. Der Borkenkäfer beschleunigt also einen bereits eingeleiteten natürlichen Vorgang, der ihm erst die idealen Lebensbedingungen lieferte.

Das ist der einzige Schaden, den er anrichtet. Dem Förster nimmt er nichts vom Holz. Denn trotz des Absterbens bleibt, wie wir gesehen haben, dem Förster der Wert des Stammes erhalten. Er fällt den toten Baum und verkauft ihn. Denn eines schädigt der Borkenkäfer nicht – das Holz. Er bohrt sich nicht kreuz und quer hindurch. Das Kernholz wäre ihm viel zu hart und zu arm an Nährstoffen. Solche Löcher, die wir auch sehen können, stammen von anderen Insekten, zum Beispiel von der Holzwespe, dem Holzbockkäfer, der Totenuhr und anderen. Aber auch sie tun dies nur in seltenen Fällen, wenn die Härte des Holzes dies zuläßt.

Der Borkenkäfer, der seinen Namen durchaus zurecht trägt, schädigt das Stammholz also nicht. Er ritzt es nur an der Oberfläche an, was zu keiner Wertminderung des Holzes führt, da die sogenannte Waldkannte, also die Oberfläche des Stammes, bei der Weiterverarbeitung in jedem Fall als Abfallholz weggeschnitten wird.

Wenn gesagt wird, man müsse die Bäume bis zur Verarbeitung wegen des Borkenkäfers einer aufwendigen Naßlagerung unterziehen, so ist das eine Falschaussage. Der Borkenkäfer gelangt nur dann in gefällte Stämme, wenn diese extrem schlecht gelagert werden. Legt man die Stämme nicht in den feuchten Dreck, sondern auf quer gelegte Balken trocken ab, wie das bei jedem Sägewerk zu beobachten ist, dann trocknet die Rinde schnell weg und entzieht dem darunter nagenden Insekt alle Grundlagen seiner Existenz. Die aufwendige Naßlagerung erscheint als reines Brimborium, vor allem dann, wenn man in den Wäldern gleichzeitig riesige Holzstapel achtlos vor sich hin- „lagern" sieht.

Etwas Ähnliches gilt übrigens auch für die Holzwürmer, die altes Gehölz, z.B. Möbel, Türstöcke oder ähnliches zerfressen. Auch diese treten nur auf, wenn zwei Fehler gemacht werden, der eine aus Schlamperei, der andere aus falscher Sparsamkeit. Echte Holzbretter waren und sind noch immer teuer. Deshalb wurde vor allem bei teureren Hölzern wie Eiche oder Nußbaum oft der Splint mitverarbeitet. Das ist jene weiche, die Zuckernährstoffe führende Schicht zwischen Rinde und echtem Kernholz. Diese Nährstoffe sind es nun, die solche Insekten anlocken, auf die sie es noch nach Jahrzehnten abgesehen haben. Deshalb wird diese Schicht, wo sie leichtfertigerweise verarbeitet wurde, von den Holzinsekten befallen und durchlöchert. Das wirkliche Kernholz ist ihnen viel zu hart und unergiebig. Es sei denn, es war beständig der Feuchtigkeit ausgesetzt, hat seine Struktur verändert und ist mürbe geworden. Das war früher oft der Fall, als man zum Saubermachen einfach einen Eimer Wasser in die Diele kippte. Dabei drang das Wasser in die Füße der Möbel und ähnliches. Durch die Kapillarien steigt die Feuchtigkeit in den Hölzern hoch, verändert sie und bereitet sie für den Insektenbefall vor.

Schmetterlinge

Hin und wieder stoßen Sie sicherlich auf bewährte Werbeanzeigen von Naturschutzverbänden. In ihnen heißt es immer wieder:„Stoppt das Artensterben: Bedroht ist der Schwalbenschwanz, Rote Liste Stufe 3", oder etwas anderes der Art. Beweise treten die Vereine für ihre Behauptungen nie an. Das können sie auch gar nicht. Ihnen genügt, wenn in der Anzeige unübersehbar das Spendenkonto steht. Sie werden in den Anzeigen meistens auch vergeblich nach Hinweisen auf eine Strategie suchen, wie den jeweils vom Aussterben bedrohten Gattungen geholfen werden soll. Auch darüber macht man sich in diesen Vereinen kaum größere Gedanken. Wozu also die Spendengelder? Offensichtlich hat man die Vereine danach sowenig gefragt, wie nach Beweisen für ihre Behauptungen. Die Spenden halten die Vorstände der Vereine bei Laune und finanzieren ihre Verdummungsaktionen.

Seitdem ich die Natur systematisch beobachte – und das hält nun schon einige Jahrzehnte an – habe ich keine negativen Veränderungen bemerkt. Dort geht es nach wie vor so quicklebendig zu, wie eh und je. Wenn man nun behauptet der Schwalbenschwanz sei vom Aussterben bedroht, so muß ich lachen. Das ist wieder eines der üblichen Beispiele für die Verdummung, die von diesen Vereinen betrieben wird. In unseren Breiten habe ich noch nie ein Exemplar davon gesehen. Er kommt extrem selten vor – und das nicht erst seit gestern, sondern solange er beobachtet wird. Etwas Ähnliches gilt für eine ganze Reihe von Prachtfaltern, deren Namen man in den Überschriften solcher Spendenaufrufe immer wieder antreffen kann. Den Admiral habe ich zum Beispiel in den letzten vierzig Jahren ganze acht Mal angetroffen, den Trauermantel nur ein einziges Mal. Und so ergeht es mir mit vielen anderen Schmetterlingsarten.

Mit größter Unverfrorenheit werden sogenannte Rote Listen angelegt. Man schreckt nicht einmal davor zurück, dort auch Schmarotzer und Parasiten, wie zum Beispiel Pilze aufzunehmen. Bei Insekten kennen wir eine gigantisch große Artenvielfalt. Da ist es nur logisch, daß einige Varianten dieser Arten auch extrem selten vorkommen. Mit „bedroht" und „gefährdet" hat das alles nichts zu tun, und schon gar nicht mit einer Schuldzuweisung an die „böse" Industrie, die in solchen Aufrufen immer unterschwellig mitschwingt. Ginge es nur nach der Seltenheit, dann gehörten ja auch Diamanten zur Gattung der „Gefährdeten".

Fische im Rhein

Die Sache mit der Wasserverschmutzung nahm ich zuerst gar
nicht leicht. Dann stieß ich aber auf Dinge, die einfach nicht
zusammenpassen wollten. Den ersten Anstoß gaben mir Angler am Rhein. Von ihnen hatte ich so manchen Fisch geschenkt bekommen, der sich in meiner Pfanne sehr gut aus-
nahm. „Fischsterben"? Diese Leute winkten immer gelang-
weilt ab, wenn ich darauf zu sprechen kam. „Fische gibt es
dort genug, die müssen nur anbeißen!" Auch langjährige
Angler, die seit Jahrzehnten in die trüben Rheinfluten starren
und darauf warten, daß ihre Rute zu zucken beginnt, waren
nicht davon überzeugt, daß es früher mehr oder weniger Fische gegeben habe.

Ich wohnte längere Jahre im Kölner Vorort Poll. Das war
früher ein Fischernest. Davon zeugt noch ein großes Öl-
gemälde aus der Jahrhundertwende, das mir in einer der
Gaststätten aufgefallen war. Auch gibt es dort verschiedene
Gassen, die auf diese Vergangenheit hinweisen, eine Mai-
fischgasse, eine Hechtstraße und eine Salmstraße. „Salm" das
heißt auch „Lachs". Das deutet daraufhin, daß hier früher
auch Lachse gefangen werden konnten. Das ist aber schon
lange nicht mehr der Fall. Selbst von den ganz alten Anglern
konnte sich keiner daran erinnern. Später erfuhr ich, daß
man hier auch die Seeforelle so nannte.

Das Rheinwasser ist nicht gerade sauber. Somit war an dem
Gerede von der Verschmutzung des Rheinwassers sicher etwas dran. Andererseits war es natürlich auch völlig übertrieben, wenn Leute das Rheinwasser als eine in Europa „einzig-
artige Kloake" beschimpfen, wenn es heißt, das Wasser sei so
hochgradig mit Chemikalien verseucht, daß man darin seine
Filme problemlos entwickeln könne. Ich habe selbst in den
Jahren der höchsten Rheinwasserverschmutzung (1971 –
1974) unbeschadet im Rhein gebadet. Das Wasser schmeckte
noch nicht einmal anders. Denn natürlich habe ich beim Ba-
den unfreiwillig auch so manchen Schluck zu mir genommen. Jedenfalls hat es weder Ekzeme noch Hautreizungen
hervorgerufen, wie immer wieder behauptet wurde.

Der Fluß ist nicht „verseucht", nur weil er dreckig aussieht. Dafür läßt sich ein sehr gutes Beispiel anführen, Passau. Dort fließen drei Flüsse, die Donau, der Inn und die Ilz zusammen. Man kann dort sehr gut beobachten, wie sich das Wasser vereinigt und allmählich durchmischt. Denn alle drei Flüsse haben eine völlig unterschiedliche Wasserfärbung. Der Grund hierfür liegt an den mitgeführten Sedimenten. Mit Wasserverschmutzung hat das nichts zu tun.

Noch schlimmer als mit dem Rhein soll es mit der Elbe bestellt sein. Als ich völlig überzogene Berichte darüber hörte, daß diese Flüsse tonnenweise Quecksilber und andere Schwermetalle mit sich führen sollen, wurde ich stutzig und versuchte, der Sache nachzugehen. Je nachdem, bei welcher Institution man anfragt, bekommt man völlig unterschiedliche Meßdaten. Ein Privatmann kann sie ohne ein modern eingerichtetes Labor und die erforderliche Ausbildung nicht überprüfen. Dementsprechend ist auch das, was man diesbezüglich aufgetischt bekommt. Das scheint aber nicht nur Privatleuten so zu gehen. Die Schweizer Firma Ciba Geigy, die wegen eines Pflanzenschutzmittels in Verruf geraten war, schickte 1991 unter Deckadresse Wasserproben an alle einschlägigen Labors. Die genannten Ergebnisse der Umweltlabors wichen bis um das Tausendfache von den fachmännisch ermittelten Werten ab. Das wäre ein Kapitel für sich.

Im Zusammenhang mit der Schwermetallbefrachtung des Flußwassers war auch vom Fischsterben die Rede, und von Fischkrankheiten, die immer schlimmer würden. Das machte mich stutzig. Ich fragte mich: Wieso bleiben die hochsensiblen Fische eigentlich in dem angeblich so stark verseuchten Gewässer? Wollen sie quasi Selbstmord begehen? Es wäre ihnen doch ein leichtes, sich in andere, weniger verseuchte Gewässer zurückzuziehen. Fische haben, wie jeder Aquarienbesitzer weiß, einen sehr ausgeprägten Instinkt für die ihnen zu- oder abträgliche Wasserqualität. Es mußte also wieder etwas faul sein an der Sache.

Ich ging der Sache am mir näher gelegenen Rhein nach. Seit Jahren gibt es ein Gezeter über den steigenden Salzgehalt des Rheins. Der Grund liegt in den Kaligruben im Elsaß.

Nun wollte ich wissen, wie hoch der Salzgehalt des Rheinwassers wirklich ist. Bei Emmerich an der deutsch-niederlän-
dischen Grenze sollen es 200 Milligramm pro Liter sein. Das
lag um 15 Prozent unter dem Schwellwert, der 1987 mit der
französischen Regierung ausgehandelt worden war. Demnach mußte es sich vorher um 230 Milligramm gehandelt haben. Was bedeutet das. Ich ging also zum Apotheker, ließ mir
200 Milligramm und extra 30 Milligramm Salz auswiegen
und kippte das in einen Liter Wasser. Ich rühre das Salz kräf-
tig um und probiere. Danach gebe ich die 30 Milligramm
dazu. Versuchen Sie es selbst einmal. Ob Sie wohl einen Unterschied herausschmecken? Ich kenne „Heilwässer", die wesentlich mehr Salz enthalten, als es hier dem Rheinwasser an-
gekreidet wird.

Wegen dieses kleinen Unterschieds von 30 Milligramm Salz
pro Liter beim Salzgehalt des Rheins werden internationale
Konferenzen einberufen, jahrelange Dispute geführt, hunderte von Gutachter und Sachverständige bemüht und Jobs
für zahllose Akademiker beiderseits der Grenzen geschaffen.
Millionen DM werden auf diese Weise buchstäblich in den
Rhein geschüttet. Das Geld muß aufgebracht werden und
dem Steuerzahler muß etwas dafür geboten werden. Er darf
sich wenigstens entrüsten. Deshalb das Gezeter.

Die Folgen bleiben dann auch nicht aus. Am 17. 1. 1992
war im „Kölner Stadt-Anzeiger" zu lesen: „Hobbygärtner hat
mit 200 Mark zu büßen – Salzwasser ist eine unzulässige Chemikalie. Wer seine Unkrautprobleme mit einer Gießkanne
voll Wasser und einer kräftigen Prise Salz lösen will, riskiert
ein Bußgeld wegen eines Verstoßes gegen das nordrhein-west-
fälische Landschaftsgesetz. Dies folgt aus einem rechtskräfti-
gen Beschluß des Oberlandesgericht Düsseldorf, der jetzt bekannt wurde. Die Richter bestätigten das erstinstanzliche Urteil mit einer Strafe von 200 DM gegen einen Hobbygärtner,
weil er eine nach dem Gesetz unzulässige Chemikalie verwendet habe (Az 5Ss 313/91; 129/91 I). Dem Mann waren
Brennesseln, die an einer Böschung am Rand seines Grund-
stücks wucherten, ein Dorn im Auge. Kurzerhand besann er
sich eines alten Hausmittels. Er füllte seine Gießkanne mit

Wasser, gab zwei Eßlöffel Kochsalz dazu und schüttete die Lösung großflächig über das unerwünschte Grün, das schließlich auch einging.

Kochsalz sei eine Chemikalie im Sinne des nordrhein-westfälischen Landschaftsgesetzes, die dem Pflanzenwuchs
schade, betonte das OLG. Weil der Beschuldigte dies bei zu-
mutbarer Gewissensanspannung hätte erkennen müssen, sei
das Bußgeld gerechtfertigt".

Aber wie ist es nun mit den Fischen? Wenn Sie zufällig stol-
zer Besitzer eines Süßwasseraquariums sind, wissen Sie: Sie
müssen ihren Fischen dann und wann eine Prise Salz gönnen,
sonst fühlen sie sich nicht wohl und werden krank. Mit 200
Milligramm pro Liter werden Sie dabei kaum auskommen.
Salz ist nämlich auch für Süßwasserfische ein Heilmittel. Deshalb gibt es im Brackwasser auch besonders viele Fische. Fischer lieben nämlich die Zone zwischen Süß- und Salzwasser.

So bekommen Sie vielleicht eine Vorstellung davon, wie
auch die niederländischen Dienststellen lügen, wenn sie sich
lauthals über die Versalzung des Rheinwassers beschweren.
Denn was ist der Rhein im Vergleich zu den Salzwiesen, die
aus der Zuidersee gewonnen worden sind? Die Holländer betreiben dort eine gewinnbringende Schafzucht. Es hat sich
nämlich herausgestellt, daß das Fleisch der Schafe, die auf
den Salzwiesen weiden, viel wohlschmeckender ist, als das von
normalen Tieren. Es wird betrogen, daß man die Luft anhal-
ten muß. Die ganze Aufregung ist nämlich politischer Natur.

Wenden Sie dergleichen ein, werden ihnen die Umwelt-
schutzbesorgten sogleich über den Mund fahren. Sie erfahren dann, daß es ja eigentlich nicht so sehr um den Salzgehalt
ginge, sondern um die mitgeführten Schwermetalle und
Chemieabfälle. Hier fällt es einem Laien schwer, die Aussagen zu überprüfen. Handelte es sich beim Salz aber noch um
Mengen in der Größenordnung von Millionen von Tonnen,
so bei den Chemikalien und Schwermetallen um wahre Win-
zigmengen.

Nehmen Sie den berühmten Unfall der Schweizer Che-
miefirma Sandoz. Er hatte vor wenigen Jahren für gewaltige
Schlagzeilen gesorgt. Damals waren 35 Tonnen Insektizide

ausgelaufen. Mindestens die Hälfte davon konnte wieder ab-
gesaugt werden. Der Rest schwamm im Rheinwasser davon.
Die Rheinwasserwerke gaben erst zwei Jahre später bekannt:
Für das Trinkwasser habe zu keiner Zeit eine Gefahr bestan-
den. Es scheint, den Leuten geht es mehr um den Nerven-
kitzel einer Katastrophe als um die Wahrheit. Jedenfalls be-
reicherten damals viele unausgelastete Leute ihren leeren
Alltag mit der künstlichen Aufregung über diesen „riesigen
Skandal".

Schaut man sich die Ergebnisse des damaligen Gezeters
näher an, so wird der Charakter der ganzen Affäre deutlich.
148 384 Aale – hieß es – seien damals umgekommen. Die genaue Zahl bürgt für Präzision. Aber eines verwundert, die Ka-
daver hat niemand gesehen. Es liegen nicht einmal Fotos davon vor. Ähnlich stand es um das Sterben anderer Fischarten.
Bundesumweltminister Töpfer wollte die Gunst der Stunde
für ein werbewirksames Medienspektakel nutzen. Es ging
nach hinten los. Er ließ sich zusammen mit dem WDR-Jour-
nalisten Depenbrock in einer Taucherglocke auf den Rhein-
boden versenken, um von dort die Schäden zu verkünden,
die das Sandozunglück unter der Mikrofauna angerichtet
hatte. In der Sendung konnte er kaum seine Enttäuschung
darüber verbergen, daß er das Gegenteil feststellen mußte.
Trotz Sandozgift kribbelte und krabbelte es dort wie eh und
je. Die Grünen wollten ihm diese Feststellung natürlich nicht
abnehmen. In ihrer Vorstellungswelt konnte es dort nur Tod
und Pestilenz geben.

Was Sie von der ganzen Sache mit den Schadstoffen, die
durch den Rhein und andere Flüsse in die Nordsee gelangen,
halten können, mögen Sie folgenden Aussagen entnehmen.
Sie sind zwischen Mai und November 1988 im WDR zum
Thema Nordseeverschmutzung gefallen:

14. 05. Dr. W. von Geldern, Staatssekretär: Nordseewasser-
         qualität hat sich gebessert – Fischverzehr unbedenk-
         lich.
27. 07. In den WDR-Nachrichten (Wer es gesagt hat, ist mir
         entfallen): Kabeljau und Schellfisch – Rückgang we-
         gen schlechten Zustandes des Nordseewassers.

14. 09.   Umweltminister Heydemann, Kiel: Schadstoffe in Fi-
          schen – Genuß bedenklich.
04. 10.   Fischveterinäramt in Cuxhaven: Nordseefische unbe-
          denklich verzehrbar – jährlich wandern 30 000 Ton-
          nen Fisch aus der Nordsee in deutsche Küchen.
04. 11.   Bundesanstalt für Fischerei: Alle Schadstoffe liegen
          in der Nordsee erheblich unter den Grenzwerten.
04. 11.   Umweltminister   Heydemann: Fischkrankheiten
          durch Schadstoffe in der Nordsee.

„Die wollen ja nur, daß wir weiterhin ihre verseuchten Fische essen!" So leicht kann man es sich machen. Wissen Sie
denn, was die anderen wollen, die vorgeben, Sie vor dem Ver-
zehr solcher Fische zu schützen? Einen kranken Fisch kann
man immer und überall finden. Zu beweisen, daß die Fische
„doch" genießbar sind, fällt danach viel schwerer. Die Konkurrenz schläft nicht und vom internationalen Großimpor-
teur lassen sich bequemer Spendengelder eintreiben, als von
den aus dem Geschäft gedrängten heimischen Fischern. Jedenfalls sind die offensichtlichen Motive selten die wirklichen. Die Aufgabe der Veterinärämter war es seit Jahrzehnten, über die Qualität und Genießbarkeit der angelandeten
Fische zu wachen. Warum sollten ausgerechnet sie die Front
gewechselt haben?

Robbensterben

Der wohl schlimmste Unfug wurde mit dem sogenannten
Robbensterben getrieben. Die Umweltschützer und ihre politischen Sprecher überstürzten sich in Behauptungen. Die
Bevölkerung wurde durch Schreckensmeldungen in Atem
gehalten. Schließlich kam heraus, was eigentlich von Anfang
an bekannt war. Robbensterben sind seit Urzeiten bekannt.
In Wellen werden die Robben immer wieder von epidemie-
artig sich ausbreitenden Krankheiten heimgesucht, die ihre
langsam anwachsende Zahl in regelmäßigen Abständen auf
das ökologisch sinnvolle Maß zurückschraubt. Das wurde von

Forschern gleich zu Anfang des Robbensterbens mitgeteilt. Ihnen wollte es nur niemand abnehmen. Auch hernach, als die Aufregung abebbte, kam keine Richtigstellung. Für Aufklärung sorgten dann nur kleine und unscheinbare Meldungen, die die meisten Zeitungsleser in der Regel überblätterten.

Die nachfolgende Chronologie soll Ihnen knapp aufzeigen, was sich damals alles abgespielt hat. Dabei verzichte ich auf alle Artikel, die nur wiederkäuen, was andere schon gesagt hatten.

14. 05. 1988 Dr. von Geldern im WDR – wie bereits erwähnt – die Nordseewasserqualität habe sich gebessert, so daß der Fischverzehr unbedenklich sei.

26. 05 1988 „Kölner Stadt-Anzeiger": Ein Herpesvirus sei für das Robbensterben verantwortlich, er werde durch Möven übertragen.

28. 05 1988 Meeresbiologe Prof. G. Heidemann, Kiel: Robbensterben werde durch PCB ausgelöst. (Die als Kühlmittel und Hydraulikflüssigkeit verwendeten, chemisch sehr stabilen polychlorierten Biphenyle waren damals als angebliche Krebserreger ins Gerede gekommen und sollten wie die FCKWs verboten werden.)

30. 05. 1988 Bundesumweltminister Töpfer: Seehundsterben durch Umweltbelastungen, die so geschwächten Tiere würden durch Nährstoffe übersättigt.

31. 05. 1988 Gerd Depenbrock in seinem Kommentar im WDR um 18.5 Uhr: Schuld seien „... Säureteppiche, die auf den Fluten schwimmen, ...das Meer kippt um..." und „... Tiere sind im Immunsystem geschwächt..."

31. 05. 1988 Hubert Weinzierl vom BUND: „... können wir nur noch hilflos zusehen, wie sich die Meere in eine giftige Schlammbrühe verwandeln, in der alles Leben erstickt." (Hierzu sei angemerkt, daß die Firma Biomaris Wasser aus der Nordsee abpackt und als Heilmittel verkauft.)

14. 06. 1988 Ein niederländischer Zoologe: Robbensterben durch Picorna Virus.

27. 07. 1988 Kabeljau und Schellfischpopulation gehe wegen des schlechten Zustands der Nordsee zurück.

12. 08. 1988 Greenpeace, Robin Wood und sechs andere Umweltverbände wollen wegen des Robbensterbens und unterlassener Vorwarnung Strafantrag gegen das Deutsche Hydrologische Institut in Hamburg stellen. (Es kam am 19. 08. 1988 tatsächlich dazu.)

22. 08. 1988 Der Virologe Albert Osterhaus im WDR Landreport: Robbensterben ist eine reine Virussache, sie ist seit alters bekannt, tritt von Zeit zu Zeit immer wieder auf, die Krankheit wurde dieses Mal vermutlich durch die Sattelrobbe eingeschleppt, der Robbenbestand werde dadurch vermutlich um 10 Prozent vermindert. (Diese Vorhersage sollte sich dann auch bewahrheiten.)

07. 09. 1988 Über Norderney wurde ein Badeverbot verhängt.

20. 09. 1988 Das Badeverbot wurde als unbegründet wieder aufgehoben.

04. 11. 1988 Bundesanstalt für Fischerei im WDR: Alle Schadstoffe liegen in der Nordsee erheblich unter den Grenzwerten.

07.11. 1989 Prof. G. Heidemann, Kiel: In einem Kilogramm Robbenfett sei ein Teelöffel PCB enthalten.

01.09. 1990 Der gleiche Professor: Das Robbensterben habe das Virus Phocine Distemper (FDV) ausgelöst ... Aber alle Wissenschaftler seien sich einig, daß Schadstoffe das Immunsystem schwächen ...

Endlich hatte man sich zu der Erkenntnis durchgerungen, die Fachleute seit Jahrzehnten kennen. Freilich ganz ohne „Umweltappell" durfte es selbst dann noch nicht abgehen. Als der Virologe Osterhaus das richtige Urteil aussprach, war er in den Medien – wie in solchen Fällen gewohnt – schnell totgeschwiegen.

Algen

1988, das Jahr der Nordseeverschmutzung, brachte noch eine Schreckensmeldung. Die Verschmutzung der Nordsee sei so stark und auffällig, daß sich auf der Dünung der Nordsee Schaumberge bildeten. Die meisten Menschen dachten an den Schaum, den sie von üblen Industrieabwässern her kennen. Tatsächlich handelte es sich aber um die sogenannte Algenpest.

Dazu möchte ich Ihnen zunächst einen Auszug aus einem Artikel aus der Zeitschrift „Kosmos" mit dem Titel „Schmutziges Wasser – exotische Algen" zu Gemüte führen. Es heißt dort:

„Algenspezialisten der Universität Frankfurt haben in Zusammenarbeit mit dem Forschungsinsitut Senckenberg herausgefunden, wie man selbst im schmutzigsten Wasser, auch nach dem sogenannten Umkippen eines Flusses, mit biologischen Methoden noch deutliche ökologische Qualitätsunterschiede nachweisen kann. Sie entdeckten nämlich, daß sich überall dort, wo hauptsächlich große organische Abwasserfrachten die fließende Welle beherrschten und häufig weder Fische noch andere für das menschliche Auge sichtbare Pflanzen und Tiere existieren können, eine bisher unbekannte Gesellschaft kleinster Kieselalgen in großen Mengen ansiedelt. Diese Algen-Massengesellschaft, die zum Beispiel in dem unterhalb von Frankfurt biologisch völlig verödeten Main zuhause ist, reagiert mit interessanten soziologischen Veränderungen auf unterschiedliche Schmutzkonzentrationen. Die Wissenschaftler beobachteten unter anderem eine deutliche Populationsverschiebung nach Zufuhr hochwirksamen Industrieabwassers. Hier verschwinden alle Algen, die „nur" starke Verschmutzung ertragen, weil sie sich nicht mehr vermehren können. Sie überlassen dann die Vorherrschaft einer anderen Kieselalgengruppe, die eine noch größere Schmutztoleranz besitzt. Auf diese Weise lassen sich durch Auswertung der unterschiedlichen Besiedlung sehr sicher die Einflußzonen starker, sehr starker und extremer Abwasserbelastungen in Flüssen nachweisen.

Die bisher weitgehend unbekannte Algengesellschaft ist nur mit Hilfe hochauflösender Elektronenmikro-

skope genauer erkennbar. Sie setzt sich zum größten
Teil aus höchst exotischen Arten zusammmen. Eine davon war bisher nur in Südafrika gefunden worden, eine
andere in Süd- und Zentralafrika, zwei weitere waren
als Raritäten nur von der Balkanhalbinsel bezw. Nordwesteuropa bekannt. Vier sind sogar völlig neu für die
Wissenschaft. Einige haben allerdings schon früher vereinzelt und unerkannt in Europa gelebt, wie man anhand alter Präparate aus dem frühen vorigen Jahrhundert feststellen konnte. Zur explosionsartigen Vermehrung kam es wohl erst im Gefolge der modernen Stadt-
entwässerung. Die günstigsten Lebensbedingungen
finden sie in stark verschmutztem Wasser, etwa in Flüssen an den Einleitstellen großer Klärwerke oder Zell-
stoffabriken." [1]

Soweit der Text. Was bedeutet er? Was sagt er zu dem Al-
genvorkommen im Sommer 1988 in der Nordsee aus?

Er wirft zunächst einige interessante Fragen auf: Wie ist es
möglich, daß es natürliche Algen gibt, zu deren Lebensbedingungen Industrieabwässer gehören? Wie können diese Algen aus Zeiten und Gegenden stammen, wo es weder Industrie noch Industrieabwässer noch andere Formen starker
Verschmutzung gab? Warum werden diese Algen zum Teil
auch in Nordwesteuropa entdeckt, wo es gar kein Schmutz-
wasser gibt? Und dann das explosionsartige Auftreten?

Das klingt gefährlich, ist es aber nicht. Das „explosionsartige Auftreten" ist ein sehr normaler Vorgang. Er ist immer
dann zu beobachten, wenn sich günstige Lebensbedingungen für diese Algen ergeben. Das ist meistens dann gegeben,
wenn das Wasser lange Zeit ruhig blieb und sich hinreichend
erwärmen konnte. Wir kennen das explosionsartige Auftreten von Algen in jedem Tümpel: Über Nacht ist er von einem
grünen Teppich überzogen, „ist er zu". So erobert sich zum
Beispiel die Wasserlinse, auch Entengrütze genannt, das Biotop, in dem die Enten dann begeistert gründeln. Diese Algen
sind nämlich besonders reich an Eiweiß und anderen Nährstoffen.

Dasselbe gilt natürlich auch von den Algen auf dem Meer.
Es handelt sich um ganz ähnliche Lebewesen, die eben nur
Salzwasser vertragen. Sie tragen übrigens ganz erstaunlich

zum Abbau von CO_2 über den Weltmeeren bei. Im Sommer 1988 war es nun über der Nordsee besonders warm und ruhig. Daher konnten sich die Algen hervorragend vermehren. Als dann der Seegang wieder heftiger wurde, wurden diese Pflänzchen von den Wellen zerschlagen. Dabei wird das Eiweiß freigesetzt und aufgeschäumt, ähnlich wie man Eiweiß zu Eischnee schlägt.

Das war also das Geheimnis der Schaumberge auf der Nordsee, die ein untrügliches Zeichen der Verschmutzung dieses Meeres sein sollten. Daß sich in der Nordsee gar keine Verschmutzung halten könnte, hat noch einen anderen Grund. Der vorbeiziehende Golfstrom sorgt für stetige Strömung und regelmäßigen Wasseraustausch mit dem übrigen Weltmeer.

Schützenswerte Pilze

Mitten in der Pilzsaison 1984 trat Nordrhein-Westfalens Umweltminister Matthiesen (SPD) mit einer besonderen Bitte an die Bürger: Sie möchten doch die Pilze verschonen und im Wald stehen lassen. So stand es wenigstens im „Kölner Stadt-Anzeiger" vom 16. 04 1984. Warum? fragt man sich unwillkürlich. Sind nun auch die Pilze vom Aussterben bedroht? Tatsächlich.

Schon ein Jahr vorher war im „Zeitmagazin" (34/1983) zu lesen: „Erst stirbt der Pilz, dann der Wald". Darin kommt ein gewisser Walter Pätzold aus Hornberg, im Schwarzwald zu Wort. Pätzold nennt sich Pilzberater und führt dort Lehrgänge für Pilzsucher durch. „Im Forst widerfahren Walter Pätzold in letzter Zeit häufig seltsame Begegnungen mykologischer Art" – war da zu lesen – „Da überquert er zum Beispiel den Schwarzwaldkamm von West nach Ost und plötzlich steht er zwischen Hunderten von Steinpilzen". Welch ein Glück für ihn! Aber unser Pilzberater ist nicht glücklich. „Der Mann aus dem Schwarzwald schaut sorgenvoll. Dann sagt er: „Das ist was Trauriges". Die mangelnde Begeisterung hat ihren Grund. Denn dort, wo jetzt Steinpilze sprießen, sollten eigentlich überhaupt keine sein. Der Steinpilz liebt nämlich gemeinhin mild saure Böden und mochte auf dem basischen Muschelkalk jenseits des Bergkammes nicht gedeihen. Daß er dies jetzt doch tut, ist für den Leiter der Schwarzwälder Pilzlehrschau in Hornberg ein Alarmsignal. (...) Die Menschen, klagt Pätzold, sind im Zerstören schneller, als die Natur regenerierungsfähig ist. Nach fünf Jahren können wir wissenschaftlich belegen, was ich jetzt nur vermute." Inzwischen sind zehn Jahre vergangen und Herr Pätzold vermutet immer noch.

Was er meint, ist klar. Ein Stück weiter im Text klagt er nämlich: „Meine Pilze sind vor dem Wald gestorben". Aber eben gab es für ihn doch noch zu viele Steinpilze? Der Pilzberater bleibt die Antwort nicht schuldig: „Der Steinpilz erlebt einen scheinbaren Höhepunkt und treibt doch nur verzweifelt letzte Fruchtkörper. Es ist der Anfang vom Ende. Ein Jahr später sind Pilz und Baum tot. Das gilt nicht nur für den Schwarzwald. Der Pilzberater aus Hornberg weiß nämlich auch, daß der Pilzbestand in der Bundesrepublik alarmierend zurückgeht. Damit verschwindet einer der entscheidenden, stabilisierenden Faktoren aus unseren Forsten". Daher also die Aufforderung des Umweltministers in Nordrhein-Westfalen.

Welch ein Unsinn das Ganze! Als ich im Jahr 1990 in den Wald ging, habe ich mich über das Aussterben der Steinpilze so richtig freuen können. In nur einer Stunde konnte ich 18 Kilogramm einsammeln. Das war offensichtlich viel länger her als „ein Jahr". Aber der Pilzberater hatte uns doch versichert: „Ein Jahr später sind Pilz und Baum tot". Schon 1986 hatte ich in 30 Sammelgängen 4,8 Zentner Edelpilze gesammelt, davon waren 2,8 Zentner Steinpilze. Für den Steinpilz dauert das Aussterben trotz Presse, Umweltminister und Hornberger Schießen sehr lange.

Schon am 20. 10. 1980 befaßte sich der WDR in der Sendung „Landreport" mit dem „Aussterben" von Pilzarten. Der Leiter eines Pilzmuseums in Lasphe, im Sauerland, hatte festgestellt, der ohnehin seltene Satanspilz sei nun endgültig „ausgestorben". Ich kenne im Raum der Vordereifel, um Bad Münstereifel herum, allein sechs Fundstellen. Auf weitere stieß ich im Rhein-Sieg-Kreis. Was muß man nicht alles tun, um auf sich aufmerksam zu machen! Eine „Aussterbemeldung" hilft da prompt und zuverlässig.

Ist das Ganze inzwischen vergessen? Natürlich nicht! Am 30. 09. 1991 war im „Kölner Stadt-Anzeiger" zu lesen: „Vom Aussterben massiv bedroht sind ein Großteil der rund 8000 Pilzarten in Deutschland. Umweltschadstoffe gefährden die Pilze, sagte der Vorstand der Deutschen Gesellschaft für Mykologie auf einer Tagung in Hornberg".

German Krieglsteiner, um den handelte es sich nämlich bei dem Vorsitzenden, ist leicht zu widerlegen. Bruno Cetto's Buch: „Der Große Pilzführer" zählt insgesamt maximal 3000 Pilze. Von ihnen war mehr als die Hälfte schon immer extrem selten zu finden. Wenn ein Pilzkenner 500 Sorten unterscheiden kann, ist er hervorragend. Ob er diese allerdings auch findet, ist und war bisher schon höchst fragwürdig. Wie kommt Herr Krieglsteiner auf 8000 Arten? Hat er noch den Fußpilz mitgezählt?

Nun wird immer wieder ein Zusammenhang zwischen „Pilz- und Waldsterben" hergestellt. Was hat es damit auf sich? Der Zusammenhang steht unter dem Stichwort „Mykorrhizapilz". Man behauptet nämlich, es bestünde zwischen bestimmten Pilzarten und bestimmten Pflanzen, zum Beispiel Baumarten, eine enge Symbiose. Das heißt, die Pflanze und der Pilz lebten in einer biologischen Wechselbeziehung und Abhängigkeit voneinander, so daß der eine kaum ohne den anderen leben könne. Natürlich gibt es solche Abhängigkeiten bei Schmarotzern. Sie sind eben von bestimmten Wirtspflanzen abhängig. Die Pilze sollen aber eine positive Leistung für die Pflanze erbringen. Sie sollen, nach Professor Lelley von der Krefelder Pilzzuchtanstalt, von dem betroffenen Baum zum Beispiel Schwermetalle und andere Schadstoffe fernhalten. Ferner sollen sie ihm als eine Art Wasserspeicher für Dürrezeiten dienen.

Diese aufopfernde Uneigennützigkeit der Pilze ist rührend. Man stelle sich nur vor, der eingefleischte Schmarotzer und Parasit, der der Pilz nun einmal ist, verzichtet bei Trockenheit, wenn ihm selbst der Saft ausgeht, auf Wasser und gibt dem Baum von seinem Vorrat noch ab. Und dann bedenke man die Größenunterschiede, der Pilz, der etwa 50 Gramm Eigengewicht auf die Waage bringt, soll einer tonnenschweren Buche helfen. Aber skeptisch, wie wir nun einmal sind, gehen wir in den Wald und suchen den Baum mit seinem zugehörigen Pilz, den Lärchenröhrling zum Beispiel neben der Lärche und ähnliches. Erstaunlich wie selten man den Lärchenröhrling im Lärchenforst antrifft, überhaupt, wie selten der Mykorrhizapilz bei „seinem" Baum zu finden ist. Wahrscheinlich ist es wie beim Bandwurm: Nicht jeder Mensch darf sich glücklich schätzen, Symbiont zu sein.

Pilze sind Parasiten und Schmarotzer, daß wird allgemein zugestanden. Der eigentliche Pilz ist ja das feine geflechtartige Wurzelgespinst, das sich unsichtbar im Boden ausbreitet. Die sichtbaren Pilze sind nur die Fruchtkörper. Nun sollen sie auch noch Altmetallsammler sein. Wenn sich das Myzelgespinnst liebevoll um die Baumwürzelchen legt, um die Schwermetalle von ihm fernzuhalten, ist es, wie wenn sich die mit Saugnäpfen besetzten Fangarme einer Krake um einen Fisch schlingen. Auch der Fisch hat nun alle Aussichten, in Zukunft von Schwermetallen verschont zu bleiben.

Nun stieß ich in der Apothekerzeitung auf einen Artikel von Frau Prof. Ruth Seeger aus Würzburg. Sie hatte Pilze untersucht, die in Norwegen vor dem Jahre 1900 gesammelt, getrocknet und im Museum unter Glas gehalten wurden. Sie stieß in diesen Pilzen auf die gleichen Inhaltsstoffe, wie z.B. Schwermetalle, die auch unsere heutigen Pilze enthalten. Nur kann man in Norwegen vor dem Jahr 1900 wohl kaum Industrieabfälle und industrielle Schadstoffe für die Verbreitung dieser Spurenmetalle verantwortlich machen. Wieder erweisen sich die Behauptungen der Umwelthysteriker als wertlos und künstlich aufgebauscht.

Das gleiche gilt von der erwähnten Aufforderung des nordrhein-westfälischen Umweltministers. Was soll das, die Pilze zu verschonen? Der Pilz ist das unsichtbare Myzel im Boden. Der Pilz, den wir zu sehen bekommen und sammeln, ist nur der Fruchtkörper dieses Pilzes. Es hat für das eigentliche Pilzgeflecht überhaupt keine Folgen, ob wir den Fruchtkörper ausreißen oder achtlos zertreten. Es ist völlig gleichgültig, ob wir die Fruchtkörper abschneiden, abdrehen oder mit einigen Myzelfäden ausreißen. Der eigentliche Pilz, das Myzelgespinst im Boden, ist uns weniger erreichbar als die Rhizome der Quecke, des Giersch oder der Ackerwinde.

Die Schmarotzer dienen dem Wald so wenig, wie sonstige Schmarotzer. Wenn sie irgend eine positive Wirkung haben sollten, dann vielleicht im Wein oder bei der Herstellung bestimmter Käsesorten. In der Regel ist ihre Vernichtungskraft unglaublich, vom Hausschwamm bis zum Halimasch, vom Fußpilz bis zum Mutterkorn. Sie bleiben, was sie immer waren, Schmarotzer, Parasiten, Vernichter. Vielleicht finden sie deshalb soviel Sympathie bei den grünen Umwelthysterikern: Leben die einen aus der Konkursmasse einer sich auflösenden Gesellschaft, so diese aus dem Zerfall und vom Verfaulen des Lebendigen.

Zum Abschluß dieses Abschnitts eine Zeitungsente vom 3. 4. 1992. Sie zeigt, wie grenzenlos im Zusammenhang mit dem Thema Pilz phantasiert wird. Unter der Überschrift: „Pilz ist schwerer als Mammutbaum" war zu lesen:

> „Der weltweit größte, lebende Organismus ist wahrscheinlich weder ein Blauwal noch ein Mammutbaum, sondern ein Pilz. Amerikanische Botaniker fanden das gigantische Exemplar, dessen 100 Tonnen schweres Geflecht 150 000 Quadratmeter Waldboden durchzieht, in Michigan. Es handelt sich um einen Halimasch-Pilz, der wenige Zentimeter unter der Erdoberfläche lebt. Den immensen Raumbedarf – er entspricht der Fläche von mehr als 20 Fußballplätzen – erkennt ein ahnungsloser Spaziergänger nicht. Er trifft nur hier und da auf Ansammlungen kleiner brauner Pilze, die als Fruchtkörper über dem Pilzgeflecht aus dem Boden schießen.
>
> Der Pilz ernährt sich von abgestorbenem Holz und wächst dabei 20 Zentimeter im Jahr. Aus der Wachstumsgeschwindigkeit schlossen seine Entdecker auf ein Alter von 1 500 Jahren. Die Pflanze ist demnach heute schon so alt wie Mammutbäume werden können. Diese wiegen dann bis zu 1000 Tonnen. Der Pilz hat mit 100 Tonnen immerhin bald das Gewicht eines ausgewachsenen Blauwals."

Man muß sich das vorstellen. Der Myzelfaden ist spinnwebendünn. Es ist völlig ausgeschlossen die einzelnen Myzelfäden unter der Erde zu verfolgen. Noch weniger ist es möglich, die Myzelfäden freizulegen, und schon gar nicht ist es möglich, sie über eine solche gigantische Fläche zu verfolgen. Und dazu kommt dann noch der Humbug über die Gewichtsangabe und das Alter. Diese „Meldung" ist, wie so vieles aus der Feder der Umweltbeflissenen, völlig frei erfunden.

Rettet die Alpen!

Vom „Aussterben" bedroht sind natürlich nicht nur Tier- und Planzenarten. In jüngster Zeit betrifft es sogar ganze Regionen. Von einzelnen Flüssen und der Nordsee haben wir schon gesprochen. Etwas Ähnliches kann man von der Ostsee hören. Die Antarktis ist bedroht. Kurzum, alles ist irgendwie bedroht und muß dringend mit Spendengeldern gerettet werden. Bei den Alpen gibt es gleich vielerlei zu retten. Da Professor Dr. E. Förster von den Landesanstalten für Ökologie Landwirtschaft und Forsten in Recklinghausen am 21.06.1989 sogar vorschlug, grüne Gräser unter Naturschutz zu stellen, wollen wir uns im Zusammehang mit den Alpen auf ein Thema beschränken: „Verletzte Grasnarbe durch Skisport und Erosion".

In Münster, Westfalen, gibt es eine Grünanlage mit Namen Kanonengraben. Sie liegt mitten in der Stadt, dort, wo früher Verteidigungsanlagen standen. In dieser Grünanlage gibt es eine kleine Senke. Sie ist vielleicht 30, 40 Meter lang. Aber das ist für das flache Münsterland schon ein gewaltiger Berg. Sobald es im Winter geschneit hat, trifft man dort die Kinder der ganzen Umgebung mit ihren Schlitten, Skiern, Rodeln und allem, was es gibt, um darauf herunter zu rutschen. Von früh bis spät will das freudige Jauchzen nicht verklingen. Im Handumdrehen ist der Schnee dann abgefahren. Aber das Rutschen geht auf der vereisten Erde weiter, solange bis der nackte, trockene Sand jede Bewegung zum Stillstand bringt.

Daß von der Grasnarbe nicht viel übrigbleibt, leuchtet ein, zumal da pausenlos die Schlitten und Skier drüber hinwegfahren, alle immer nur über die gleiche Stelle.

Im Frühjahr kommen ein paar Leute vom städtischen Gartenbauamt. Sie harken kurz über die Stelle. Und was geschieht. Es grünt und blüht an dieser Stelle bald wieder, wie überall sonst in der Grünanlage. Da ich das in Münster selbst in mehreren Jahren miterlebt habe, kann ich mich über die Geistlosigkeit der Alpenretter nur wundern. In den Alpen fällt wesentlich mehr Schnee als in Münster. Das Gras bleibt dort gut zugedeckt und wird nur sehr selten einmal freigefahren.

Was sind das nun für Grasmatten, auf denen die Skifahrer in den Alpen herumrutschen? Sie gehören in den meisten Fällen Almbetrieben, die sie im Sommer bewirtschaften. Ihre Grasnarbe ist nicht von Natur entstanden, sondern durch den immensen Fleiß ganzer Generationen von Sennern, die diese Hochflächen seit Jahrhunderten bebauen. Sie schufen durch ihre Weidewirtschaft, durch das Abmähen und die Pflege der Grasflächen eine Welt, die ohne ihre Arbeit ganz anders aussähe. Das ist auch der Grund, weshalb man es sich z.B. in der Schweiz und Südfrankreich viel Steuergeld kosten läßt, um die Almwirtschaft für die Bergbauern noch erschwinglich zu halten. Würden diese nämlich von ihrer gewiß mühevollen Arbeit ablassen, wären die saftigen Wiesen mit ihren üppigen und vielfältigen Pflanzen rasch verschwunden.

Die Pflanzen wären rasch überwuchert und unter der Bedeckung der nicht abgefressenen oder abgemähten Pflanzen rasch erstickt. Der übersäuerte Boden würde vom Fels gespült und in geschonteren Kessellagen bildeten sich urwaldartige Gehölze, in denen man vergeblich nach den schönen Alpenblumen suchen würde. Das gilt selbst noch für die Äcker und Wiesen, die auch sonst „stillgelegt" werden, weil noch nicht genug Menschen verhungert sind. Auch diese „stillgelegten", „naturbelassenen" Wiesen müssen zweimal im Jahr gemäht und abgekehrt werden, damit sie gesund bleiben. Welcher Humbug wird uns mit dieser Art von „Naturschutz" und „Naturbelassenheit" zugemutet!

Aber kehren wir zu den Wintersportgebieten in den Alpen zurück. Da stieß ich kürzlich auf einen Leserbrief in der Wochenzeitung „Die Zeit" vom 22. 3. 1991. Dr. Klier aus Innsbruck wandte sich gegen den Artikel Kleine-Brockhoffs, der sich in der Zeitung zuvor über die „teure Schneemacherei" aufgeregt hatte. Ich las dort:

> „Das Wort ‚Verwüstung' trifft auf die Schneemacherei und auch auf den Pistenbau nicht mehr zu: Durch die Anlage und Begrünung der Pistenflächen ist es möglich geworden, die Weidenutzung des Waldes in den meisten Skiregionen wegzubringen. Das Weidevieh darf nun im Sommer nicht mehr in den Wald, sondern bleibt auf den Pisten.
>
> Wir haben im Hochgebirge Wasser in Hülle und Fülle, die gesamte Schneemacherei im Stubai benötigt aber nur 160 Hektoliter Wasser. Der Tourismus ist die tragende Industrie Tirols und erbringt 40 Prozent der Bruttowertschöpfung. Natürlich wird dafür auch Energie aufgewendet. Den Tirolern ist es lieber, elektrische Energie für Seilbahnen, Hotels, Saunen und Schneemacheranlagen einzusetzen als für Produktionsanlagen. Alle Pisten Tirols zusammen nehmen 0,65 Prozent der Landesflächen ein. Das unberührte Tirol bedeckt aber 85 Prozent der Landesfläche. Über die Schneedichte und Beschaffenheit fehlen dem Verfasser offenbar Informationen. Schnee wiegt je nach Beschaffenheit zwischen 80 und 600 Kilogramm je Kubikmeter. Die Schneemacher brauchen im Streubereich zwischen 200 und 400 Liter und bleiben innerhalb der Grenzen, die die Natur selber für ihre verschiedenen Schneearten spielt."

Ganze 0,65 Prozent der Landesfläche dienen als Skipisten, und auf ihnen weidet im Sommer munter das Vieh. Was will man da „retten". Sind diese Leute nur neidisch, daß neben ihnen auch andere in dieses Urlaubsparadies fahren und ihre Freude daran haben? Es gibt Leute, die können etwas nur genießen, wenn sie wissen, daß es anderen nicht zugänglich ist. Sie wollen das Besondere für sich. Wer sich von ihnen aussondern läßt, ist selbst schuld.

ANMERKUNGEN

1) Kosmos 1/77, Seite 734.

KAPITEL 5

Aussagen, Aussagen über alles!

Was bewirkt Umweltschutz?

Ein Bekannter von mir hat sich politisch engagiert. Er arbeitet in einer kleinen Partei, die viel Vernünftiges sagt. Neulich wurde ich zufällig Zeuge einer Unterredung. Eine Bekannte sagte zu ihm: „Ach geh, du verplemperst nur Deine Zeit. Das bringt doch alles nichts. Ihr müßt es wie die Grünen machen, die sind effektiv". Der Bekannte war nicht sonderlich erfreut über den Rat. Er wollte für mehr Wahrhaftigkeit in der Politik eintreten, auch in der Umweltpolitik. Das war der Grund, weshalb ich ihn kennengelernt hatte. „Wahrheit ist nicht effektiv, sagte er danach bitter, nur mit grünen Parolen kommt man nach vorne." Auf meine naive Frage, warum das so sei, wußte er keine Antwort.

Am 21. Mai 1992 fand in den USA, in Washington, eine eigenartige Pressekonferenz statt. Eine Reihe hochkarätiger Wissenschaftler erinnerte an den 20. Jahrestag des DDT-Verbotes. Sie konnten nachweisen, daß mehrere Millionen Menschen jährlich als Folge dieses Verbots erkranken und gut 100 Millionen sinnlos gestorben sind. Sie führten überwältigend viele Belege an, daß dieses Verbot aus wissenschaftlichen Gründen zu Unrecht besteht, daß dies zur Zeit des Verbotes, 1972, schon bekannt war und das Verbot aus rein politischen Gründen von William Ruckelshaus, dem damaligen Umweltminister der USA, ausgesprochen worden war. Natürlich spielte die Bundesrepublik auf den Wink aus Washington hin mit dem üblichen Übereifer die Vorreiterrolle bei diesem mörderischen Verbot. Die Wissenschaftler können nachweisen, daß Ruckelshaus sich damals sehr wohl der Tatsache bewußt war, daß es keinen „objektiven" Grund für dieses Verbot gab.

Die Forscher legten eine erschütternde Menge an Untersuchungs- und Forschungsergebnissen zum Beweis ihrer Aussagen vor. Viele und sehr überzeugende Belege stammten aus der Zeit, als über das Verbot noch diskutiert wurde. Wieso konnte es trotzdem zu dem Verbot kommen? Die Sache ist noch wahnwitziger. Die US-Umweltbehörde veranstaltete, bevor sie das DDT-Verbot aussprach, zu dem Thema eine Anhörung. Sie zog sich über sieben Monate hin. Ihre Unterlagen summierten sich auf 9000 Seiten. Die wichtigsten Aussagen der Verbotsbefürworter wurden bereits bei der Anhörung als bewußte Verfälschungen der Fakten in offensichtlich betrügerischer Absicht entlarvt und entsprechend gerügt. Der Vorsitzende dieser Anhörungen, ein Edmund Sweeney, kam aufgrund der Zeugnisse zu dem klaren und eindeutig formulierten Ergebnis: DDT soll nicht verboten werden. Er faßte die Beweislage zusammen: Es zeigte sich „DDT ist für den Menschen nicht krebserregend, schädigt nicht das Erbgut, trägt nicht zur Bildung von Mißgeburten bei, der Gebrauch von DDT hat keine schädigende Wirkung auf Fische, Vögel, wildlebende Tiere und solche, die im Wattenmeer leben".

Den US-Umweltminister konnte das alles nicht beeindrucken. Er sprach sein Verbot wegen „politischer Gründe" aus. Die allgemein verbreitete „öffentliche Meinung" (public perception) gebiete das. Warum erwähne ich das hier? Die Kampagne gegen DDT war die Mutter für jeden späteren Umweltbetrug. Damals ging es los. Die Umweltschützer der ersten Stunde waren sich dessen auch ganz und gar bewußt. Ein Dr. Charles Wurster von der amerikanischen Umweltverteidigungsstiftung sprach es in der Zeitschrift „BioScience" auch ganz offen aus: „Wenn die Umweltschützer sich bei DDT durchsetzen, gewinnen sie eine Autorität wie nie zuvor. Es steht also weit mehr auf dem Spiel als DDT". Die Wahrheit stand auf dem Spiel und unzählige Menschenleben. Denn noch 1965 hatte die amerikanische Akademie der Wissenschaft festgestellt: „In etwas mehr als 20 Jahren hat DDT den Tod von über 500 Millionen Menschen verhindert, die ohne es unrettbar verloren gewesen wären".[1]

Diese Leistung von DDT war der eigentliche Grund dafür, daß es verboten wurde. Wenn Sie es nicht glauben wollen, lesen Sie bei Alexander King in dem 1990 erschienenen Buch „Die Ordnung der Neugier" (The Discipline of Curiosity) nach. Alexander King war während des Krieges Chemiker in England, später war er lange Zeit hoher Beamter bei der OECD und sitzt im Vorstand des Club of Rome. Er beschreibt, wie der Gebrauch von DDT während des Krieges viele Soldatenleben zu retten half, und fährt dann fort: „Bei mir kamen Zweifel auf, als man DDT auch im zivilen Leben einzusetzen begann. In Guyana gelang es damit in fast nur zwei Jahren die Malaria restlos auszumerzen. In der gleichen Zeit verdoppelte sich dort die Geburtenzahl. Rückblickend ist meine größte Sorge mit Bezug auf DDT, daß es einen großen Beitrag zum Übervölkerungsproblem beigesteuert hat".[2]

Das also war der Grund, der zum Verbot von DDT führte. Ihm hat sich die Bundesrepublik Deutschland in bewährter Vorreiterrolle zur Verfügung gestellt. Sie half mit dem Verbot – das ist die böse Ironie der Sache – mehr unschuldige Menschen umzubringen, als es Adolf Hitler in seinem „tausendjährigen Reich" gelungen war. Da es sich hierbei vor allem um arme, farbige Menschen handelte, kam kein Protest auf.

Wie konnte die Kampagne gegen DDT sich überhaupt durchsetzen? Man hatte doch über zwanzig Jahre beste Erfahrungen damit gemacht. Auch in Deutschland half es unzählige Leben retten, die sonst auf den Flüchtlingstrecks und in den Not- und Sammelunterkünften nach dem Krieg mit Sicherheit umgekommen wären. Auch wußte man aus eigener, langjähriger Erfahrung, daß sich keine „Folgewirkungen" einstellen. Aber was sind schon eigene Erfahrungen, wenn man etwas anderes im Fernsehen sieht, im Radio hört oder in der Zeitung liest?

Im bitteren Witz hat es jemand einmal so ausgedrückt: Wenn heute einer einen Unfall hat, dann schleppt er sich erst nach Hause und schaltet den Fernseher an. Wird dort über den Unfall berichtet, dann hat es ihn gegeben und er begibt sich ins Krankenhaus, um sich behandeln zu lassen. Kommt nichts davon im Fernsehen, dann war das alles nicht wahr, dann hatte es auch keinen Unfall gegeben. „Wissenschaftlich" nannte man das „die Schleusenfunktion" des Journalisten: Die Medien entscheiden darüber, was den Leuten als „wahr" gilt und was nicht.

Den Startschuß zur DDT-Kampagne gab das Buch einer gewissen Rachel Carson mit dem Titel „Der Stumme Frühling". Das Buch bestand von vorne bis hinten aus Verdrehungen, offenen Lügen und unterschwelligen Anspielungen. Aber das kümmerte in den Medien niemand.

An den Wissenschaftlern lag es damals zunächst nicht. In zahlreichen Artikeln wurden die Fehler und Lügen dieses Buches öffentlich gebrandmarkt. Versuchsreihen wurden durchgeführt, die die Behauptungen des Buches eindeutig widerlegten. Ein berühmter Insektenkundler, Dr. J. Gordon Edwards, machte sich die Mühe, das Buch Seite für Seite durchzugehen und die Fehler, Verdrehungen, offenen Lügen und Betrügereien im einzelnen nachzuweisen.

Das alles hatte keine Wirkung. Warum? Eine Medienwelle brach los und überschwemmte das Land mit eben diesen nachgewiesenen Lügen. Heute kann man im Lexikon, etwa Meyers Großes Taschenlexikon in 24 Bänden, unter dem Stichwort DDT alle die Lügen lesen, die Frau Carson mit Hilfe der Medien, des US Umweltministers William Ruckelshaus und des Deutschen Bundestags in die Welt setzen durfte: „Es wird im Organismus der Lebewesen nicht abgebaut," (nachweislich falsch), „sondern im Fettgewebe gespeichert. Im Verlauf der Nahrungsmittelkette kann es zu einer Anreicherung im tierischen Organismus kommen" (nirgends ohne Manipulation der Ergebnisse nachgewiesen). „DDT führte weltweit zu resistenten Insektenstämmen" (wo sind die?), „Gefährdung der Vögel durch Sterilität und zu dünne Eierschalen" (nachweislich Betrug). „(...) Beim Menschen führen 0,5 g zu Übelkeit und Kopfschmerzen" (nur wenn man es weiß und daran glaubt).

Genau nach dem gleichen Schema, das sich im Fall DDT so hervorragend für die Umweltschützer bewährt hat, laufen alle anderen Kampagnen ab: Die gegen Kernenergie, gegen den angeblichen Treibhauseffekt und die Klimakatastrophe, gegen FCKW oder gegen PVC oder PCBs wegen des Ozonlochs, oder die gegen Asbest und all die anderen Krebserreger. Irgendjemand setzt irgendwelche Beschuldigungen in die Welt. Daraus wird ein beängstigendes Katastrophen-Szenario konstruiert. Man findet ein paar Leute, die sich damit bekannt machen wollen. Die schreiben gegenseitig von einander ab und bekommen ihre „gut dokumentierten" Aussagen in den bekanntesten Wissenschaftsmagazinen veröffentlicht.

Dann werden diese Dinge von den Medien immer wieder in allen nur erdenklichen Zusammenhängen wiederholt. Das geschieht solange, bis sich die Aussage zur „Selbstverständlichkeit" verdichtet hat und an ihr niemand, der sich nicht lächerlich machen will, zu zweifeln wagt. Die Medien berufen sich dabei auf „die Mehrzahl der Wissenschaftler", die das mit „untrüglichen Fakten" bewiesen haben. Was der Meinung widerspricht, wird verdächtigt. Es handele sich dann um „Gefälligkeits-Gutachten", für die profitgierige Unternehmen bezahlt hätten. So spielen sie mit den Neidgefühlen des „Kleinen Mannes". Dagegen bietet sich ihm der jeweilige Reporter als Heiland an, der alle Verfolgungen seitens der Industrielobby auf sich nimmt, um ihn aus den Klauen des Kapitals und die Menschheit vor Schrecklichem zu retten. Ist das abgelaufen, erklären interessierte Kreise den Politikern, sie dürften sich nun „gezwungen sehen", dem Wunsch, den Forderungen und der Meinung der überwältigenden Mehrheit der Bürger dieses Landes nachzukommen.

Hier ein Beispiel: Weil mich die Umweltartikel meiner Zeitung ärgerten, schrieb ich dem Chefredakteur der „Kölnischen Rundschau", Jürgen C. Jagla, seit dem 05. 03. 1990 nicht weniger als 50 Briefe. In ihnen widerlegte ich das in verschiedenen Artikeln immer wieder erschienene Umweltgefasele mit Fakten und Belegen. Gut sechs meiner Briefe schafften es sogar bis zur Leserbriefredaktion. Ich wollte dem Chefredakteur zeigen, mit welchen Methoden in Sachen Umwelt- und Naturschutz gearbeitet wird. Und der Erfolg?

Am 24. 10. 1991 erschien von eben diesem Chefredakteur ein Kommentar unter der Überschrift „Tödlicher Gleichmut, Ozonschicht wird immer dünner". Der Artikel enthielt nun all das Katastrophengezeter, das man uns von allen Seiten her vorheult. Kein eigener Gedanken, kein bißchen Abwägen mit dem gesunden Menschenverstand. Selbst dem banalsten Grundschulwissen wird Hohn geschrieben. Aber der Zeitungsmann geht noch weiter. Er hebt den moralischen Zeigefinger. Er wirft uns „Selbstmordpsychose" vor, wenn wir uns gegen die Umweltbesoffenheit wehren. Wer noch Zweifel an den Angst-Szenarios hegen sollte, sitzt angeblich „hochbezahlten Gefälligkeits-Gutachten" auf. Denn Recht hat nur der Umweltterrorist. Er klagt alle an, die sich noch gegen den Umweltveitstanz sperren: „Schuldig sind eigentlich wir alle, weil uns Ruhe und Bequemlichkeit wichtiger geworden sind als die Verantwortung um die Welt von Morgen". Sachverhalte, Fakten, Argumente, das alles zählt nicht. Nur was man vielen Leuten einredet, gilt demokratisch als wahr.

Die Politiker befolgen die nachdrücklichen Wünsche der Medien prompt: Wie sagte doch der Verleger und Besitzer der Zeitschrift „Die Zeit": „Ich war lange genug im Bundestag, um zu wissen, wie abhängig selbst gestandene Abgeordnete von der öffentlichen Meinung sind (...) Wenn da morgens auf dem Schreibtisch der Abgeordneten, Süddeutsche Zeitung, FAZ, Frankfurter Rundschau, Stern, Spiegel liegen, so hat schon mancher Abgeordnete seine Meinung von gestern revoziert." Klaus Bresser vom ZDF sagte es so: „Wir müssen die Maßstäbe selber setzen. Unsere Möglichkeit liegt darin, daß wir die Sendezeit haben und darüber verfügen können, welcher Politiker, wann, wie oft und wie lange auftritt." [3]

Die Folgen sind offensichtlich. Man arbeitet statt mit „autoritärem Zwang" lieber mit „marktwirtschaftlichen Mitteln". Das heißt, die Verbote und Zwänge werden mit höheren Abgaben, Steuern und Auflagen verhängt. Ihnen hat man sich des Geldes wegen „freiwillig" zu beugen und trotzdem klingelt es noch dazu in den Kassen. Der Bürger bezahlt die Kontrolleure, Aufpasser und sogar die Denunzianten. So bequem ist das mit dem Umweltschutz, wenn die Medien mitspielen.

Ehrenkodex hin, Umwelthysterie her

Medien sind in der Demokratie eine wichtige Institution, sagt man. Und wie regte sich ein Ted Turner von der Amerikanischen Fernsehanstalt CNN auf, weil er im Golfkrieg nicht alle Informationen bekam? Bleibt man nüchtern und schaut genau hin, muß man erkennen, daß die Medien ein eigenständiger Machtapparat sind. Dieser Apparat verfolgt, wenn er der Bevölkerung Meinungen und Vorstellungen überstülpt, eigene Ziele. Demokratisch gewählt ist er aber nicht.

Als ich gegen den besonders unverfrorenen Fälschungsartikel „Der geschundene Planet" in der Illustrierten „Stern" vorgehen wollte, habe ich mich über die Möglichkeiten der Medien informiert. Ich stieß dabei auf den Deutschen Presserat und die Richtlinien, die sich die „seriöse Presse" selbst vorgibt. An ihnen wäre nichts auszusetzen. Im Grunde handelt es sich um folgendes: 1. Oberstes Gebot der Medien sind Achtung vor der Wahrheit und wahrhaftige Unterrichtung der Öffentlichkeit. 2. Zur Veröffentlichung bestimmter Nachrichten und Informationen sind mit der nach den Umständen gebotenen Sorgfalt auf ihren Wahrheitsgehalt hin zu überprüfen. 3. Der Sinn solcher Informationen darf durch die Bearbeitung, Überschriften, Bilder oder Bildunterschriften weder entstellt noch verfälscht werden. Dokumente müssen sinngetreu wiedergegeben werden. Unbestätigte Meldungen, Gerüchte und Vermutungen sind als solche kenntlich zu machen. 4. Veröffentlichte Nachrichten oder Behauptungen, die sich im nachhinein als falsch erweisen, hat das Medium, das sie gebracht hat, unverzüglich und von sich aus in angemessener Weise richtig zu stellen.

Ich wandte mich also wegen des verlogenen Artikels in der Illustrierten „Stern" an den Presserat, der über den Ehrenkodex wachen soll. Aber was bekam ich von der Geschäftsführerin Dorothee Rüffer mit Schreiben vom 4. 10. 91 zur Antwort? Zunächst hieß es zu meiner Beschwerde: „Wir können sie jedoch nicht als Beschwerde anerkennen. Die Voraussetzungen wollen sie bitte (...)" und dann verwies sie auf eben den Ehrenkodex. Warum sie den aber anführte, war nicht einzusehen. Meine Vorwürfe gegen den Artikel bezogen sich ja genau auf Verstöße gegen diesen Ehrenkodex. Aber das Schreiben ging noch weiter. Und da las ich mit staunenden Augen „Abhandlungen über Umweltprobleme, die Sie uns in Ihrem Schreiben zusandten, sind nicht Gegenstand unserer Betrachtung".

In den beiliegenden Statuten stand dazu nichts. Nirgends hieß es da, daß man in Umweltdingen bedenkenlos lügen und herumspinnen dürfe. Wie kam die Geschäftsführerin des Presserates auf eine solche Aussage? Irgendwie hatte man sich dort wohl darauf geeinigt, daß man in Sachen Umweltschutz ... – ja was denn wohl? – ungerügt lügen könne. Wenn ich aber an all das andere denke, was wir tagtäglich von den Medien vorgesetzt bekommen, so weiß ich wirklich nicht, warum und für wen die überhaupt einen Ehrenkodex aufgestellt haben. Wahrscheinlich handelt es sich dabei nur um schlechte Propaganda, von der man den Leuten, genau wie beim Umweltgezeter, nur vortäuschen will, sie sei gültig.

Das meiste, was man aus den Medien hört, fällt unter die Kategorie Verdummung. Da fällt mir sogleich ein gutes Beispiel ein. Am 23. 10. 1991 war um 6.10 Uhr im Zweiten Programm des WDR doch tatsächlich zu hören. Wissenschaftler der Universität San Diego im US-Bundesstaat Kalifornien hätten festgestellt, schon in erdgeschichtlich früheren Zeiten sei es immer wieder zu katastrophalen Auswirkungen eines Treibhauseffektes gekommen. So hätten schon die Dinosaurier am Ende ihrer Periode durch ihre Blähungen eine Klimaerwärmung bewirkt. Was anderes sollen solche Beiträge bewirken, als Wissenschaftler und Wissenschaftliches lächerlich und letztlich unglaubwürdig zu machen.

Fotodemagogie

Bilder lügen nicht, sagt man. Aber gerade deshalb läßt sich mit ihnen besonders hervorragend lügen. Ich nenne das Fotodemagogie. Wer auf ein Foto blickt, denkt unwillkürlich, da sei irgend eine Realität festgehalten und wiedergegeben worden. Aber Fotos lassen sich fälschen. Wir kennen die „historischen" Fotos kommunistischer Geschichtsschreibung, auf denen sich „ungewesene Politiker", die dort in früheren Ausgaben zu sehen waren, in späteren Auflagen in Luft aufgelöst hatten. Doch das sind Holzhammermethoden vorsintflutlicher Machthaber. Im Westen liebt man es schon etwas feiner.

Man braucht Bilder nicht zu retuschieren oder durch andere Eingriffe verfälschen. Oft genügt eine Bildunterschrift oder ein Ausschnitt, um den Betrachter ganz bewußt irrezuführen. Nehmen wir an, jemand will Smog darstellen. Smog selbst ist aber nicht darstellbar. Die Abgase, die ihn ausmachen, sind nicht sichtbar. Erst sehr hohe Schwefelkonzentrationen könnten die Luft schwefelig gelb färben. Was man stattdessen zu sehen bekommt ist Nebel oder Dunst. Was macht der Fotograf, wenn auch der fehlt? Er fotografiert eine ganz normale Industrielandschaft, öffnet die Blende um einige Markierungen weiter, als es bei der gegebenen Belichtungszeit angebracht wäre, und schon hat er ein Bild, daß „Umweltverseuchung" ganz überzeugend zur Geltung bringt. Das gelingt unabhängig davon, ob eine solche vorliegt oder nicht.

Man will „Waldsterben" zeigen. Man schicke den Fotografen dorthin, wo ein Fichtenbestand gefällt wird. Der fotografiert dann vereinzelt übriggebliebene Fichten. Die Bäume sehen erbärmlich, geradezu mitleiderregend aus und „beweisen" augenfällig, daß es um den Wald schlecht bestellt sein muß. Dazu setze man eine Unterschrift wie zum Beispiel der „Kölner Stadt-Anzeiger": „Alle hohen Bäume, die auf diesem Bild zu sehen sind, sind schwer erkrankt. Sie werden die nächsten Monate nicht überleben." Eine klare Lüge. Die Bäume leben selbstverständlich, wenn sie nicht als nächstes gefällt werden – jedenfalls bis zum nächsten Sturm.

Um langes Stangenholz zu bekommen, setzt man die Bäume künstlich dicht. Sie sollen nach Licht ringen müssen und dabei besonders hochwachsen. Werden sie plötzlich vereinzelt, sehen sie entsprechend erbärmlich aus. Die dichte Pflanzart verlangt auch, daß man den Baumbestand von Zeit zu Zeit lichten muß. Das gehört zur „Waldpflege" solcher Plantagen. Es sollte nicht schwierig sein, bei einer entsprechenden Aktion Stapel ausgeschnittener Jungbäume zu fotografieren. Und was steht unter einem solchen Bild? „Unmengen von Jungholz fallen in den Wäldern an, weil die erkrankten Bäume aus dem Forst geholt werden müssen, bevor sie verfaulen oder von Holzschädlingen befallen werden". Eine solche Unterschrift sorgt beim Leser für die gewünschten Gedankenverbindungen. Vom Verfaulen oder anderen Schäden war auf den Bildern F.H. Heinen's, selbst bei der grobgerasterten Wiedergabe im „Kölner Stadt-Anzeiger", nichts zu sehen.

Man kann im Wald häufig achtlos im Morast herumliegende Bäume sehen und fotografieren. Denn, wie im Kapitel über das Waldsterben gezeigt, gibt es zu viel Holz. Man nehme ein solches Bild und schreibe wie der Kölner Stadt-Anzeiger darunter: „Ein Problem, das lange Zeit tabu war: Auch in Frankreich hat man inzwischen erkannt, daß die Wälder stark gefährdet sind". Der unbedarfte Betrachter mag es glauben, aber das Bild zeigt weder etwas von Frankreich, noch irgendeine Gefährdung, es zeigt nur, daß irgendwo mit gefällten Bäumen leichtfertig umgegangen worden war. Schlamperei erweckt immer Unmutgefühle und diese Gefühle benutzt die Zeitung für ihre Zwecke.

Sie wollen es genauer? Nehmen Sie sich den „Stern" Nr. 45 vom 2. Nov. 1989 mit dem Titel: „Der Todeskampf der Bäume, Sternfotos beweisen: So sterben unsere Wälder". Und was zeigt der „Stern"? Nichts anderes als einen Kahlschlag, auf dem, wie üblich, einige Bäume stehen gelassen wurden. Sie sollen die Schädlinge von den frisch gesetzten Jungpflanzen weglocken. Auf diese und ähnliche Art und Weise schustert man sich die ganze Lügerei zusammen und „beweist" sie mit ausgesuchten Bildern. Das ist reiner Betrug. Doch wenn man die Betrüger darauf anspricht, sind sie sogar noch beleidigt. Sie taten es ja für einen „guten Zweck" und für den sind alle Mittel recht. Wie „gut" aber ist der Zweck? Wehe dem, der eine solche Frage zu stellen wagt: „Jederman weiß doch heutzutage, daß...". Schlecht für den, der es nicht glaubt.

Aber bleiben wir beim „Stern". Nur wenige Wochen zuvor, nämlich in der 34. Woche, um den 25. 8. 1991, ein Heft mit dem Titel „Der geschundene Planet" Die Titelgeschichte stammte von Klaus Thews: sieben doppelseitige Farbfotos, sechs kleinere Fotos, eine Karte, drei Seiten Text. Schauen wir uns ein paar der großen Farbbilder an! Das erste Bild zeigt Kommunionkinder vor einer Industriekulisse: Die fromme Unschuld vor – nun wovor denn? Richtig, Sie haben es erraten. Es hat sicher etwas mit dem „heiliger Gott steh mir bei" zu tun. Aber so genau will man das dem Betrachter nicht sagen. Er soll selbst draufkommen. Das Bild soll auf das Vorbewußtsein wirken, auf den Bereich, aus dem uns die „eigenen" Ideen kommen.

Das zweite Bild: Die Wolkenkratzer Chicagos ragen aus einer Dunstschicht heraus. Im rechten Bildteil ein Flugzeug. Darunter steht „Der Pesthauch der Motorisierung" und die Erklärung: „Chicago. Eine Frühmaschine der United Airlines im Anflug auf den O'Hare-Flughafen. Nur die höchsten Wolkenkratzer ragen aus dem Smog der Ach-Millionen-Metropole – Folge vor allem der ungehemmten Motorisierung. Allein in Groß-Chicago fahren sechsmal mehr Autos als in ganz China". Na, bitte. Alles sehr genau, übergenau. Die Flugzeugmarke ist auf dem Bild nicht zu erkennen, auch nicht der Bestimmungsflughafen, oder daß der Flughafen Chicagos O'Hare heißt. Das alles soll nur sagen. Man nimmt die Sache sehr genau. Doch halt! Gilt das auch für die Aussage mit dem „Pesthauch", dem „Smog der Acht-Millionen Metropole", und daß das alles etwas mit der Motorisierung, – dem Auto doch wohl – zu tun haben soll. Wie genau hat man es damit genommen?

Chicago liegt bekanntlich am Michigansee. Wer sich frühmorgens schon mal an einem See herumgetrieben hat, weiß – falls er sich daran erinnern will – daß dort gelegentlich oder meistens Frühdunst auftritt – Morgennebel. Nun ist, wie man in den USA weiß, ausgerechnet Chicago eine absolut smogfreie Stadt. Sie war es immer schon und zwar aus natürlichen Gründen. Der frische Wind vom riesigen Michigansee sorgt für eine ständige Durchlüftung. Er brachte Chicago den Beinamen „Windy City" ein, die „windige Stadt". Davon lenkt die Übergenauigkeit in Nebensachen ab. Die Temperatur über dieser Stadt schwankt beträchtlich, daher gibt es dort auch immer etwas Morgennebel. Den hatte man fotografiert. Nicht den Smog, denn den gibt es dort nicht. Betrug also, und zwar ein vorsätzlicher. Dazu paßt das Wort „Pesthauch", die Erinnerung an den Todeshauch, der nach der ersten großen Finanzkrise im 14. Jahrhundert ein Drittel der europäischen Bevölkerung hinweggerafft hatte.

Drittes Bild: Es zeigt Bäume auf nacktem Boden, die man von der afrikanischen Savanne her kennt. Im Vordergrund erblickt man eine aus Astwerk errichtete Einfriedung um ein etwa sechs mal sechs Meter großes, unterteiltes Beet. Darinnen steht ein Schwarzer mit einer Gießkanne. Er hat vermutlich Jungpflanzen gegossen. Die Bildunterschrift sagt, daß es sich um eine Gegend in der Sahelzone in Obervolta handele, die vor wenigen Jahren noch allgemein grün gewesen sei. Und dann werden wir belehrt: „Im Rahmen eines Projekts der Deutschen Gesellschaft für Technische Zusammenarbeit werden Jungbäume ausgepflanzt, um die Bodenerrosion zu stoppen". Beweisen läßt sich aus dem Bild keine der Aussagen, und daher auch nicht widerlegen. Aber daß dies die „technische Zusammenarbeit" Deutschlands mit den armen Afrikanern sein soll, grenzt schon fast an Rufmord. Was der Afrikaner sich dort kümmerlich züchtet, läßt sich nicht auszumachen, es könnte ebensogut Petersilie sein.

Ein anderes Bild zeigt einen Hubschrauber, der etwas über irgendeinem Weinberg versprüht. Darunter ist zu lesen: „Chemischer Krieg im Weinberg: An der Mosel: In den Weinbergen versprüht ein Hubschrauber Dithane Ultra, ein Fungizid gegen Pilzbefall an den Reben. Deutsche Landwirte lassen jährlich mehr als 30 000 Tonnen Pflanzenschutzmittel auf ihre Felder niederregnen, weltweit sind es 2,9 Millionen

Tonnen.". Wieder die übertriebene Genauigkeit. Nichts auf dem Bild deutet daraufhin, daß es sich um die Mosel „nahe des Ortes Briedel" handeln könnte. Natürlich ist auch nicht erkennbar, welches Mittel versprüht wird. Die unbelegte Genauigkeit soll nur die tendenziöse Bezeichnung „Chemischer Krieg" für Pflanzenschutzmaßnahmen in Ihrem Vorbewußtsein verankern. Warum haben Leute, denen es angeblich um Natur-„Schutz" geht, etwas gegen Pflanzen-„Schutz"? Nun, das ist ihr Problem. Hinterhältig ist es aber, Pflanzenschutzmaßnahmen mit den Ausrottungsmaßnahmen chemischer Kriegsführung in Verbindung zu bringen.

Und dann kommt natürlich das Bild, um das sich alles dreht: Ein Tuch ist ausgebreitet und darauf strampeln 22 süße Negerbabies. Aber so sollen Sie es nicht sehen. Denn darunter steht: „Menschen – Flut ohne Ende". Gehören Sie zu den Bundesdeutschen, die sich die Freude an Kindern – auch nicht die eingeschränkte Freude an einem Einzelkind – nicht leisten können oder wollen, dann kommt unterschwellig und unbewußt Neid und so etwas wie Verbitterung auf: „Menschen – Flut ohne Ende"! „Warum vermehren die sich auch wie die Karnickel? sollen sie doch auch zusehen, wie sie verhungern...". Psychologen spielen mit derartigen Gefühlen; vielleicht stammt die Bildunterschrift von einem solchen?

Und schließlich noch einmal das Übliche. Gezeigt wird eine Erdgasquelle inmitten einer morastigen, halbaufgetauten Schlammwüste. Darunter ist zu lesen: „Eine Wildnis kommt unter die Räder. Die Lastwagen und schwere Baumaschinen sind fort, doch die Spuren sind geblieben. Die Halbinsel Jamal ist geologisch gesehen ein gigantischer gestrandeter Eisblock, der nur mit einer hauchdünnen Erdschicht bedeckt ist. Wird sie aufgerissen, heilen die Wunden erst in hundert Jahren". Warum der Blödsinn? Jamal ist festes Land. Was soll das mit dem „gestrandeten" Eisblock? Wer bohrt schon in einem Eisblock nach Erdgas? Die „hauchdünne Erdschicht" soll Angst machen. Normalerweise bricht man auf hauchdünnen Eisschichten ein. Hier hat man das vertauscht. Durch das Vertauschen wird die manipulative Absicht weniger offenkundig, und das macht sie wirksamer. Für wie doof halten uns eigentlich Journalisten und Psychologen, die sich so etwas ausdenken?

Was Wunder, daß der Text bei diesem „Bildbericht" nicht besser ist. Hier nur einige wenige Beispiele „Im Himalaya stoßen Wanderer zunehmend häufig auf Müll". Wer „wandert" schon mal soeben im Himalaya, und von wo aus beginnt seine Wanderung? Das Gebirge erstreckt sich über 2500 Kilometer und ist selbst für Alpinisten nur schwer zu erreichen. „In der Antarktis fanden Forscher Spuren von gleich mehreren Schadstoffen." „Spuren" in einem Kontinent, der größer ist als ganz Europa? „In Oberschlesien, so Lutz Ribbe (BUND), stirbt nicht mehr nur die Natur, dort stirbt auch der Mensch". Soweit ich weiß, sind Menschen überall sterblich. Wenn die Aussage mehr meint, dann wundert es einen, daß dort immer noch Wahlen abgehalten werden. Wer geht dort eigentlich zur Wahl, Gespenster? Es ist doch interessant, daß es die Menschen in solch „böse" Industriegebiete zieht, solange dort „Dreckschleudern" tätig sind. Erst wenn sie stillgelegt werden, beginnen die Menschen diese Gebiete zu meiden und von dort zu fliehen. Schließlich belehrt uns „Der Stern": „Zu der Industrie kommt die Landwirtschaft, die den Globus in einen Giftnebel einhüllt". Im Vergleich dazu war der Betrug mit den Hitlertagebüchern nur ein übler Jux.

Zielstrebig läuft das alles auf die Forderung hinaus: „MdB-SPD Harald Schäfer sagt: Wir müssen unsere Art zu leben ändern". Wie? Das ist doch wohl klar: „Wir alle müssen Opfer bringen ...!" Folgerungen wie mehr Abgaben, höhere Steuern, das „Gürtel-enger-schnallen" ergeben sich daraus von selbst. Soweit zu dem Blatt, das sich an Leute wendet, die es mit der linken, „kritischen" Intelligenz halten.

Gerede mit Hintersinn

Ist die andere Seite besser? Werfen wir nur einen kurzen Blick in die inzwischen eingegangene „Quick" Nr 23/1991. Kay

Bieler klärt uns darüber auf: „Warum unser Wetter verrückt spielt" Und er weiß sogleich die Antwort: „Brennende Öl-quellen – Kältschock im Monat Mai". „Schneetreiben zu Pfingsten, Frostnächte wie im November. Die Wetterfrösche: Zu kalt für die Jahreszeit! Blüht uns ein verregneter Sommer?" „Daß unser Wetter vollkommen aus den Fugen geraten ist, spüren wir alle." Wem hätte es das Wetter schon einmal recht gemacht? Ich gehe zum Wetteramt und schaue mir die Monatsrecherche an. Sie zeigt einen völlig durchschnittlichen, normalen Verlauf. Den „spüren wir alle" offensichtlich nicht.

„Doch Meteorologen und Klimaforscher sind sich bewußt, daß sie über die Abläufe in unserer Atmosphäre noch viel zu wenig wissen". Wer glaubt, mit diesem Eingeständnis sei Entwarnung gegeben worden, irrt sich. Scheinbar zum Beleg der Aussage folgt ein Zitat von Prof. Heinz Kaminski aus Bochum: „Unser Planet befand sich ursprünglich in einem labilen Gleichgewicht. Dieses Gleichgewicht hat der Mensch jetzt empfindlich gestört". Ist das kein Widerspruch? Nach allgemeiner Logik schon. Aber in der Presse gilt eine andere Logik, eine Psychologik. Die Meteorologen und Klimatologen sind es nämlich, die sagen, dieser Monat Mai 1991 war ein durch und durch üblicher Monat Mai. Denen sollte man nicht trauen, denn dies sind Leute, „die viel zuwenig wissen". Dem anerkannten Katastrophengezeter soll man glauben. Es bringt die Sache auf den Punkt: Alles ist durcheinandergeraten und wir alle sind schuld daran.

Daß diese Logik auch ankommt, müssen gleich die nächsten Sätze absichern helfen. „Die Meteorologen glauben, daß es noch 50 Jahre dauern kann, bis sie aus den Meßdaten erkennen können, ob wir Menschen das Klima tatsächlich kaputt machen". Dem folgt psychologischerweise: „Solange kann die Menschheit nicht warten, denn dann wäre es für Gegenmaßnahmen viel zu spät". Auch diese etwas eigenartige Logik muß eine anerkannte Katastrophen-Autorität stützen, diesmal ist es der ZDF-Meteorologe Dr. Wolfgang Terpitz, der zitiert wird: „Jeder Tag, an dem wir nicht handeln, ist ein verlorener Tag. Was wir heute in die Atmosphäre blasen, wird auf jeden Fall die künftigen Generationen erheblich belasten". Das klingt vielleicht plausibel, stimmt aber nicht. Was wir an CO_2 zum Beispiel in die Atmosphäre blasen, verschwindet nachher im Meer oder verwittert im Gestein (Karbonatisierung), wenn es nicht Pflanzen begierig eingeatmet haben.

Die banalen Allgemeinplätze der Illustrierten „Quick" sind genauso glaubwürdig wie Gerd Schulz, der dort mit einem Spruch aus dem Bauernkalender zitiert wird: „Treibt die Eiche vor der Esche, macht der Sommer eine Wäsche". Inzwischen wissen wir, wie der Sommer 1991 ausgesehen hat. Er war nicht ganz so heiß, wie der 1992, aber von der „Wäsche" konnten die meisten Bauern leider nur träumen. Trotz alledem steht natürlich Kay Bielers markiges Schlußwort: „Denn nicht die Natur spielt verrückt, sondern der Mensch". Wissen Sie, woher Menschen ihre Aussagen über „den Menschen" oder „die Menschen im allgemeinen" nehmen? Sie schöpfen sie in der Regel aus dem verborgenen Inneren ihrer eigenen Selbsterfahrung. Wer über „die anderen" redet, spricht in der Regel von sich selbst. So wird das auch mit Herrn Bieler gewesen sein.[4]

Nehmen wir ein anderes Beispiel, weil es eine sehr verbreitete Art zu argumentieren darstellt. Am 14. 05. 1987 erschienen im „Kölner Stadt-Anzeiger" folgende Zeilen eines Willi Mertens über Dieselabgase:

> „Ein hochkonzentrierter Extrakt dieses Rauches, so hat man Sie aufgeklärt, ließ Ratten und Mäuse im Labor nach nur zweijährigem Genuß erbärmlich an Krebs erkranken. Fazit: Mit Ihrem Rohöl nageln Sie höchstwahrscheinlich am Sarg der Menschheit mit. Fazit des Fazits: Am Dieselruß muß schleunigst gesetzgeberisch, steuerlich, technisch etwas Durchgreifendes geschehen".

Überzeugend? Kennen Sie den Unterschied zwischen einem Likörchen und hochkonzentriertem Alkohol z.B. 80 prozentigem Stroh-Rum? Das eine ist wirklich ein „Genuß", das andere eine Strafe. Der Unterschied liegt in der Konzentration zwischen dem, was auf der Straße geschieht, und dem, was man Ratten und Mäusen vorsetzt. Er liegt wesentlich weiter auseinander, als der zwischen einer Weinschorle und dem Stroh-Rum. Und wissen Sie wie alt Ratten und Mäuse eigentlich werden? Sie leben nicht lange. Zwei Jahre ist eine gute Lebenserwartung. Trotzdem gebe ich zu, daß es sich dabei sicherlich nicht um einen Genuß handelt, und nehme an, daß es auch für Ratten und Mäuse kein „Genuß" war.

Natürlich hat man Dieselruß genau untersucht und darin drei Nitropyrene entdeckt, die tatsächlich, wenn man sie in großen Mengen verabreicht bekommt, „krebserregend" sein könnten. Aber – und jetzt komme ich auf den „Genuß" zurück – genau die gleichen Stoffe finden sie in jedem Grillhähnchen. Doch, es gibt einen Unterschied! Die Konzentration dieser Stoffe in dem Grillhähnchen ist erheblich höher, als das, was Sie als Verkehrsschutzmann mitten auf dem Stachus in München abbekämen, wenn Sie dort 24 Stunden die Ampel ersetzen müßten. Das also sind die „Nägel am Sarg der Menschheit", wenn man ihnen nur ein wenig an der Spitze fühlt. „Man hat Sie aufgeklärt". Nein, Herr Mertens, das gerade haben Sie versäumt, Sie haben uns belogen. Warum? Sie sagen es selbst: „steuerlich" muß etwas getan werden. Ausnehmen wollen Sie uns, in wessen Auftrag auch immer.

„Deshalb muß man ja auch nicht gleich Dieselabgase einamten wollen", könnten Sie mit Recht einwerfen. Die Sache hat aber einen Haken. Seit 1984 toben derartige Kampagnen, eine davon zum Beispiel gegen Formaldehyd. Vielleicht haben auch Sie sich anstecken lassen und alte Spanplatten ersetzt. Mit locker sitzenden Steuergeldern wurden Schulen, Kindergärten – wer weiß, was noch alles – renoviert und umgebaut. Die Kosten gehen in die Hunderte von Millionen DM. Die Chemikalie der BASF war ins Gerede gekommen, als Rattenversuche in den USA „unwiderleglich" bewiesen haben sollen, daß sie krebserregend sei. Vergeblich wies Professor Schmähl vom Deutschen Krebsforschungszentrum Heidelberg daraufhin, daß diese Rattenversuche unter völlig hirnrissigen Bedingungen stattgefunden hatten.

Die Ratten wurden über einen Zeitraum von zwei Jahren mit extrem hohen Dosen Formaldehyd (HCHO) begast. Die

Konzentration war so hoch, daß schon nach kurzer Zeit die Nasenschleimhaut der Tiere zerstört war. Erst dannach traten an den schwergeschädigten Nasenschleimhäuten Tumore auf. Andererseits arbeiteten Anatome und Pathologen in der Medizin seit Jahrzehnten mit 40 prozentigen HCHO-Lösungen ohne eine besondere Anfälligkeit für Krebserkrankungen zu zeigen. Schließlich kommt Formaldehyd überall in der Natur vor. Es wird, seit es die Erde gibt, auf photochemischem Wege in der Luft gebildet. Aus industrieller Nutzung stammt nur knapp ein Prozent dessen, was in die Luft gelangte.

Das alles half nichts. Die Medien setzten den Bann gegen Formaldehyd durch, und der Bürger bezahlte die Millionen. Ich weiß nicht, welcher Chemiekonzern das Patent für die Ersatzstoffe besitzt. Ich weiß aber, daß die Medien nach gleichem Strickmuster Industriepolitik betreiben. Unsere Regierung erweist sich dabei so erpreßbar wie ein Rauschgiftabhängiger.

Steter Tropfen höhlt den Stein, sagt ein Sprichwort. Und danach verfahren die Medien in Sachen Umwelt. Auf die Inhalte kommt es in der Regel nicht an. Man braucht nur einen Aufhänger, an dem sich Umweltermahnungen und Katastrophengezeter festmachen lassen. Meist genügt es schon, die Überschrift zu lesen, um zu wissen, was da angerührt wird. Im folgenden liste ich einige solcher Überschriften auf, die im Jahr 1989 im „Kölner Stadt-Anzeiger" erschienen sind:

05. 04. Im Krematorium kann sich Dioxin bilden
12. 04. Bei langem Fernsehen werden Giftgase frei
04. 05. Massensport zerstört die Berge
17. 05. Tierschützer setzen 7 Ottern in Alaska aus
01. 07. Waldläufer sind eine Gefahr für Pflanzen und Tiere
11. 08. Geruchshemmer im Sarg schädigen Umwelt
21. 08. Raketen sollen Ozonlöcher schließen
01. 09. Greenpeace warnt vor Gift in Windeln
04. 09. Touristen müssen bei Rettung der Alpen helfen
23. 09. Gift im Papier
05. 10. Töpfer fordert Sonderbriefmarken für Umweltschutz

24. 10. BUND fordert Verzicht auf Milchkartons, weil dioxin-
belastet

30. 10. Blutspuren von einem Frosch – für den Frosch
konnte nichts mehr getan werden

19. 12. Naturschützer fürchten wegen Entenjagd Bleikugeln
in den Seen.

21. 12. Bundesumweltamt fordert: Äpfel und Nüsse statt La-
metta an den Christbaum

Wer meint, das sollte nur zur Erheiterung der Leser dienen, irrt sich. Jedes Thema wurde todernst abgehandelt. Die
Aussagen stammen von Fachleuten und Experten, die solange ernst genommen werden wollen, bis sie selbst vom Krematorium aus die Umwelt mit Dioxin belasten.

Mit einem einfachen Mittel läßt sich festzustellen, wie wichtig die sachlichen Aussagen in diesen Artikeln genommen
werden. Da die Experten in der Regel immer wieder voneinander abschreiben, begegnet man auch immer wieder den
gleichen Meldungen. Man muß sich also nur die Mühe machen und die Zahlen, mit denen sie belegt werden, miteinander vergleichen. Obwohl die Verfasser die Meldungen von
einander abschreiben, gleichen sich die Zahlen in den sel-
tensten Fällen. Ist das nicht seltsam? Die „Fakten" werden der
Bewußtseinslage, die man bei der jeweiligen Leserschaft erwarten kann, angepaßt. Einfältige Leser müssen mit stärke-
ren Dosen behandelt werden; da steigen die Werte und Zahlen. Aufgewecktere Leser wollen „differenzierter" betrogen
werden; Dementsprechend werden die Zahlen abgewogener
und mit mehr Kommastellen ausgerüstet.

Als man das Benzin drastisch verteuern wollte, benötigte
man eine besondere Kampagne. Die 1973 in Saltsjöbaden
von der Bilderberggruppe sechs Monate vor dem Yom Kippur
beschlossene Preisanstieg für Rohölverteuerung um 400 Prozent hatte nicht ausgereicht, und das gleiche Spiel ließ sich
nicht so einfach wiederholen.[5]

Also ließ man sich etwas anderes einfallen: die Einführung
des bleifreien Benzins. Damals geisterten folgende Angaben
über das im jährlich verbrauchten Benzin enthaltene Blei
herum: Das Jahrbuch Stiftung Warentest 1986/87 sprach von

4000 Tonnen Blei, der WDR II am 3. 6. 87 in der Sendung Quintessenz von 3100 Tonnen und Bundesumweltminister Töpfer am 1. 9. 87 von 2000 Tonnen.

Von solchen Zahlenschiebereien sind auch die großen spektakulären Umweltweltkongresse nicht frei. Dazu ein Beispiel: Die heranrückende Klimakatastrophe soll bekanntlich die Polkappen abschmelzen lassen, was zum Ansteigen des Meeresspiegel führen würde. Die Höhenangaben schwanken beträchtlich:

Der Klimakongreß in Toronto spricht im Juli 1988 von 1,5 Meter, der Klimakongreß in Hobart, Australien im Juli 1988 nur von wenigen Millimeter pro Jahrzehnt, der Klimakongreß in Göttingen im August 1988 von 1,65 Meter generell, der von Hamburg im Sept 1988 von 7,00 Meter generell und der Klimakongreß London im Februar 1989 sogar von 8,00 Meter generell, usw.

Entsprechend ändern sich natürlich auch die Zahlen, die man in der Zeitung wiederfindet. Hier nur einige Angaben, die man in einer einzigen Zeitung, im „Kölner Stand-Anzeiger" finden konnte:

11. 03. 1989   1,40 Meter
30. 10. 1989   0,35 – 0,85 Meter
11. 12. 1989   0,30 statt 1 Meter wie bisher
07. 08. 1990   0,015 bis 0,023 Meter
09. 03. 1991   0,60 Meter bis zum Jahr 2100
30. 05. 1991   0,16 Meter bis zum Jahr 2085

Was gilt nun? Vielleicht sollte man sich erst einmal überlegen, wie es sich mit dem Eis verhält. 90 Prozent der Eismassen lagern auf der Antarktis. Dort herrscht eine durchschnittliche Jahrestemperatur von minus 49,3 Grad Celsius. 5 Prozent des Eises liegt auf Grönland. Die restlichen 5 Prozent verteilen sich auf andere Festlandgletscher oder schwimmen als Treibeis im Meer. Auch wenn das Klima sich um mehrere Grad Celsius erwärmen sollte, schmilzt an den Polen kein Eis. Sollte auf der Antarktis zum Beispiel die Temperatur um ganze 15 Grad Celsius steigen, würde man tief im Eis nach 140 Jahren in 300 Meter Tiefe noch immer keine Temperaturveränderung wahrnehmen. Das sagt uns Hermann Linde, der sich zeitlebens mit Kälteerzeugung befaßte und aus diesem Grund das „natürlichen" Verhalten von Eis studierte. [6]

Aber man findet auch folgendes in der Zeitung, dieses Mal in der „Kölnische Rundschau" vom 15. 11. 91: „Südpol: Schneeberg wächst. In der Antarktis fällt gegenwärtig mehr Schnee als jemals zuvor in der fast 200 jährigen Beobachtungsgeschichte. Die Schneefälle haben seit 1960 kontinuierlich zugenommen. Sie brachten so viel Schnee auf den kalten Kontinent, daß der Meeresspiegel um einen Millimeter gesunken ist".

Bald werden die Umweltbesoffenen Schwierigkeiten haben, sich zu entscheiden: Soll der Kölner Dom im Wasser stehen oder wird man bald trockenen Fußes nach England hinüberwandern können? Eines ist bei ihnen aber so sicher, wie das Amen in der Kirche: Um eine vom Menschen verursachte Katastrophe wird es sich jedenfalls handeln.

Der Medienrummel erfolgt weder planlos noch zufällig. Er zielt ähnlich wie das Entnazifizierungsprogramm der Alliierten nach 1945 auf die Umerziehung der Bevölkerung. Das Bundesministerium für Forschung und Technologie interessierte sich 1986 dafür, wie Technik in den Zeitschriften und Zeitungen dargestellt wird. Und das fanden die damit beauftragten Wissenschaftler heraus:

> „In der ersten Phase von 1965 bis 1975 berichteten alle untersuchten Blätter überwiegend positiv über Technik. Lediglich „Die Zeit" nahm eine ambivalente Position ein. In der zweiten Phase von 1975 bis 1986 kippte die Tendenz in allen Blättern mit Ausnahme „Der Welt" in den negativen Bereich. Die Technikkritik war in der zweiten Phase bei „Zeit" und „Spiegel" besonders heftig. Eine Umbewertung der Technik fand vor allem hinsichtlich der Chemie, der Energietechnik und bei den Informations- und Kommunikationstechniken statt." Im Bericht heißt es weiter: „Die Berichterstattung lieferte in **keinem Fall** ein angemessenes Bild der tatsächlichen Entwicklung. In drei Fällen – Luftverschmutzung, Wasserverunreinigung, Waldsterben – verlief die Entwicklung **genau umgekehrt** als die untersuchten Blätter sie darstellen." Und das Ergebnis: „Die Orientierung über Technikfolgen anhand der Presseberricht-

erstattung gleicht einem Blindflug anhand eines künstlichen und willkürlichen Horizonts."[7]

Geändert hat diese Studie nichts. Sie zeigt nur, worum es
dem Medienrummel insgesamt geht.

Dabei läßt sich mit Zeitungsartikeln noch rechten. Sie liegen schwarz auf weiß vor. man könnte, wenn man sich die
Mühe Macht, ihre Aussagen einzeln überprüfen. Viel schwieriger ist es im Falle von Fernsehen und Rundfunk. Sie kippen
ihren Horror-Journalismus in feinen, von Psychologen an-
gerührten Dosierungen über uns aus. Das Wort ist rasch ver-
flogen, das dazugestellte Bild läßt sich nur schwer festhalten.
Was von diesen Sendungen zurückbleibt, ist nicht die einzelne Aussage, das sogenannte „Faktum". Rundfunk- und
Fernsehsendungen rufen ein Gefühl hervor und hinterlassen
vor allem eine Stimmung. Sie schleichen sich ins Unterbe-
wußtsein des Menschen ein und wehren sich von dort hart-
näckig gegen jedes vernünftige Argument. Die Propaganda-
und Medienforschung hat das seit Jahren untersucht und
setzt ihre Erkenntnisse schamlos ein.

Da ich selbst wenig fernsehe, will ich mich auf ein kurzes
Beispiel aus dem Hörfunk beschränken: Die Sendung „Stichwort Wirtschaft" wurde am 15. 11. 1991 im 4. Programm des
Westdeutschen Rundfunk zwischen 14.05 und 14.07 Uhr ausgestrahlt. Sie war kurz genug, so daß wir den gesendeten Text
hier ganz wiedergeben können:

Der Wald im Dauerstreß.
„Von Besserung kann keine Rede sein, der Wald siecht
nach wie vor dahin, die jährlichen Berichte der Bundesregierung lassen keinen Zweifel. Obwohl es an Taten nicht gemangelt hat, zeigen sich die Bäume unbe-
eindruckt. Die Entschwefelung der Großkraftwerke,
die Entstickung der Abgase, die Kalkhubschrauber
über ihren Wipfeln, all das hat bisher keine Wirkung
gezeigt. Die Gesamtbelastung unserer Luft hat sich
nicht verringert, die Erfolge der ersten Abgasreini-
gungswelle sind längst aufgezehrt.
Die wachsenden Zuwachszahlen für neue PKWs, die
steigenden Kilometer, die gefahren werden zwischen
Ost und West, Nord und Süd, die Welle der Lastkraft-

wagen, die vom Gummibärchen bis zur Dachpfanne
das ost-westliche Wohlstandgefälle ausgleicht, all dies
hat zu einer immer dichteren Abgaswolke über der
Bundesrepublik geführt und die regnet sich dann in
Form von Saurem Regen über den Wäldern nieder.
Nach wie vor entweichen aus den Tankanlagen und
Farbeimern Lösungsmittel von mehreren hunderttausend Tonnen pro Jahr und in der Luft verbindet sich all
dies zum Fotosmog und führt im Sommer zu wachsenden Ozonkonzentrationen in den Ballungsgebieten
und anschließend im Wald.

Kommt hinzu, was an Nährstoffen aus der Massenvieh-
haltung und von den Äckern in die Luft geht und dann
im Waldboden landet. Dies und die steigende Menge
Kohlendioxyd in unserer Atmosphäre lassen die
Bäume schneller wachsen als sie von Natur her sollten.
Der warme Sommer, der trockene Frühling und der
Frosteinbruch zur Blühtezeit haben zu weiterem Streß
geführt und der belastet die Wälder, zusätzlich zu dem,
was aus der Atmosphäre kommt. Da wird die stärkste Eiche schwach, die Fichte läßt die Nadeln fallen, der Bu-
chennachwuchs gibt frühzeitig auf. Pilze und Bakterien
finden im Wald leichte Beute und was sich nicht mehr
halten kann, das wird vom nächsten Sturm hinwegge-
fegt und ist eine willkommene Mahlzeit für Borkenkäfer.

Der Wald zeigt uns erneut, daß unsere Art zu wirtschaften und mit dem Abfall umzugehen, nicht länger
hingenommen werden kann. Dort, wo sich Berge auf-
türmen, beim Festmüll, haben die Politiker bereits reagiert. Ab 1. Dezember tritt eine neue Abfallverordnung
in Kraft. Beim Wasser gibt es sie schon längst. Was fehlt,
ist nach wie vor ein wirksames Konzept gegen den
Dreck in der Luft. Von der Wasserrechnung her wissen
wir schon, daß seine Reinigung uns mit einigen hundert Mark teurer zu stehen kommt, beim Festmüll
werden wir es vom nächsten Jahr ab auch erfahren. Die
Luftreinigung aber tut nochmal weh im Portemonnaie.
Das war: Stichwort Wirtschaft. Heute von Wilfried Bommert."

Das meiste, was sich sachlich zu dem liederlich gemachten
Rundumschlag sagen ließe, kennen Sie aus dem bisherigen.
Auf einiges, was den Charakter solcher Machwerke zeigt, wol-
len wir noch hinweisen. Nicht „die jährlichen Berichte der

Bundesregierung", einzig und allein Dr. Bommert ist es, der „keinen Zweifel zuläßt". Haben Sie schon einmal „Bäume beeindruckt" gesehen, oder eine „Eiche schwach werden"? So etwas kann ihnen sicherlich nur ein Dr. Bommert zeigen. „All das hat keine Wirkung gezeigt" – so? Der Doktor sagt doch selbst, es „lasse die Bäume schneller wachsen, als sie von Natur her sollten". Wenn das keine Wirkung ist! Wer übrigens bestimmt, wie schnell Bäume „von Natur her wachsen sollen"? Dr. Bommert hat da sicherlich einen besonderen Draht zum lieben Gott.

Und weiter! Welche Firma könnte es sich schon rein aus finanziellen Gründen leisten „mehrere hunderttausend Tonnen" entweichen zu lassen? „Die Gesamtbelastung unserer Luft hat sich nicht verringert", das soll er mit Herrn Matthiesen ausmachen, der das Gegenteil behauptet. Von der „immer dichteren Abgaswolke" sollten Sie auch sonst, nicht nur an der roten Ampel, etwas merken. Wie allerdings Autoabgase Sauren Regen (SO_2) bewirken sollen, wäre schon interessant zu wissen. Denn dabei würde der Schwefel sozusagen aus dem Nichts gezaubert werden. Der Treibstoff ist nämlich bereits entschwefelt worden. Schließlich ist da noch die Allerweltsentschuldigung: „Streß". Wie können Pflanzen, denen die Nerven fehlen, in Streß geraten? Laufen da nicht die grünen Vorurteile des Herrn Dr. ein wenig Amok? Von seinen Aussagen macht nur eine Sinn: Diejenige über die Kosten einer neuen Luftverordnung, die auf Sie zukommen werden.

Nur witzig sollten wir das Ganze aber nicht nehmen. Am 25. 4. 1988 las man im „Kölner Stadt-Anzeiger" vom Eigenlob des nordrhein-westfälischen Umweltministers Matthiesen (SPD). Er habe „dank der Schlagkraft unserer Behörde" Erfolge erzielt. Das klingt nicht nur martialisch, es ist auch so gemeint. Am 13. 08. 1989 las man in der gleichen Zeitung. Der Minister fordere eine GSG-9 für Umweltschutz. Sie erinnern sich richtig. Kampfentschlossen konnte diese Spezialtruppe in Mogadishu Geiseln befreien. Was hat Herr Matthiesen damit wohl vor, will er sie gegen „Umweltsünder" einsetzen? Auch der SPD Kanzlerkandidat Lafontaine forderte das kurz nach der Wiedervereinigung vor einer Versammlung von DDR-Offizieren. Vielleicht wollte er ihnen mit dem Hinweis auf den neuen Verwendungszweck die Wiedervereinigung schmackhafter machen.

Die Sozialdemokraten stehen mit solchen Forderungen nicht alleine. Auch das erzliberale Blatt „Die Zeit" schlug am 15. Juni 1990 vor: „Der Schutz der Umwelt wäre eine sinnvolle Aufgabe für Soldaten". Aber mit Soldaten alleine ist es nicht getan. Ohne den Blockwart, der sich um ihr Wohlverhalten kümmert, sind die Eingreiftruppen blind. Vielleicht versucht man es mit einem verdeckten Spitzelsystem, wie es sich bei der Stasi im Osten bewährt hatte. Geschrieben hat den Artikel ein Peter Menke-Glückert. Er war früher Leiter der Abteilung für Umweltfragen im Bundesinnenministerium. 1982 hat er sich als „Berater für Umweltprobleme" selbstständig machen können.

Sie sehen, man sorgt auch für den Fall vor, daß es den Medien nicht gelingen sollte, bei Ihnen in dem Maße Schuldgefühle zu wecken, daß sie freiwillig den „Gürtel enger schnallen" und sich nicht weiter spröde stellen, wenn der Ruf erklingt: „Wir alle müssen gemeinsam Opfer erbringen".

ANMERKUNGEN

1) Vgl. mehrere Artikel unter dem Thema: *20 Jahre DDT-Lüge*, in: *FUSION*, Wissenschaft & Technik für das 21. Jahrhundert, 13. Jg., Heft 3, Seite 42 ff.

2) Kings Interview ist abgedruckt in: Janny Groen, Eefke Smit, Juurd Eijsvoogel: *The Discipline of Curiosity, Science in the World*, Elsevier Science Amsterdam 1990, Seite 42 – 43

3) A. Wünschmann: *Medienwelt und Wirklichkeit*, Eigenverlag, Kirchheimbolanden, 5. Auflage 1992, Seite 6.

4) Zur gesamten Klimaproblematik vergl. Gerd Weber: *Treibhauseffekt, Klimakatastrophe oder Medienpsychose*, Dr.Böttiger Verlags-GmbH Wiesbaden 1992.

5) F. William Engdahl: *Mit der Ölwaffe zur Weltmacht, der Weg zur Neuen Weltordnung*, Dr. Böttiger Verlags-GmbH Wiesbaden 1992.

6) Herman Linde: *Ein Beitrag zur Frage: Schmilzt das Eis der Antarktis bei der zu erwartenden Klimaänderung?*, in: Ki, Klima – Kälte – Heizung, Heft 2, 1990, Seite 63 – 67

7) Matthias Kepplinger, Rainer Mathes: *Künstliche Horizonte – die Darstellung von Technik in Zeitschriften und Zeitungen der Bundesrepublik Deutschland*, in: Kolloquium des BmFT, Bonn 1987.

KAPITEL 6

Giftig, hochgiftig, vergiftet!

Wir sind überall von Gift umlagert: Gift in der Luft, im Wasser, im Boden, im Essen. Wohin man sich auch wendet, überall bedroht uns Gift. So jedenfalls reden es uns die Medien und die Grünen ein. Hier ein paar groß aufgemachte Presseschlagzeilen aus dem Jahr 1988, dem Jahr des Giftes:

24.03. Krebsgefahr durch Olivenöl
30.03. Perchloräthylen in Schokolade
02.04. Trichloräthylen im Olivenöl
07.04. Gift im Käse
13.04. Perchloräthylen in Fischkonserven
14.04. Chloroform im Speiseöl
17.04. Isophoron-Giftwelle im Rhein
und so weiter und so fort.

Hatten es unsere Vorfahren noch gut. Sie wußten nichts vom Gift. Sie lebten fröhlich und vergnügt vor sich hin und genossen, was ihnen die Natur bot. Inzwischen hat sich das geändert. Uns erzählen Wissenschaftler, was wir alles einatmen, in uns hineinessen und trinken, was wir alles anfassen, wenn wir etwas anfassen. Da muß einem der Appetit vergehen und die Lust am Essen, Trinken, Atmen und Anfassen. Mir fällt dazu eine Geschichte von zwei Jungen ein. Der eine fand einen schönen Apfel im Gras, hob ihn auf, wollte hineinbeißen. Der andere hätte es auch gerne getan, hatte aber selbst keinen gefunden. „Halt!" warnte der zweite, „Bist Du Dir auch sicher, daß da kein Hund hingepinkelt hat?". Das Gesicht, das vor Vorfreude auf den Genuß strahlte, verzerrte sich. Der Apfel flog wieder ins Gras. Dort hat ihn später vielleicht der andere gefunden. Auch wenn er es nicht tat, der Neid hatte den Spaß verdorben. Neid macht bösartig, und so wurden aus den „Linken" die „Grünen".

Schwermetallvergiftung

Schwermetalle können schon giftig sein. Sie können sich nämlich solange in Körperzellen ablagern und ansammeln, bis sie die Konzentration erreichen, die eine Vergiftungskrankheit auslöst. Dazu ist allerdings meistens eine Lebenserwartung erforderlich, die Menschen schwerlich erreichen. In vielen Fällen reagiert der Körper auch erst auf die Ablagerungen, wenn sie eine gewisse Konzentration erreicht haben, und baut sie dann erst ab.

Die Alarmierbarkeit der Menschen hatte zugenommen, als vor einigen Jahren in Japan die tödliche Aua-Aua-Krankheit unter Fischern ausbrach. Sie hatten quecksilberverseuchte Fische gegessen. Die Umweltschützer erkannten in dem Vorfall rasch Munition, um gegen Menschen und ihre industrielle Warenproduktion zu schießen. Sie steigerten die Vorsicht, die man im Umgang mit diesen Metallen walten lassen sollte, zu der bei ihren Jüngern üblichen Hysterie.

Schauen wir uns die Sache mit dem Quecksilber näher an. Man weiß seit Jahrhunderten, daß Quecksilber giftig ist und nicht eingenommen werden sollte. Denn seit Jahrhunderten wird Quecksilber zu allerlei Zwecken genutzt. Man fand es im Boden, schürfte und verarbeitete es.

Im Boden trifft man alle bekannten Erze als sogenannte „Erden" an. Ja, Sie haben richtig gehört! Erde besteht neben Silizium- vor allem aus Eisen- oder Alluminiumoxyd. Dazu kommen dann die sogenannten selteneren Erden. Das sind die Oxyde seltenerer Metalle. Man hat ausgerechnet, es genüge, einen beliebigen Kubikkilometer Erde in seine chemischen Bestandteile zu zerlegen, und man hätte alle Rohstoffe, die man über Jahre weltweit benötigt, beisammen. Das

Problem ist nur die Vermischung der Elemente und die Energie, die es kostet, sie zu entmischen und ihre chemischen Verbindungen aufzusprengen.

Quecksilbererden heißen in der abbauwürdigen Konzentration „Zinnobererz". Das im Christian Weise Verlag, München, herausgegebene Buch „Mineralfundstellen – Rheinland Pfalz und Saarland" nennt 35 Fundstellen. Sie sind seit dem 15. Jahrhundert bekannt und wurden früher gewerbsmäßig abgebaut. Die rührigsten Schürfjahre lagen zwischen 1403 und 1632 und dann wieder zwischen 1727 bis 1850. In Spitzenzeiten wurden jährlich um die 30 Tonnen abgebaut. Später wurde der Abbau unrentabel und schließlich ganz eingestellt. Das bedeutet allerdings nicht, daß es dort kein Quecksilber mehr gäbe. Mit heutigen, verfeinerten Methoden, ließe sich wie bei den Goldgruben Südafrikas selbst aus dem Abraum noch reichlich Gold gewinnen. Dem hält nur der Vergleich von Kosten und Ertrag nicht stand.

Der Boden in diesen Gegenden ist also überreich an Quecksilber. Er war dies bevor Menschen dort siedelten. Dieses Quecksilber hätte sich in den Pflanzen und Tieren, die dort über Jahrmillionen lebten, ansammeln müssen. Auch die Menschen, die dort seit Jahrtausenden ihre Nahrungsmittel anbauen, sollten etwas von dem Quecksilber des Bodens mitbekommen haben. Denn die relativ hohen Quecksilberspuren im Boden hätten in die sogenannte Nahrungsmittelkette gelangen müssen.

Nun wußte man schon früher um die Giftigkeit des Quecksilbers. Es gab aber wenig Möglichkeiten, sich vor seinen Spuren im Boden und in der Nahrung zu schützen. Wo aber sind die Auswirkungen? Viele der Bewohner waren noch dazu über Jahre in den Gruben beschäftigt, standen also direkt mit Schwermetallen in Berührung. Gibt es in den Quecksilberfundgebieten, die nämlich auch reich an anderen Schwermetallen sind, besonders viele Mißbildungen, besondere Krankheiten oder nur Abweichungen vom allgemeinen Krankheitsbild der Bevölkerung? Bis jetzt ist darüber nichts bekannt geworden – auch nicht in den Zeiten vor AIDS, als die Gesundheitsämter die Verbreitung von Krankheiten in der Bevölkerung noch wissen wollten. Das Quecksilber wurde und wird benutzt. Am häufigsten wurde es früher bei der sogenannten Feuervergoldung verwendet. Das zeigt sich schon an den Höhepunkten des Quecksilberabbaus. Dies waren Zeiten, in denen man es in Kirchen oder Schlössern goldig liebte.

Bei der damals üblichen Feuervergoldung wird Gold mit Quecksilber vermischt. Die Masse malt man mit einem Pinsel auf die Gegenstände, die man vergolden will. Danach wird mit einer Flamme das Quecksilber ausgedampft, während sich das erst bei viel höheren Temperaturen schmelzende Gold auf der Oberfläche festsetzt. Sie haben richtig gehört: Das Quecksilber wurde ausgedampft und konnte – im besten Fall – durch den Kamin entweichen. Dieses Verfahren war für die Arbeiter sehr ungesund, weil das Metall direkt in ihre Atemwege eindrang. Deshalb ist es heute zu Recht verboten. Wahrscheinlich haben die Feuervergolder selbst Gesundheitsschäden davon getragen. Auswirkungen auf eine breitere Bevölkerung sind nicht bekannt geworden.

Das geschichtliche Beispiel zeigt, mit welcher Gelassenheit Sie die Aufregung über die Schwermetalle, auf die man in Batterien und anderswo stößt, hinnehmen sollten. Quecksilber spielt auch in der heutigen Produktion bei zahlreichen Verfahren noch immer eine wichtige Rolle. Das ist Umweltschützern und ihren Träumen von der „nachindustriellen Gesellschaft" Grund genug, gegen Quecksilber zu Felde zu ziehen.

So wichtig Quecksilber für viele Produktionsverfahren ist, so gering sind die dabei verwendeten Mengen. Sie übertreffen insgesamt kaum die im Mittelalter abgebauten und verwendeten. Daher sollte man Meldungen, wie die von Karsten Plog, vorsichtig aufnehmen. Sie erschien am 22. 10. 1991 unter der Überschrift „Elbe ist wieder stark verschmutzt" in der Presse. Es hieß dort: „Der Quecksilberanteil im Wasser hat sich von sechs Tonnen im Vorjahr auf hochgerechnet 12 Tonnen in diesem Jahr verdoppelt". (In der Sendung Landreport des WDR waren daraus flugs 22 Tonnen geworden). Das ist ein beträchtlicher Teil der gesamten jährlichen Quecksilber-

Auf 32 Farbseiten zum ersten Mal dokumentiert

Der Todes-kampf der Bäume

STERN-Fotos beweisen: So sterben unsere Wälder

Fotodemagogie:
Der Text macht das Bild. Aus dem Kahlschlag wird ein „Todes-kampf".

Fotodemagogie: Die unheilige Industrie.

Chicago: Eine Frühmaschine der United Airlines im Anflug auf den O'Hare-Flugplatz. Nur die höchsten Wolkenkratzer ragen aus dem Smog der Kohlen-Millionen-Metropole – Folge vor allem der ungehemmten Motorisierung: Allein in Groß-Chicago fahren sicherlich mehr Autos als in ganz Ohio.

Fotodemagogie: Wie man Smog mit der Optik macht.

Fotodemagogie: *Präzision muß nicht präzise sein.*

Fotodemagogie: *Eine Chance, die bestimmt keine ist.*

Fotodemagogie: Baustelle als Wildnis.

Unerwünschte viel zu viele: Es kommt auf die Eltern an.

Aus dem Kölner Stadt-Anzeiger

Zwei vorsätzliche Falschaussagen:

Links: Wenn Fichtenwälder ausgeholzt werden, sehen übrigbleibende Bäume immer nur so aus, da damit auch die die Bäume vergewaltigenden Zuchtmaßnahmen zum Mehr-Holz-Ertrag offengelegt werden.

Unten: „Waldsterbeholz" ist in seiner Holzstruktur in keiner Weise beschädigt oder anfälliger als normal geschlagenes. Zudem ist das hier abgebildete Holz kein „Waldsterbe-", sondern ganz normales Auslichtholz – zwei Falschaussagen auf einem Bild.

ALLE HOHEN BÄUME, die auf diesem Bild zu sehen sind, sind schwer erkrankt. Sie werden die nächsten Monate nicht mehr überleben.

UNMENGEN VON JUNGHOLZ fallen in den Wäldern an, weil die erkrankten Bäume aus dem Fors geholt werden müssen, bevor sie verfaulen oder von Holzschädlingen befallen werden.

Bilder: F.A.Heine

verarbeitung. Welcher Betrieb sollte sich diese Verschwen-
dung leisten, zumal in den Betrieben mit Argusaugen darüber gewacht wird, daß nichts davon geklaut wird. Und dann
noch die „Verdopplung"! An einer solchen Steigerung
könnte doch nur die Demontage der Industrieproduktion in
den ehemaligen Ostblockländern an der Elbe Schuld gewesen sein – oder aber die Elbe führte während der Messungen
wegen der Dürreperiode besonders wenig Wasser.

Sie verstehen nun vielleicht auch, was es mit dem Versuch
eines Bodenchemikers auf sich hat, der mit folgender Meldung antiindustriellen Schaum schlug. Er habe pro Kilogramm normaler Ackerkrume 0,02 Mikrogramm Quecksil-
bererde gefunden, verkündete er. Zwei hundertmillionstel
Gramm, ei freilich, das entspricht in etwa der Spur, die
Quecksilber normalerweise im Boden hinterläßt. Was soll
daran alarmierend sein? Einen uninformierten Laien
könnte eine solche Meldung gegen die industrielle Warenproduktion aufwiegeln, und gerade deshalb wird sie weiter-
gereicht.

Dann war da noch am 14. 12. 1988 im „Kölner Stadt-Anzeiger" zu lesen: „Tonnenweise Quecksilber im Boden – Frankfurter Firmengelände ist extrem hoch verseucht". Auf dem
Gelände der Firma Elwenn & Frankenbach fand man sogenannte Altlasten. Eine Bodenfläche von 1 200 Quadratmeter
sollte 74 000 Milligramm Quecksilber enthalten. Warum
sprach man nicht einfach von 74 Gramm? Klingen die tausendstel Gramm etwa dramatischer? Der Artikel weiß ferner:
„Voraussichtlich werden die Abbrucharbeiten unter einem
Zelt ausgeführt, um die Umwelt vor giftigen Quecksilber-
dämpfen zu schützen. Die Arbeiter müssen Spezialschutz-
kleidung tragen." Man läßt sich schon etwas einfallen, um der
Bevölkerung zu imponieren. Die Bergarbeiter in den Queck-
silbergruben haben Jahrhunderte lang ohne Schutzanzüge
weitaus höher „belastete" Quecksilbererden herumge-
schleppt. Und wahrscheinlich schafft es auch die unter dem
Zeltdach sich anstauende Hitze nicht, das Quecksilber ver-
dampfen zu lassen.

Zur Stimmungsmache gehören auch Meldungen, wie jene, die am 3. 5. 1992 in den Nachrichten des WDR um 15 Uhr ausgestrahlt worden waren:

> „Ökologie-Experten schlagen wegen Verschmutzung des Schwarzen Meeres Alarm. Nach offiziellen Berichten aus Moskau ist durch eine Studie belegt, daß der Fischreichtum des Schwarzen Meeres rapide abgesunken ist. Wichtigste Ursache dafür sind Millionen Tonnen von Industrieabfällen, die über die Flüsse Dnjestr, Dnjepr und Donau dem Meer zugeleitet werden. Auch sollen Tausende von Booten jährlich Millionen Tonnen Öl in das Gewässer leiten. Das Ozeanologische Institut in Moskau erklärte, eine Reinigungsaktion des Schwarzen Meeres – wie in den großen Seen Kanadas und der USA – könnte das Problem möglicherweise lösen, doch sei dies sehr kostenträchtig.“

Die Meldung enthielt alles, was das ökologisch verseuchte Herz begehrt: Experten, Studien, offizielle Berichte, riesige Mengen in Millionen Tonnen, hohe Kosten und – einen Mangel an Logik. Ich rief die Nachrichtenredaktion an und wies sie auf den Schwachsinn hin, den sie verbreiteten: Tausende von Booten sollten Millionen Tonnen Öl ins Meer gekippt haben (hatten die zuviel Geld oder waren sie beim Schmuggeln ertappt worden), und wo hat man Seen in den USA oder Kanada gewaschen. Der Redaktion schienen dadurch Zweifel an der Brauchbarkeit ihrer Ente gekommen zu sein und nahmen sie stillschweigend aus den späteren Nachrichten.

Zum Beispiel Krebsangstschürerei

Toxikologen sind Spezialisten, die Gifte und ihre Wirkungen erforschen. Sie wissen, was übrigens schon dem alten Paracelsus zu Beginn des 16. Jahrhunderts klar war: Alles, jeder bekannte Stoff kann Gift sein. Es kommt nur auf die Menge an. Erst die Dosis macht einen Stoff zum Gift. Natriumchlorid besteht zum Beispiel aus dem neuerdings als „Ozonkiller“ ver-

teufelten Chlor und ist natürlich ein Gift. Es kann für den
Menschen fraglos tödlich sein. Aber nennen Sie mir ein Heil-
wasser, in dem es nicht enthalten ist. Natürlich kennen Sie es.
Es steht in jeder Küche, in jedem Gasthaus auf dem Tisch.
Ganz ohne Kochsalz – darum handelt es sich nämlich bei Na-
triumchlorit – könnten Sie nämlich auch nicht leben. Sie
brauchen, wie die meisten Tiere und Pflanzen, dieses Gift,
nur eben in der richtigen Menge, in der richtigen Dosierung.
Das gleiche gilt von Kalzium. Kalziummangel behindert die
Knochenbildung und ruft allerlei gefährliche Mangeler-
scheinungen und Krankheiten hervor. Aber schon die fünf-
fache Dosis der optimalen Versorgung macht aus Kalzium einen handfesten Krebserreger. Sollten Sie deshalb kein Wasser oder keine Milch mehr trinken?

Aber da sind auch schon Ihre Einwände: Salz, Kalk, das
sind ganz „natürliche" Substanzen. Das Problem sind die
künstlichen, die uns die Industrie vorsetzt, die sie als Konservierungsmittel, Farbstoffe oder aus anderen Gründen den
Nahrungsmitteln zusetzt. Sind sie ein Problem? Welches?
Nehmen wir uns ein Gift, worüber in den letzten Jahren erstaunlich viel Aufhebens gemacht wurde, Dioxin: Was denken Sie, wenn Sie das böse Wort hören? Sofort verlieren Sie
Ihre gute Laune, nicht wahr? Angst beschleicht Sie, Angst um
Ihre Kinder und Kindeskinder. Der Grund: Sie haben zuviel
ferngesehen, jedenfalls damals, als bei dem Unfall in der
Firma Icmesa in Seveso Dioxin ausgetreten war. Es gab – Gott
sei Dank – zwar keine Toten, aber 70 Personen erlitten davon
Chlorakne-Verätzungen.

Damals setzte mit Getöse die Kampagne gegen Dioxine ein.
Der Plural ist richtig, es gibt nämlich sehr unterschiedliche
Sorten Dioxin, allein 135 davon sind gebräuchlich. Dioxine
bilden sich unter bestimmten Bedingungen bei Verbren-
nungsprozessen. Natürlich geschieht das auch, wenn Müll
verbrannt wird. Dioxine bildeten sich, wenn es brannte, lange
bevor es Menschen gab. Auch der Ausbruch des Vulkans Pinatobu setzte gewaltige Mengen Dioxine frei. Niemand
scherte sich drum. Wenn aber beim Verbrennen von Sondermüll Dioxine frei werden, ist das Geschrei groß.

Dioxinhaltiger Müll darf nicht mehr auf die Müllkippe, obwohl dort schon Millionen Tonnen Problemmüll lagern. Er darf nicht verbrannt werden, er darf auch nicht auf hoher See verbrannt werden, weil die Fische etwas davon abbekommen könnten. Im Grunde wird nur eine „Lösung" für das Problem angeboten: Die Produktion, bei der so etwas anfällt, einzustellen. Nichts weniger als dies kann Umweltschützer zufriedenstellen. Schauen wir uns die Gefährlichkeit von Dioxin genauer an.

Wahrscheinlich haben Sie die winzige Meldung in der Zeitung „DZ" vom 15. 3. 1991 überlesen. Dort stand aufgrund eines in den USA erschienenen Fachartikels:

> „Krebssterblichkeit und Dioxinbelastung am Arbeitsplatz haben Umweltforscher und Arbeitsmediziner in den Vereinigten Staaten untersucht. Mit einer sehr umfassenden Fallkontrollstudie über 116 748 Personenjahre bei 5 172 Arbeitern konnte in zwölf dioxinbelasteten Unternehmen **nicht** der Nachweis erbracht werden, daß das als kanzerogen (krebserregend) eingestufte Umweltgift Dioxin mit einer höheren Krebssterblichkeit belastet ist, obwohl der durchschnittliche Dioxinwert in Serumlipiden (Blutbestandteile) bei den belasteten Arbeitern mit 233 pg/g deutlich höher war, als bei gesunden Kontrollpersonen".

Wir haben in Deutschland ähnliche Erfahrungen. Irgend ein Meßfanatiker spürte in der Kupferschlacke der ehemaligen Kupferhütte Marsbergs relativ große Mengen Dioxine auf. Und schon hatten Matthiesen, Umweltagitator und Müll-Minister Nordrhein-Westfalens und die ganze Umweltmeute ihren Auftritt. Ein entsetzliches Gezeter brach an. Seit über 50 Jahren lagerte die Schlacke schon in Marsberg. Hunderte von Sportplätzen, bis in die Niederlande hinein, waren davon gebaut worden. Wieviel Rekorde auf dieser Asche gelaufen worden sind, weiß niemand mehr. Ob dabei irgendwo ein Schaden aufgetreten ist, weiß man ebensowenig. Aber sofort mußte saniert werden. Die Asche mußte von den Sportplätzen abgetragen und sicher endgelagert werden. Das hätte Milliarden gekostet. Inzwischen ist es um die Kampagne auffällig ruhig geworden. Sie hätte den Staatssäckel Geld gekostet, ohne einen Vorwand für eine Umweltabgabe zu liefern. Außerdem ließ sich auch kein Produktionsbetrieb mehr stilllegen, da die Kupferhütte in Marsberg schon längst nicht mehr arbeitete. Die Kampagne kam im Ansatz zu spät und verschwand daher auch bald wieder aus den Schlagzeilen.

Dioxin wird so sehr gefürchtet, weil es sich bei Versuchen an Nagetieren als eine äußerst krebserregende und Mißbildungen hervorrufende Substanz erwiesen hatte. Ob sie Krebs auch bei Menschen auslösen kann, konnte – wie der oben zitierte Artikel zeigt – bisher nirgendwo nachgewiesen werden. Die Versuche an Ratten und Mäusen haben für die Krebsgefährdung des Menschen nur eine geringe Aussagekraft. Sie haben aber auch ihr Gutes. Sie machen Dioxin mit Alkohol vergleichbar. Auch Alkohol erweist sich bei Ratten und Mäusen als sehr krebserregend und ruft bei den Tieren Mißbildungen hervor. Beim Menschen ist Alkohol sogar das wichtigste Gift, das am häufigsten Mißbildungen hervorruft. Die Giftigkeit einer Substanz wird von der Dosis bestimmt, die bei Nagetieren Krebs auslöst. Daher läßt sich die Giftigkeit der verschiedenen Substanzen über die jeweils auslösende Dosis miteinander vergleichen.

Diese Methode zur Messung der Fähigkeit von Stoffen Krebs auszulösen wurde von dem amerikanischen Wissenschaftler Dr. B. N. Ames entwickelt. Dr. Ames steht damit durchaus den Krebsangstschürern nahe. Aber er steht ihnen nicht so nahe, daß er jede ihrer Absurditäten unterschreibt. In mehreren Studien hat er die beim Menschen nachgewiesene krebserregende Wirkung von Alkohol mit der entsprechenden Wirkung von Dioxin, die bei Mäusen ermittelt worden war, verglichen. Bei einer unterschiedlichen Menge jedes dieser beiden Gifte pro Körpergewicht sind beide Substanzen gleich krebserregend.

Nun haben die Behörden bei Dioxin einen bestimmten Grenzwert festgelegt, der nicht überschritten werden darf. Er liegt beim Menschen bei sechs Femtogramm pro Kilogramm Körpergewicht (Ein Femtogramm ist ein Gramm geteilt durch eine Million Milliarden – das läßt sich nicht vorstellen).

Würde man den gleichen Maßstab entsprechend der Gefährlichkeit des Alkohols anwenden, so dürfte man nur alle 8000
Jahre einmal ein Bier trinken. Dieser Wert ergibt sich – wie
gesagt – aus der bei Mäusen festgestellten, krebserregenden
Wirkung von Dioxin. Dabei bezweifelt Dr. Ames, daß das, was
bei Mäusen Krebs auslösen kann, dies auch beim Menschen
schafft. Jedenfalls ist die große Besorgnis um Dioxin solange
heuchlerisch, solange Menschen freiwillig öfters als alle 8000
Jahre einmal ein Bier trinken.

Dr. Ames ist der Dioxinangst noch etwas weiter nachgegangen. Er untersuchte die Vorgänge, die das Dioxin im Körper gefährlich werden lassen. Er stieß dabei auf andere Stoffe,
die ebenso wie Doxin auf die Zelle einwirken und auch als
Krebserreger gelten. Dazu gehören eine ganze Reihe von sogenannten Flavonen, die ganz „natürlich" in Pflanzen vorkommen und die Wirkungsweise der Dioxine „nachahmen".
Wieder vergleicht er die Wirkungsweise „quantitativ" und
kommt zum Beispiel zu dem Ergebnis, daß eine Portion Blu-
menkohl oder Broccoli 20 Millionen Mal gefährlicher als der
für Dioxin amtlich festgelegte Grenzwert ist. Niemand kam
bisher auf die Idee, beide Gemüsesorten zu verbieten. Daran
zeigt sich wie verlogen das Doxine-Gezeter ist. So unbegründet sie auch ist, die Angst vor Dioxin sitzt dank der „kritischen" Medien so tief im Bewußtsein der Menschen, daß sie
das, was wir über Dioxin zusammengestellt haben, sicherlich
als „Gefälligkeitsgutachten" abtun werden. Niemand will es
glauben: „Da steckt doch ganz gewiß die Dioxin-Lobby dahinter". [1]

Natürlicher Pflanzenschutz –
gefährliche „Bio"-Chemie

Nehmen wir ein anderes Beispiel, das gar nicht so weit von Dioxin entfernt liegt: Pflanzenschutzmittel, Pestizide, Fungi-
zide, Insektizide und wie das gefährliche „Giftzeug" heißt.
Wenn heute die Landwirte als Umweltvergifter beschimpft

werden, dann bezieht sich das nur zum Teil auf den Einsatz von Kunstdünger. Weit häufiger werden damit die Pflanzenschutzmittel verpöhnt, die unsere Kulturpflanzen vor Krankheiten und Schädlingen bewahren sollen.

Haben Sie sich eigentlich einmal die Frage gestellt, wer die wild lebenden Pflanzen vor Schädlingen schützt? Sie werden erstaunt sein. Diese Pflanzen tun das selbst. Und womit tun sie es? Sie tun es mit nahezu den gleichen Mitteln, welche die chemische Industrie für unsere Landwirtschaft entwickelt hat. Warum kaufen die Landwirte aber dann noch „künstliche" Pflanzenschutzmittel? Haben sie zu viel Geld oder wollen sie die notleidende Industrie etwas verdienen lassen? Wird es ihnen von hemmungslosen Geschäftemachern aufgeschwätzt oder wurden unsere Kulturpflanzen „überzüchtet"; sind sie, wie alles, was den Grünen nicht in den Kram paßt, degeneriert?

Die meisten Kulturpflanzen mußten erst umständlich gezüchtet werden, bevor sie für den Menschen genießbar waren. Gurke, Melonen oder Bohnen sind ein gutes Beispiel. Diese Pflanzen waren giftig, bevor der Mensch sie sich zurechtgezüchtet hatte. Ein wichtiger Teil der züchterischen Entgiftung der Pflanzen war es, die „natürlichen" Pflanzenschutzmittel aus ihnen herauszuzüchten. Natürlich machte das diese Pflanzen anfällig und sie mußten nun durch Gaben künstlicher Pflanzenschutzmittel gezielt geschützt werden. Der Vorteil bestand darin, daß diese Mittel nur zu bestimmten Zeiten in der Pflanze wirken. Sie werden von der Pflanze rechtzeitig wieder abgebaut und sind zur Zeit der Ernte schon nicht mehr vorhanden.

Trotzdem gilt noch heute: Jeder Mensch der Industriegesellschaft nimmt in seiner Nahrung etwa 10 000 mal mehr natürliche Pflanzenschutzgifte zu sich, als Giftrückstände aus menschlicher Produktion. Gifte findet man grundsätzlich in allen Pflanzen. Sie bilden das natürliche Immunsystem der Pflanzen, das sie vor Insekten, Pilzen, Krankheitserregern oder auch Tierfraß zu schützen hat. Die Gifte machen nicht weniger als 5 bis 10 Prozent der Trockenmasse einer Pflanze aus. Aber diese Stoffe fanden bisher wenig Aufmerksamkeit und Interesse. Chemisch gesehen handelt es sich um die gleichen Stoffe wie in den künstlichen Pflanzenschutzmitteln. Dort gelten sie plötzlich als Vergiftungsquelle für den Menschen. Die „natürlichen" krebserregenden Stoffe werden im Unterschied zu den synthetischen nicht „kontrolliert". Sie kommen in den Nahrungsmitteln in der Regel in Teilen pro Tausend vor, während die synthetischen Rückstände nur in Teilen pro Milliarden zugelassen werden.

Auch hierzu einige einfache Beispiele:

In einer Tasse Kaffee befinden sich etwa 500 Mikrogramm krebserzeugende Stoffe (u.a. Wasserstoffperoxid und Methylglyoxal). In einer Scheibe Brot stecken von Natur aus 185 Mikrogramm des krebserzeugenden Formaldehyd (seinetwegen wurden bestimmte Spanplatten verboten). Im einem Glas Coca Cola finden sich sogar 2000 Mikrogramm dieses Formaldehyds. Mir ist kein Grüner bekannt, der deshalb auf dieses Modegetränk verzichtet hätte. In einem einzigen Basilikumblatt, das unsere Umweltbewußten so lieben, findet man 760 Mikrogramm des krebserregenden Estragol. Wenn Sie ihren Braten schmoren oder braten, erzeugen Sie sich ganz natürlich etwa ein Gramm (eine Million Mikrogramm) Nitrosamine, die als sehr krebserregend gelten. Was wollen Sie also?

Nun gibt es neuerdings die Bio-Landwirtschaft. Sie brüstet sich damit, ganz ohne Pflanzenschutzmittel auszukommen. Sie verstehen wahrscheinlich inzwischen, wie das geschieht. Richtig! Man dreht einfach die Züchtungsbemühungen der letzten hundert Jahre um und erzeugt Pflanzen, die ihre eigenen Pestizide bilden. Aus Angst vor Spuren des Äthylendibromid, das an ungewaschenen Pflanzen haften bleiben könnte, züchtete man sogenannte schädlingsresistente Pflanzen für den Biogarten. Das Risiko trägt jeder, der es will, ganz „biologisch" selbst.

Kürzlich mußte in den USA eine „Bio"-Selleriesorte aus dem Handel genommen werden. Die Arbeiter in den Lebensmittelbetrieben bekamen von diesen Bioprodukten starken Hautausschlag. Die Untersuchung stellte fest, daß dieser Sellerie zehnmal soviel Psoralen (9000 ppb) enthielt wie ge-

wöhnlicher Sellerie. Das machte ihn zwar für den Bioanbau
tauglich, nicht aber für den Genuß verträglich. Etwas Ähnliches
ches geschah mit den ohnehin giftigen Nachtschattenge-
wächsen Kartoffel und Tomate. Auch hier mußten schädlingsresistente Früchte aus dem Markt genommen werden,
weil sich Menschen daran vergifteten. [2]

Der Laie fürchtet sich vor Chemikalien, die der Mensch
synthetisch herstellt. Daß die gleichen chemischen Verbindungen in natürlichen Pflanzen vorkommen, stört ihn viel
weniger. Bei „Bio-" ist er bereit, die gleichen Pestizide, gegen
die er so erbost wettert, selbst in tausendfacher Konzentration hinzunehmen.

Stark krebserregende Gifte sind in Pflanzen, die den Menschen seit Urzeiten zur Nahrung dienen, vorhanden. Das gilt
vor allem für Metallsalze von Blei, Kadmium, Beryllium,
Nickel, Chrom, Selen und Arsen. Sowohl der Mensch, als
auch die Versuchstiere (meist Ratten), entwickeln in ihrem
Darm gegen die Gifte einen natürlichen Abwehrmechanis-
mus. Zahlreiche Versuche beweisen, daß diese Abwehrme-
chanismen nicht unterscheiden, ob solche Stoffe direkt aus
den Pflanzen selbst stammen oder aus synthetischer, menschlicher Produktion. Das gilt auch für krebshemmende Stoffe,
die es ja auch gibt. Ihre Bremswirkung unterscheidet nicht
zwischen natürlichen und synthetischen Krebserregern.

Als Kind bekam ich von meinem Onkel ein Pärchen Astril-
den geschenkt. Das sind kleine, recht unscheinbare Vögelchen. Mein Onkel sagte mir gleich, daß sie in der Natur nicht
älter als 3 Jahre werden. Ich hatte meine Freude an den Vö-
geln und pflegte sie gut mit Salat, Obst und was die Küche an
Erzeugnissen bot. Nach vierzehn Jahren starben beide Vögelchen fast gleichzeitig. Selbst mein Onkel wollte nicht glauben, daß sie so lange gelebt hatten. Im Grunde gilt das auch
für uns Menschen. In der Wildnis haben wir keine große
Überlebenschance. Erst die Rundumversorgung unserer Zivilisation macht unsere hohe Lebenserwartung möglich. Man
gewinnt häufig den Eindruck, daß es die hohe Lebenserwartung ist, welche die Naturschützer mit ihrer verlogenen Na-
turromantik rückgängig machen wollen.

Hohes Alter bringt auch Beschwerden mit sich. Eine davon
ist die höhere Anfälligkeit für Krebs. Hinter aller Krebsangstschürerei steht immer wieder die Behauptung: Krebserkrankungen nähmen in „erschreckendem Maße" zu. Unter den
Todesursachen mag sich Krebs, statistisch gesehen, nach
vorne geschoben haben. Aber, das ist auch alles. Ich habe
mich ein wenig in den Medizinstatistiken umgesehen. Dort
liest man es ganz anders. Abgesehen von einer einzigen Ausnahme, gibt es nirgends einen Hinweis darauf, daß die Häu-
figkeit von Krebs in den verschiedenen Altersgruppen in den
letzten vierzig Jahren zugenommen hätte. Nur beim Lungenkrebs gibt es eine deutliche Zunahme. Das weltberühmte
National Cancer Institut der USA schreibt in seinem Jahres-
bericht aus dem Jahr 1988: „Die altersspezifische Sterblich-
keit für alle Krebserkrankungen außer Lungenkrebs ist seit
1950 für alle Altersgruppen, außer der von 85 Jahren und älter, zurückgegangen". Die Abnahme beträgt insgesamt 13
Prozent. Das ist ein stattlicher Rückgang. Die Zunahme im
hohen Alter beträgt dagegen 0,1Prozent. Auch diese Zahlen
werden Sie nicht glauben wollen, weil Ihnen die stets kritischen Medien etwas anderes einbläuen.

Lebensmittelkontrolle

Damit die Lebensmittel, die wir wohlverpackt kaufen, auch in
Ordnung sind, gibt es bei uns seit Jahren Lebensmittelkon-
trollen. Die zuständigen Behörden sorgen dafür, daß die Lebensmittel sauber und hygienisch hergestellt, verpackt und
vertrieben werden. Das geschah für den Laien bisher meist im
Verborgenen. Er kümmerte sich darum auch wenig. Nicht so
verborgen blieben diese Kontrollen der Nahrungsmittel ver-
arbeitenden Industrie. Sie wurde immer wieder durch neue
Auflagen und Bestimmungen in Atem und bei Zahlung gehalten. Sehr viele Bestimmungen dieser Art sind für den Ver-
braucher sehr nützlich und insgesamt sinnvoll. Gegen die Lebensmittelkontrolle soll also im Grundsatz nichts gesagt werden.

Als nun die Krebsangstschürer auftraten, war es auch mit der Ruhe und Verborgenheit dieser Behörden vorbei. Sie kamen ins Gerede. Wenn plötzlich jeder Gift in den Nahrungsmitteln entdeckte, war doch zu fragen, wozu die Behörden denn eigentlich da waren und was sie trieben. Das stellte die Behörden vor eine zweifache Versuchung. Zum einen glaubten sich viele ihrer Vorsteher rechtfertigen zu müssen. Zum anderen witterten sie ihre Chance, sich selbst ein wenig ins Rampenlicht der Öffentlichkeit zu schieben. Beides ließ sich am besten dadurch erreichen, daß man Skandale aufdeckte. Und so kam es, daß Sie immer wieder einmal in der Zeitung lesen können, daß irgendwo Zigarettenkippen in der Wurst, Mäusefüßchen in der Konserve, abgeschnittene Fingernägel im Zucker oder Kondome in der Sahne entdeckt worden sind.

Solche Meldungen sorgen natürlich für Aufregung. Nur zum Ausgleich und um das Ganze ins rechte Lot zu rücken, will ich ihnen von einer anderen Seite der Lebensmittelkontrolle berichten. Ich habe sie schon 1970 erlebt, und hoffe, daß sie genauso selten vorkommt, wie Zigarettenstummel und Mäusebeine in Konserven.

In dem Lebensmittelgeschäft meiner Nachbarschaft meldete sich die Lebensmittelkontrolle an. Die mir gut bekannte Inhaberin bat mich, als Zeuge dabei zu bleiben. Sie hatte ihre Gründe. Am Geschäft selbst gab es nichts auszusetzen. Der Herr Kontrolleur hatte aber alle Mühe, seine geöffnete Tasche immer wieder so vor unsere Nase zu schieben, daß es uns auffallen sollte. Es entsprach dem guten Brauch, dorthin ein paar Feinstlebensmittel und Edelkonserven abzulegen. Hätte ich es nicht mit eigenen Augen gesehen, ich hätte es nicht geglaubt. Die Inhaberin entsprach dem Brauch nicht und der Herr Kontrolleur gab sich also alle Mühe, entsprechend lange weiter zu suchen, um vielleicht doch etwas beanstanden zu können. Schließlich gab er es „sehr enttäuscht" auf. Nicht jeder gibt sich da gleich geschlagen. Aber dann müssen Sie als Geschäftsinhaber dem Kontrolleur das Halunkenstück mit dem Zigarettenstummel oder dem Mäusebeinchen erst beweisen. Und das wird Ihnen sicherlich schwerfallen.

Deshalb nun meine Gegenfrage: Wieviele Konserven haben Sie in Ihrem Leben schon gekauft? Wie viele haben Sie geöffnet und nichts gefunden? Oder hatten Sie auch schon einmal ein süßes Mäusefüßchen in der Sülze oder einen Goulloise-Stummel im französischen Weichkäse oder einen Bildernagel im Joghurtbecher entdeckt? Was, Sie haben noch keinen solchen Fund gemacht? Dann muß – nach allem, was man so hört – etwas mit Ihren Augen nicht stimmen.

So ist das leider mit so vielen Dingen des Umweltschutzes, mit dem Waldsterben, dem Ozonloch, der Klimakatastrophe oder den Vergiftungen. Nehmen wir die Pilze. Seit Urzeiten sammeln sie Schwermetalle, wie auch andere Pflanzen. Schon das Wort „Schwermetalle" läßt einen erschaudern. Aber Millionen Menschen essen diese Pilze, aßen sie seit Menschengedenken. In Osteuropa stellen die proteinreichen Pilze eine Art Ersatz für das so rar gewordene Fleisch dar. All diese Menschen müßten schon seit Generationen genetische Krüppel sein. Sind sie es?

Nehmen wir den Wein. Rein lebensmittelrechtlich sind 0,3 Gramm Schwefeldioxyd als Konservierungsmittel pro Liter erlaubt, obwohl in der Luft die millionstel Menge Anstoß erregt. Sicherlich gehört auch Glykol nicht in den Wein und sollte verboten bleiben. Aber „vergiftet" war der Wein davon doch nicht! Im Zusammenhang mit dem Weinpanscherskandal vor einigen Jahren hatte ein findiger Mensch errechnet, man müßte 6 000 Liter auf einmal trinken, um am Glykol Schaden zu nehmen. Mit Sicherheit wäre man zuvor an Alkoholvergiftung gestorben. Selbst bei reinem Wasser kämen Sie, wollten Sie soviel trinken, nicht ungeschoren davon.

Ähnlich sah es kürzlich bei dem sogenannten Hormon-Skandal aus. Wachstumshormone sind in der EG verboten. So bestimmt es nun einmal das Gesetz. Der Viehmäster Hying in Nordrhein-Westfalen wurde dabei erwischt, daß er 8 000 Kälber mit diesem Hormon gespritzt hatte. Wir wollen hier nicht auf die Preispolitik der EG eingehen, die dem Landwirt oft nur die Wahl zwischen Selbstaufgabe oder krummen Wegen läßt. Umweltminister Matthiesen (SPD) fand wieder einmal Gelegenheit, „die Schlagkraft unserer Behörde" unter Beweis

zu stellen. Der Mäster wurde angezeigt, verurteilt und bestraft. Das verlangt das Gesetz. Wie erging es aber den Kälbern? Sie wurden sofort „notgeschlachtet" und ihr Fleisch
„entsorgt", also vernichtet. Nach Meinung aller Tierärzte und
Fachwissenschaftler hätte es genügt, die Tiere zwei Wochen
auf die Weide zu führen und niemand hätte auch nur eines
der gespritzten Hormone in ihrem Fleisch entdecken können. Der Steuerzahler kommt für die Schäden auf, die die
Profilneurose der Politiker verursacht.

　　So wie den Kälbern ergeht es uns allen. Seit Jahrhunderten
hantieren die Menschen problemlos mit Blei, Quecksilber,
Asbest, und wie die „hochgiftigen" Stoffe alle heißen. Sie haben gelernt, wie man mit diesen Dingen sachgerecht umgeht.
Nun werden sie „verpönt". Im Grunde dienen sie nur als Vorwand zu unser aller Notschlachtung. Uns allen, die wir von
der industriellen Warenproduktion leben, soll das Fell über
die Ohren gezogen werden. Während die Kälber in die
Schlachthöfe gezerrt werden müssen, sollen wir von allein
und freiwillig dorthin eilen und jeden angeifern, der nicht
aus freien Stücken mitzieht.

　　Um das Kapitel nicht gar so trübe ausklingen zu lassen, lesen Sie folgende Meldung, die am 4. 10. 1990 durch die
Presse ging:

> „Lichtverschmutzung bringt Myriaden von Insekten
> den Tod. Durch Straßenlaternen, Leuchtreklamen und
> Flutlicht werden laufend Myriaden von nachtaktiven
> Insekten umgebracht. Der Deutsche Bund für Vogel-
> schutz sagt, daß Nachtschmetterlinge, viele Käfer oder
> Köcherfliegen nicht in der Lage sind, dem Reiz der hel-
> len und künstlichen Lichtquellen zu entkommen. So-
> fern sie nicht durch Aufprall oder Überhitzung an den
> Lampen direkt zu Tode kommen, sterben sie an Er-
> schöpfung oder werden tagsüber, während ihrer Ruhe-
> pause, durch ihre natürlichen Feinde leicht erbeutet.
> Fachleute bezeichnen das Ausmaß an nächtlicher Illu-
> mination bereits als „Lichtverschmutzung". Der Bund
> fordert deshalb Städte und Gemeinden auf, alle Mög-
> lichkeiten zur Reduzierung von Außenbeleuchtungen
> auszuschöpfen. Gleiches gelte für die Beleuchtung auf
> Industriegeländen und im privaten Bereich."

Ein Blick in die Vermehrungsgewohnheiten der angesprochenen Insekten zeigt, was für eine Marktnische hier aufgestoßen wird. Ob sich solche Spitzenleistungen an Umweltbesoffenheit noch überbieten lassen? Wahrscheinlich findet sich bald ein Öko-Künstler, der Brücken für die Straßen der Ameisen bauen möchte, wenn sich dafür ein Sponsor findet, der bezahlt.

ANMERKUNGEN

1) Die zahlreichen Untersuchungen von Dr. Ames wurden seit 1983 in der renommierten, amerikanischen Zeitschrift „Science" veröffentlicht.
2) S.F. Berkley u.a. in: Ann. Intern. Med. Jg. 105, 1986, Seite 352, und P.J. Seligmann in: Arch. für Dermatologie Jg. 123, 1987, S. 1478.

KAPITEL 7

Immer nur im Kreis herum

Wunderbarer Müll

„Pendelbus zur Mülldeponie" Unter dieser Überschrift schrieb der „Kölner Stadt-Anzeiger" am 12. 9. 1992:

> „Einen großangelegten Tag der offenen Tür veranstalteten die Stadt Köln und das Amt für Abfallwirtschaft am Sonntag, 13.September, von 11 bis 17 Uhr, auf der Deponie Vereinigte Ville. Mit von der Partie sind die erste große Karnevalsgesellschaft ‚Treue Husaren' Brühl, der ‚TC Gut Klang' Hürth-Berrenrath und das ‚So long Swing Orchestra'. Zuvor wird um 11 Uhr die neue Werkstatt eröffnet. Um 14,30 Uhr wird der Film ‚Mittendrin auf der Deponie' gezeigt. Während des ganzen Tages finden Deponiebesichtigungen statt. Dazu steht ein Pendelbus zur Verfügung. Auch vom Hürther Löhrer Bahnhof aus gibt es einen kostenlosen Bustransfer zur Deponie Vereinigte Ville. In Hürth wird an diesem Tag im Rahmen eines Frühschoppens der Umweltpreis 1992 verliehen".

Was ist eigentlich am Müll so faszinierend, daß sich soviele Leute damit befassen wollen? Neuerdings führt man sogar Schulklassen auf die Müllkippe. Wollen die Lehrer den Kindern beibringen, der letzte Sinn alles Lebens und Existierens sei, weggeworfen zu werden? Selbst der Kindergarten treibt die Kindergruppen auf den Müll und Eltern empfinden das als „zeitgemäße" Bildung. Abfall ist ihnen wichtiger als Produktion. Herstellen von Gütern ist für unsere Medien, „böse", zu Abfall verkommen jedoch „gut". Rührt daher die „Null Bock"-Begeisterung unserer Jugend und ihre Faszination mit der „Grufties-Mode"?

Natürlich eignet sich Dreck auch dazu, an der Geldschraube zu drehen. Wer es nicht glaubt, braucht sich nur die Gebühren für die Müllabfuhr anzusehen. Sie sind deutlich gestiegen. Müll hat viel mit „Umweltschutz" zu tun und zwar nicht nur, weil beim Umweltschutz fast ausschließlich Müll daher geredet wird. Abfall ist eigentlich das einzig ernsthafte Umweltthema. Unsere Umweltminister könnten aus gutem Grund „Müllminister" heißen. Deshalb gehört das Thema auch hierher. Was also hat es mit dem Müll auf sich?

Ich wohne nicht weit von einer Mülldeponie entfernt. Die Grube, die der Braunkohlentagebau nach der Auskohlung hinterlassen hatte, hat gewaltige Ausmaße. Obwohl die hiesige Auskohlung schon Jahre zurückliegt, sprechen die Leute hier noch viel von der Grube, in der sie über Jahre Arbeit und Brot gefunden haben.

Das Land um Knapsack ist eine alte Kulturlandschaft. In sie hat man riesige Löcher gegraben, um an die Kohle heranzukommen. Dabei entdeckte man Funde aus germanischer und römischer Zeit. Bei Mönchengladbach stieß man kürzlich auf den wohl ältesten Brunnen. Er soll 7300 Jahre alt sein. Verblüffend wie sauber er gearbeitet war. Im Löchergraben waren die Rheinländer also seit Tausenden von Jahren geübt. Zur Zeit entsteht am Hambacher Forst das tiefste Loch der Welt. Das muß man einfach gesehen haben, denn beschreiben läßt sich das gar nicht so richtig, so gewaltig ist es.

Eines dieser gewaltigen Löcher liegt also hinter der Industrieansiedlung bei Knapsack/Hürth. Es dient heute als Müllkippe. Schon von weitem fällt sie auf. Schwärme von Möwen tummeln sich in und um dieses Loch. Sie haben die Nordsee Nordsee sein lassen, um sich hier streptokokken-verseucht, also selbst schon zu Müll geworden, um Freßbares zu balgen. Das, was aus vielen umliegenden Gemeinden hierhin gekarrt wird, zieht diese Vögel geradezu an. Für sie gibt es kein Müllproblem. Sie feiern den Abfall mit ihrem laut kreischenden Gezeter. Wieviel muß hier noch hergekarrt werden, bis das

Loch, aus dem man die Braunkohle herausgeholt hatte, sich langsam füllt? Die anderen Gruben mußten „rekultiviert" werden. Um sie herum wurde eine künstliche Natur erzeugt. Nur diese eine Grube blieb, weil man sie als Mülldeponie nutzen wollte.

Müllprobleme? Was ist denn das Müllproblem? Gibt es überhaupt ein solches? Wird es nicht, wie so vieles, herbeigeredet? Ich meine nicht, daß unser Loch bei Knapsack alle sogenannten Müllprobleme aus der Welt schafft. Hätten andere auch derartige große Löcher, würden sie sich vielleicht mit ihrem Müll leichter tun. Aber Löcher kann man graben; mit den heutigen Mitteln lassen sie sich sogar recht einfach graben. Am Gerät fehlt es sicher nicht. Also sind auch die Löcher nicht das Müllproblem. Loch hin, Loch her, es gibt auch ohne sie kein Müllproblem.

Überlegen Sie doch selbst! Wir leben auf und von unserem Planeten, wir können ihm aber weder etwas hinzufügen, noch können wir ihm etwas nehmen. Wir sind trotz Raumfahrt ein- und von allem abgeschlossen. Nur etwas Staub gelangt aus dem Weltraum auf die Erde, sonst kommt nichts hinzu. Aber es verschwindet auch nichts, wenn wir nicht gerade eine Raumsonde hinaus ins All schießen. Das, was Mutter Erde ausmacht, ihre Masse, ihre materielle Substanz, bleibt uns unabänderlich erhalten. „Von Erde bist Du genommen, zu Erde wirst Du werden", sagt der Pfarrer bei der Beerdigung. Er hat Recht. Es gilt aber nicht nur für jeden Menschen, sondern auch für den Müll. Wo soll er denn herkommen? Von Erde ist er genommen, zu Erde wird er werden. Wo soll es da ein Problem geben?

Etwas von der Erdmasse zweigt sich ab, verändert sich, wird zum Leben und nach einiger Zeit zerfällt es wieder und sinkt zur Erdmaterie zurück. Leben, das ist ein vorübergehender, anderer Zustand der Stoffe, die die äußerste Kruste unserer Erde bilden. Das Andere an dem Zustand ist das eigentliche, unbeschreibbare Geheimnis. Das, woraus das Belebte besteht, ist nichts anderes, als das, was vorher schon da war. Das gleiche gilt für die Technik und alle die Werkstoffe, Maschinen, Gebäude und Geräte, die der menschliche Geist hervorgebracht hat. Auch hier kam materiell nichts Neues hinzu. Es sind die gleichen Stoffe. Verändert wurde nur ihre Form, ihre Verbindungen und die Struktur, die diese Stoffe bilden. Neu ist daran eigentlich nur der Geist, der sie umgeformt hat. Die Stoffe selbst sind das, was sie immer schon waren. Wie kann da ein Müllproblem entstehen?

Wenn wir Menschen besondere Stoffe brauchen, dann suchen wir so lange, bis wir sie gefunden haben, buddeln sie aus und bringen sie dorthin, wo wir sie brauchen. Nüchtern betrachtet, schichten wir nur um. Entlang der Ville haben Menschen zum Beispiel Braunkohle gefunden, ausgegraben und daraus Briketts gepreßt. Sie haben damit ihre Wohnungen im Winter schön mollig warm geheizt und die Asche wieder hinausgeschafft. Im Ruhrpott war es die Steinkohle, woanders fand man Erze, Kali, Phosphat oder anderes. Es wurde herausgegraben und weggekarrt.

Eigentlich bräuchte man gar nicht weit zu suchen. An jeder beliebigen Stelle findet man im Erdreich im Grunde alle chemischen Elemente, welche die Menschen heute zum Leben brauchen. Einige, wie Eisenerz, Silizium oder Aluminium gibt es reichlich, andere sind nur in Spuren vorhanden. Das Problem ist nur, daß die Elemente Verbindungen eingegangen sind, und die verschiedenen Stoffe mit einander sehr vermischt sind. Die Stoffe und Elemente zu trennen kostet viel Arbeit und Energie. Daher sucht man nach den seltenen Stellen, wo einzelne Stoffe in besonders hoher Konzentration vorkommen, und nennt sie Lagerstätten. Steht einmal die Kernfusionsenergie zur Verfügung, gibt es kein Rohstoffproblem mehr, da man mit dieser hochdichten Energie jeden Stoff sofort in alle vorhandenen, chemisch reinen Elemente zerlegen kann. Das gilt auch für den Müll. Mit der Verfügung über Kernfusionsenergie verschwindet das Müllproblem endgültig. Aber noch ist es nicht soweit.

Die Menschen holen sich also die Stoffe aus dem Boden, entmischen sie, trennen sie und vermischen sie neu. Sie stellen aus ihnen nach eigenen Vorstellungen neue Verbindungen her. Solche Verbindungen halten eine Weile, dann zerfallen sie wieder. Die einen zerfallen in Bruchteilen von Sekunden, andere halten Jahre, andere wiederum Jahrhunderte oder Jahrtausende. Unendlich lange hält keine dieser Verbindungen. Früher oder später löst sich alles, was der Mensch nach seinen Vorstellungen zusammengefügt hat, auf. Es verteilt sich auf der Erde wieder so zufällig, wie wir es vorher angetroffen hatten. Wo ist da Platz für ein Müllproblem?

Alles, was wir Menschen verarbeitet haben, haben wir von irgendwoher weggenommen. Und alles fällt irgendwo wieder hin. Die Menge ändert sich nicht. Es ändert sich nur die Zusammensetzung und die Vermischung. Aber die war ohnehin sehr zufällig, sonst hätten wir nicht an irgendwelchen Stellen Erzadern oder andere Lagerstätten entdeckt, an denen bestimmte Stoffe besonders konzentriert vorkommen, die anderswo wiederum sehr selten sind.

Wie aber steht es also mit den vielen „Kunststoffen"? Was heißt überhaupt „Kunststoff"? Sicher, so wie er augenblicklich aussieht, ist er künstlich, ist er mit viel Sachverstand und Kunstfertigkeit des Menschen zustandegekommen. Aber nichts an ihm selbst ist künstlich; alles entstammt der gleichen Erde, ist sozusagen ihrem „Schoß" entnommen, in den es auch wieder zurückkehren wird. Auch Plastikmüll ist aus „natürlichen" Stoffen entstanden und ist genauso „natürlich" wie irgend etwas anderes „Materielles" auf unserer Erde. Das gilt für die Spaltprodukte des Uran genauso wie für so unwillkommene Stoffe wie Dioxine, Furane oder die Fluorchlorkohlenwasserstoffe FCKWs, gegen die zur Zeit das Umweltgeschrei am lautesten tobt.

Wenn wir bedenken, daß wir nur umformen, umschichten, also nur das nutzen und gebrauchen, was uns die Natur anbietet, entteufeln wir den Begriff „Chemie". Die Chemie betreibt prinzipiell keinen anderen Stoffwandel als die Natur. Aber wie mittelalterliche Mönche mit Hölle, Tod und Teufel, so versuchen heute sogenannte Umweltschützer die Menschen mit Worten wie „Chemie", „chemisch" und „künstlich" in Angst und Schrecken zu versetzen. An die Stelle des Ablaßbriefs ist heute das „Bio"-Zertifikat getreten. In ihren Zielen unterscheiden sich diese Umweltschützer kaum von ihren mittelalterlichen Kollegen. Wer andere beherrschen und beeinflussen will, muß beides können, sie terrorisieren und sie gegen Terror schützen.

Selbst wenn wir etwas verbrennen, geht nichts verloren. Die Abgase, die Asche, alles zusammengenommen, ergibt die gleichen Stoffe, die vorher verbrannt wurden. Um diese Stoffe zu trennen und in eine gewünschte Zusammensetzung zu bringen, muß Energie aufgewendet werden. Jetzt, wo die Stoffe zerfallen und sich anderswie verbinden, wird diese Energie wieder frei. Also auch die Energie geht nicht verloren.

Dinge, die wir mit viel Sachverstand zusammengestellt hatten, werden unbrauchbar. Was hindert uns, diese Stoffe wieder auseinanderzunehmen und neu zusammenzusetzen? „Recycling" nennt man das, und es ist zum Modewort unserer Müllminister geworden. Aber ein Hindernis gibt es dabei doch – die Kosten. Oft kostet es viel Energie und Arbeit, um diese Stoffe zu zerlegen, ohne daß es einen Nutzen bringt, weil wir die zerlegten Einzelstoffe in Überfülle zur Verfügung haben. Bei den alten Römern war Glas zum Beispiel sehr teuer, es war rar und wurde deshalb sehr gepflegt. Heute ist es so gut wie wertlos geworden.

Die Arbeits- und Energiekosten des Recyclings veranlassen uns, Dinge wegzuwerfen und nicht wieder zu verwenden. Diese Abfälle sammeln wir in großen Löchern, aus denen wir zuvor andere Stoffe, Kohle oder Erze oder sonst irgend etwas, herausgegraben hatten, und warten, bis sie „von alleine" allmählich wieder zerfallen. Was also liegt näher als diese Abfälle, die Reste, das Überflüssige dort abzulegen, wo man andere Stoffe herausgenommen hatte. Wenn es sich um „gefährliche Gifte" handeln sollte, dann kann es angebracht sein, diese Stoffe aufzulösen, auch wenn das Energie kostet. Nur sollte sichergestellt sein, daß diese Stoffe auch wirklich giftig sind und sich die Arbeit daher auch lohnt.

Neuerdings heißt es wieder, der Müll, die Abfälle sind zu kostbar, um sie achtlos wegzuwerfen. Wenn das stimmen sollte, und in manchen Fällen stimmt es sicherlich, entsteht kein Problem. Haben die Stoffe einen Wert, dann findet sich auch der Verwerter, der sie einsammelt und verwertet.

Warum sind dann unsere Entsorgungsfachleute zur Stelle und halten die Hand auf? Nach dem Krieg sind wir als Kinder in den Ruinen herumgestiegen, haben die Kupferleitungen herausgerissen, die Isolierung abgeschält und das Kupfer beim Schrotthändler verkauft. Für den Erlös konnte ich mir in der „schlechten Zeit" so manche dicke Wurst kaufen und mir, bei der sonst schmalen Kost, den Magen füllen. Der Schrotthändler bezahlte für die gesammelten Rohstoffe. Heute ist das anders. Heute muß ich noch Geld mitbringen, damit er mir den „wertvollen" Schrott annimmt!

Aber Geld genügt ja schon gar nicht mehr. Unsere Müllminister verlangen, daß wir den Müll fein ordentlich aufteilen. So mancher schöne Platz einer Stadt oder eines Dorfes verwandelt sich in eine wahrhafte Müllkippe. Wo sich früher Leute zum fröhlichen Plausch getroffen haben, werden Kontainer aufgestellt. In sie sollen die Menschen nun ihre Abfälle hineinsortieren. Der Unterteilbarkeit sind keine Grenzen gesetzt und dementsprechend wächst die Kontainerkette auf dem Platz: Kompost, grünes Glas, weißes Glas, Plastik, Eisen, Aluminium, Papier, Pappe und was sonst nicht alles.

Aber was wird heute nicht alles gesammelt? Ausgerechnet das wertloseste Zeug soll zusammengetragen werden! Glas ist wertlos. Der Quarzsand, aus dem es hergestellt wird, ist so häufig wie die Strände dieser Erde. Siliziumoxyd, aus dem es weitgehend besteht, ist das häufigste Mineral dieser Erde. Papier besteht aus Holz, und für Holz gibt es kaum mehr Verwendung. Die mangelnde Nachfrage nach Holz war – wie wir gesehen haben – der eigentliche Grund des „Waldsterbens". Selbst Aluminium und Eisen ist nicht so rar, wie man glaubt. Kostbar ist an den Metallen vielmehr die Energie, die man zu ihrer Herstellung oder zum Umschmelzen benötigt.

Deshalb war es nur konsequent, daß der rotgrüne Magistrat in Frankfurt, das, was die Bürger brav und gefällig sortiert hatten, dann wieder zusammenpackte und in ein Loch warf. Es geht nämlich gar nicht um den Müll; es geht vielmehr um „Bewußtseins- und Verhaltensänderung" der Bürger. Die Menschen sollen gefügig gemacht werden und sie werden es – wie es sich erweist.

Wertloser Müll kann mit Gewinn verbrannt werden. Aber schon sind Kommissionen und Gutachter zur Stelle. Dies und das wird zu Sondermüll erklärt. Dieser darf dann nicht verbrannt werden, weil das unter anderem zu einer Dioxinbelastung führen könnte. Rasch haben sich die Entsorgungskosten vermehrfacht: Man verbiete den Schnaps und schon steigen die Preise. Man verbiete FCKW und schon vervielfachen sich die Preise. Man verbiete den Müll und schon klingelt es in der Kasse. Ein Rudel arbeitsloser Akademiker stürzt sich auf das Thema und liefert Papiere, Broschüren, Bücher, Gutachten, Gegengutachten: eine regelrechte Müllforschung. Der brave Bürger bezahlt das alles geduldig, denn es dient ja seiner „Lebensqualität". Er muß nur daran glauben.

Wenn wertloser Müll wertvoll gemacht wird, warum sollte man ihn dann nicht auch „schön" machen können? Den Menschen läßt sich doch das meiste einreden, wenn nur genügend Ohrenbläser mit staatlich anerkannter Autorität auftreten. So stellt man neben die zahllosen Sondermüllkontainer noch „Kunst" auf den Marktplatz: Müllkunst. Sie zweifeln? Sie kennen Tinguely nicht, der aus Schrott komische Pseudomaschinen zusammenschustert? Sie brauchen ihn nicht zu kennen! Besuchen sie irgendeine Ausstellung, von der man sagt, sie zeige „moderne" Kunst, die Dokumenta in Kassel zum Beispiel! Wenn diese Austellungen nicht zeigen, wie der Mensch seinen Schönheitssinn, seine Fähigkeit zur Größe, seinen Geist, seine Erfindungsgabe und seine Kreativität buchstäblich auf den Müll schmeißt, dann sagen Sie mir, was diese Ausstellungen zeigen? Das ist die Lebensperspektive, welche Kindergärtner und Lehrer unseren Kindern beim Ausflug auf den Müllplatz nahebringen: Es ist alles nur Müll!

Natürlich gibt es auch ernsthafte Abfallprobleme. Radioaktive Abfälle sollte man nicht einfach in die Landschaft kippen. Etwas Ähnliches gilt für Giftgasgranaten. Diese und einige wenige ähnlich gelagerte Dinge müssen fachmännisch entsorgt werden. Aber das meiste, was man dem Bürger zum Müllproblem auftürmt, ist allenfalls ein Transportproblem. Es gibt einen einfachen Grund für das Müllproblem in den

Großstädten. Früher hatten die Leute in ihren Wohnungen
Öfen und Herde. Fast der gesamte Müll, von der Bananen-
schale bis zum Staniol, wurde dort verbrannt, selbst kleine
Blechdosen. Die Müllabfuhr leerte dann den „Ascheneimer",
wie die Mülltonne damals noch hieß. Inzwischen haben sich
die Heizgewohnheiten geändert. Was damals jeder in den eigenen Kamin jagte, könnte heute besser in der Müllverbren-
nungsanlage verbrannt werden, wenn die Umweltschützer
dagegen nicht Einspruch erheben würden.

Was aber soll mit den wirklich giftigen Stoffen, die wir nicht
einfach in den Müll werfen können, geschehen? Diese Stoffe
müssen bearbeitet werden. Am besten und sinnvollsten wäre
es, die giftigen Stoffe so weiterzuverarbeiten, daß daraus wieder brauchbare Stoffe entstehen. Das verlangt Intelligenz
und Nachdenken, und führt, wenn man das aufwendet, auch
meistens zum Erfolg. Den Müllgrünen liegt der Grundsatz
der früheren Linken näher: „Zersetze alles, was im Lande gut
ist! Denn, wenn es den Menschen nicht schlecht geht, krie-
chen sie uns nicht auf den Leim."

Sondermüll – PVC, zum Beispiel

PVC ist ein unverwüstlicher Kunststoff. Seit über 60 Jahren
laufen die Abwässer Berlins durch PVC Rohre und haben sie
noch nicht angreifen können. PVC-Röhren befördern
Brauch- und Trinkwasser. Von der Regenrinne bis zum Fen-
sterrahmen, vom Fußbodenbelag bis zur Kabelisolierung, als
Profiltapete oder Dachfolie, von der sterilen Verpackung in
der Medizin bis zum Einkaufsbeutel – es gibt unzählige nützliche Anwendungsmöglichkeiten dieses Kunststoffs. Wen
wundert's, daß die Grünen gegen PVC zufelde ziehen!

Daß Umweltschützer PVC nicht lieben, hat einen einfachen Grund: Chlor. Chlor ist in der Tat ein lästiger und gifti-
ger Stoff. Leider kommt er auf der Erde sehr reichlich vor. Er
ist neben Natrium der andere Bestandteil unseres Speisesal-
zes. Und Salz gibt es eben reichlich. Wenn die Grünen etwas

gegen die Chlorchemie haben, dann sollten sie zuerst gegen
das Salz, das in den Wassermassen der Ozeane gelöst ist, de-
monstrieren. Es sind Unmengen. Aber „Mutter Natur" ge-
nießt bei ihnen Narrenfreiheit.

Zurück zum Chlor! Chlor kann sich chemisch fest binden.
Die daraus entstandenen Verbindungen sind äußerst beständig und chemisch unbedenklich, wie Salz, wie FCKWs und
wie PVC. Nun spielt aber Natrium vor allem in der Form von
Natronlauge eine wichtige Rolle in der Alkalichemie, besonders bekannt ist seine Verwendung zum Beispiel bei der Herstellung von Glas oder Seife. Man gewinnt Natronlauge aus
Salz und dabei wird Chlor frei. Damit stellt sich die Frage: wohin mit dem Chlor? Weil es giftig ist, kann man es nicht so einfach wegwerfen. Also sollte man es weiterverarbeiten.

Willkommen wäre schon ein Verfahren, das Chlor un-
schädlich macht. Der Franzose Regnault hatte bereits 1835
ein solches Verfahren entdeckt. Das Ergebnis war ein harm-
loses, weißes Pulver. In den dreißiger Jahren entdeckte man,
daß man dieses Pulver hervorragend weiterverarbeiten kann
und nach dem Krieg setzte sich die Kunststoffindustrie auf
der ganzen Linie durch. Wo man früher noch Metall verwendete, das bei Temperaturen von 1 500 Grad Celsius gewonnen werden mußte, griff man nun auf den neuen Werkstoff
zurück. Er ließ sich bei gerade nur 90 Grad Celsius und ein
wenig Druck herstellen. Das Besondere daran ist, daß sich in
diesem Werkstoff das giftige Chlor sinnvoll nutzen und sicher
unterbringen läßt. Es handelte sich um Polyvenylchlorid,
kurz PVC. Was konnte es besseres geben, als diese nützliche
Form des „Endlagers" für das giftige Chlor? Rotgrüne sehen
das anders: Chlorchemie – Pfui Teufel!

„Das ist nicht Natur, das ist Chemie" ist das einzige, was sie
dagegen vorbringen können. Sie unterstellen dabei, daß Chemie etwas Böses sei. Aber ist denn die Natur nicht „Chemie"?
Chemie ist Stoffwechsel. Wenn irgend etwas auf dieser Erde
in Bewegung ist, wenn irgend etwas lebt, dann lebt es vom
Stoffwechsel, dann arbeitet es mit Chemie. Jeder von uns, der
etwas ißt, bearbeitet das Gegessene „chemisch". Dann wird
den Leuten noch weisgemacht, PVC verrotte nicht und man

könne PVC-Abfälle nicht wiederverwenden. Das ist die reine Lüge, denn PVC wird dort, wo genügend PVC-Abfälle anfallen, bereits eingeschmolzen und umgeformt.

Der neuerdings aufflackernde Widerstand gegen PVC entlarvt die Müllfanatiker und zeigt, wes Geistes Kinder sie sind. Sie wollen keine Probleme lösen, sie wollen anderen Probleme machen und das Leben erschweren. Für welchen Zweck? Fragen Sie sie doch selbst!

Knapp?

Um das Jahr 1973 fing es richtig an. Davor sprach kaum jemand vom Umweltschutz. Man hielt seinen Garten sauber, ließ seine Kippen, Kaugummis oder Bierdosen nicht einfach und überall fallen. Das hatte nichts mit Umwelt zu tun, sondern mit Eigenschaften wie Sauberkeit und Ordentlichkeit. Den emanzipatorischen Neulinken dienten solche Eigenschaften als untrügliches Zeichen für den „faschistoiden Charakter" der Betreffenden. Betriebe versuchten, wo es nur ging, am Energie- und Rohstoffverbrauch zu sparen. Auch das hatte nichts mit Umwelt, sondern mit Sparsamkeit zu tun. Man wollte Kosten senken und wirtschaftlicher produzieren. Auch dieser Zug gefiel den Jüngern der Frankfurter Schule nicht. Er galt ihnen als „faschistoid", weil er der verwerflichen „Gewinnmaximierung" diente. Dann brach plötzlich der ganze Umweltblödsinn über uns herein.

Wissen Sie noch, womit es begann? Richtig, es begann mit der Ölkrise.

Auch diese kam nicht ganz unvorbereitet. Schon ein Jahr zuvor hatte der Club of Rom, „Die Grenzen des Wachstums" verkündigt. Vor allem die Rohstoffe sollten knapp werden. Was aber knapp ist, erzielt nach dem Marktdogma einen hohen Preis. 1992 sollten nach der „wissenschaftlichen Studie" des Clubs die Weltölreserven aufgebraucht sein. Sie wissen inzwischen selbst, was Sie von der „Wissenschaftlichkeit" des Clubs zu halten haben, und wie ernsthaft seine Warnungen gemeint waren. Aber damals sagten ihnen alle Medien, vor al-

lem die „kritischen": „So ist es", und vor allem: „Wir alle müssen den Gürtel enger schnallen". Die gleiche Predigt kannten
wir zwar schon von Ludwig Erhard, dem Kanzler der US-Ban-
ken, aber ihm wollte sie damals niemand abnehmen.

Was war wirklich geschehen. 1969 brach in den USA wieder
einmal eine Wirtschaftskrise aus. Die Dollars strömten panik-
artig aus dem Land. Allein 1970 flohen 6,5 Milliarden Dollar.
Das war damals noch viel Geld. 1971 waren es bereits 20 Milliarden. Ein Ende der Fluchtbewegung war nicht abzusehen.

Die US-Regierung mußte sich überlegen, wie sie den
Dollarstrom umkehren konnte. Denn der Dollar gelangte ja
nicht unschuldig ins Ausland. Er kaufte etwas ein, und dementsprechend war jeder Dollar im Ausland eine Forderung an
die USA, die jederzeit wieder geltend gemacht werden
konnte. Außerdem schmolzen die Gold-Reserven der USA in
dem Maße, wie der Dollar abfloß. Gold war damals noch die
Wertgarantie aller westlichen Währungen. Die Auslands-
schulden der USA waren 1971 nur noch knapp zu einem Vier-
tel mit Gold gedeckt. Das veranlaßte US-Präsident Nixon im
August, den Vertrag von Bretton Woods einseitig zu kündigen
und die Golddeckung des Währungssystems aufzuheben.
Diese Maßnahme konnte das Vertrauen in den Dollar natürlich nicht fördern. Das war auch nicht der Sinn der Sache.
Was war also die Absicht, und was hat das mit dem Umweltschutz zu tun? Sie werden bald sehen.

Im Februar 1972 trafen sich 84 der wichtigsten Bankiers
und Bosse internationaler Ölkonzerne auf der Privatinsel des
schwedischen Bankiers Wallenberg, in Saltjöbaden. Einziges
Thema war die Sicherung der Grundlagen ihrer Macht, das
hieß, die Stabilität ihrer in Dollar ausgewiesenen Schuldfor-
derungen. Man war verlegen, bis ein Amerikaner mit dem
Vorschlag herausrückte, **den Ölpreis um 400% anzuheben**. So
steht es im geheimen Protokoll der Tagung, das aus Schlamperei in ein Pariser Antiquariat gelangte, wo es Bill Engdahl
zufällig fand. [1]

Der Trick war einfach und deshalb gut. Die höhere Ener-
gierechnung würde die Nachfrage nach Dollar sprunghaft
ansteigen lassen. Damit ließ sich die Versuchung, Dollar in

Gold einzulösen, bremsen. Die Dollars würden allerdings bei den „Ölscheichs" der OPEC und nicht bei der US Regierung zusammenfließen. Das bereitete den Bankiers weiter keine Sorgen. Was waren diese Öl-Scheichs denn anderes, als Konten, denen man einen Burnus umgehängt hatte. „Petrodollarrecycling" nannte Henry Kissinger diese Art der Heimholung der Dollars.

Der Plan gefiel und wurde „operativ". Die Frage, wie man den Ölpreis entsprechend anheben konnte, war leicht zu lösen. Die Geschichte ist heute bekannt. Henry Kissinger begann seine Pendeldiplomatie und löste damit den Yom Kippur-Krieg aus. Dafür erhielt er übrigens den „Friedensnobelpreis"! Den amerikanischen Beratern der Öl-Scheichs fiel es nicht schwer, ihnen ein Öl-Embargo gegen alle Unterstützer Israels aufzuschwätzen. Sie konnten dadurch zugleich ihre unruhig gewordenen, arabischen Untertanen bei Stimmung halten. Dem Embargo und einigen diplomatischen Maßnahmen gelang es schließlich, die ein halbes Jahr zuvor in Saltjöbaden beschlossene Lösung durchzusetzen. Der Ölpreis stieg in wenigen, rasch auf einander folgenden Schritten recht genau um die 400 Prozent, die im Protokoll standen. Die Schuld hatten, wie immer, wenn Anglo-Amerikaner im Spiel sind, andere. In diesem Fall waren es die arabischen Öl-Scheichs. Die Linken und die kritischen Medien hatten sie entsprechend mit Dreck zu bewerfen.

Was hat das aber mit dem Umweltschutz zu tun? Haben Sie den Braten noch nicht gerochen? Wie hätten Sie den Bürgern die Trendwende näher gebracht? Die Leute hatten sich über die Jahre daran gewöhnt, daß es aufwärts ging. Jedes Jahr eine kleine Lohnaufbesserung, jedes Jahr eine etwas bessere Versorgung. Daraus wurden Ansprüche, die nicht so einfach wieder aufgegeben werden. Soll man plötzlich wieder „den Gürtel enger schnallen", möchte man das wenigstens erklärt bekommen. Der „Öl-Schock" lieferte eine drastische und scheinbar auch einleuchtende Erklärung.

Also, der Dollar erholte sich wieder, und die US Regierung konnte ungestraft weiter Dollars drucken und ausgeben. Aber bei uns kehrte sich alles um: Sonntagsfahrverbot, Null-

Wachstum, Null-Bock, No-future, Tote Hose, Arbeitslosigkeit. Das mußte verkraftet werden. Aber weit reichte die künstliche Wut auf die Scheichs auch nicht. Und deshalb lief alles „grün" an: erst die Linken, dann die Grünen und dann die „großen Parteien". Sie etwa nicht?

Am Öl fehlte es natürlich nicht. Man suchte, bohrte und wurde fündig. Das ging so lange, bis das Interesse daran schwand; die Firmen, die sich auf Ölsuche spezialisiert hatten, verloren ihre Aufträge. Diese „Kosten" wollte man einsparen. Länder, die freiwillig bei der „Knappheit" nicht mitspielen wollten, wurden zum Schweigen gebracht. Der Schah im Iran wurde unter dem Jubel unserer Linken gestürzt, das Land fundamentalistisch umgekrempelt. Lybien wurde eingeschüchtert. Venezuela bekam mit dem Sozialdemokraten Perez eine Regierung von Washingtons Gnaden, ähnlich Argentinien und Brasilien. Allein den Brasilianern gelang es inzwischen, Präsident Collor de Mello, der ihr Land im Auftrag des Internationalen Währungsfonds ruinierte, wieder zum Teufel zu jagen. Vorlaute Politiker in der Dritten Welt, wie zum Beispiel Indira Ghandi, wurden ermordet oder, wie Noriega in Panama, zum Rauschgifthändler erklärt und einfach abgegriffen. Der Irak wurde mit vereinten Kräften zusammengebombt. Neue Weltordnung war der Name für diese und andere derartige Maßnahmen.

Gehen wir nicht so weit, nehmen wir den „Aufbau-Ost" als ein näherliegendes Beispiel für das, was durch „Umweltschutz" gerechtfertigt werden soll. Nach der Ermordung von Herrhausen und Rohwedder änderte die Bundesregierung ihre Wirtschaftspolitik in auffälliger Weise. Sie machte den sogenannten Aufbau-Ost zum anschaulichen Lehrbeispiel für das, was weltweit finanzpolitisch abläuft. Die Bundesregierung behielt nämlich ohne sachlichen Grund die Verschuldung im inneren des Landes, die vierzig Jahre sozialistische Mißwirtschaft angehäuft hatte, bei. Nichts zwang sie dazu. Die Schulden in der DDR, die zum großen Teil Folgen einer betrügerischen Staatspolitik waren, gehörten den sozialistischen Staatsbanken und hätten problemlos mit ihrem Staat untergehen können.

Statt dessen wurden die sozialistischen Banken aber billig an Westbanken verschleudert. Diese erbten damit die alten SED-Schulden. Mit diesen Forderungen konnten die Banken sogut wie jeden Produktionsbetrieb in den Neuen Bundesländern platt machen. Die Überschuldung machte die Übernahme und Sanierung der alten Betriebe selbst dann unbezahlbar, wenn die Treuhand sie für einen Apfel und ein Ei abgab. Die Verluste – sie sollen bis 1995 auf 400 Milliarden Deutsche Mark angewachsen sein – zahlt dann der Steuerzahler „solidarisch". Selbst Wohnungen ließen sich wegen ihrer auf diese Weise eingefädelte Überschuldung nicht mehr sanieren. So und auf ähnliche Weise wird sichergestellt, daß alles knapp bleibt.

Sie fragen nach dem Sinn dieser Politik? Knappheit – so lehrt die Marktwirtschaft – erhöht die Zahlungsbereitschaft. Sie kennen das von den Argumenten der Antikernkraftbewegung: Wir haben viel zu viel Energie. Knappe Energie bedeutet dann höhere Energiepreise, teurere Produktion, mehr Arbeitslose, weniger Energieverbrauch, noch größere Knappheit, noch höhere Bereitschaft, für das, was man sich noch leisten kann, mehr zu bezahlen. Die Menschen bekommen für ihr Geld nur noch das Nötigste. Die Wirkung ist so, als hätte man Ihnen von vornherein weniger Geld gegeben. Dadurch werden Mittel für die notleidende Finanzwirtschaft frei. So trägt der Bürger die Kosten, welche die Provisionsjägerei der Finanzhaie in den vergangen Jahre angehäuft hatte, „solidarisch".

Wenn man Arbeitern die Löhne kürzt, werden sie wütend. Man weiß dann nicht, was sie in ihrer Wut alles anstellen werden. Mit Umweltgesichtspunkten im Hinterkopf verstehen sie, daß alles teurer werden muß, und sie sich für ihren Lohn weniger kaufen können. Mittlere Angestellte, Beamte und deren frustrierte Ehefrauen scheinen diese Art von Knappheit sogar noch zu begrüßen. Freiwillig singen sie mit im Chor: „Wir müssen alle Opfer bringen, wir müssen alle der Umwelt zuliebe den Gürtel enger schnallen, wir müssen alle..."

Bei den „Braunen" geschah das angeblich dem „Volk" zuliebe. 1945 sah man das Ergebnis. Die Umweltbesoffenen las-

sen sich unter ähnlichen finanzpolitischen Bedingungen für
die Umwelt schröpfen. Auch sie werden das Ergebnis serviert
bekommen. Wann? Das ist noch nicht klar. Daß es schon bald
sein wird, zeigt das Ausmaß der Hungersnöte und Seuchen,
die einsetzende Massenflucht aus den Elendsgebieten und
das Ausbrechen militärischer Kämpfe um die Konkursmasse
der menschlichen Zivilisation.

In den zwanziger Jahren war die Welt dank des Versailler Sy-
stems überverschuldet. Die Überverschuldung rechtfertigte
„drastische Maßnahmen". Heute hat das System des Internationalen Währungsfonds die Überverschuldung in einer
Höhe überboten, die man bisher nicht für möglich gehalten
hatte. Also bedarf es weitaus „drastischerer Maßnahmen".
Der von den Medien eingebläute Umweltschutz macht nur
als „Vorfeldsicherung des Dollarrecyclings" Sinn. Verstehen
Sie immer noch nicht, was die Lage des Dollars mit der Umweltschutzbewegung zu tun hat?

Versuchen wir es mit einem Beispiel, das näher beim Umweltschutz liegt: „Trinkwasser wird knapp!" „Alle wissen es!",
vor allem die „stets kritischen" Medien! Am 28. 1. 1992 las sich
das in der „Rhein-Main-Presse" so:

> „Wasservorräte weltweit in Gefahr, Verschmutzung und
> Vergeudung nehmen zu, Mahnung zu sparsamem Um-
> gang." (... Natürlich waren es wieder Experten, die in
> Studien usw warnten, WR) „Ein Mangel an Frischwas-
> ser könnte sogar zu gewaltsamen Konflikten zwischen
> Ländern führen, sagte der Leiter des UNO-Umwelt-
> programms, Tolba auf der Internatinalen Umwelt- und
> Wasserschutzkonferenz in der irischen Hauptstadt
> Dublin. Für ein Viertel der Weltbevölkerung sei die Ver-
> sorgung mit sauberem Trinkwasser gegenwärtig nicht
> sichergestellt, heißt es in einem Bericht der Natur-
> schutzstiftung World Wide Fund for Nature (WWF) zu
> der Konferenz. Der größte Wasserverschwender ist
> demnach die Landwirtschaft: Die Bewässerung mache
> 70 Prozent des weltweiten Verbrauchs aus, aber nur 40
> Prozent dieser Menge komme der Produktion tatsäch-
> lich zugute. Der größte Teil gehe durch undichte Anla-
> gen oder Verdunstung auf dem Transport verloren, kri-
> tisierten die WWF-Experten. Die Naturschützer for-

dern, mindestens 90 Prozent aller Feuchtegebiete wie
Moore und Uferlandschaften unter internationalen
Schutz zu stellen. "

Welch eine Lüge!. Der Wasservorrat ist gewaltig. 70,8 Prozent der Erdoberfläche ist von Meeren mit einer durchschnittlichen Tiefe von 3 800 Metern bedeckt. Dazu bestehen
noch vier Prozent der Erdatmosphäre aus Wasser. Jede Sekunde rund um die Uhr verdunsten weltweit 14 Millionen
Tonnen Wasser. Das allein sind am Tag 1,2 Billionen Tonnen.
Da dieses Wasser nicht verschwindet, regnet es als Süßwasser
irgendwo wieder ab. Zugegeben, der meiste Regen fällt über
dem Meer. Aber kein Tropfen Wasser verschwindet von unserer Erde, schon gar nicht das Wasser, das zur Bewässerung der
Felder verwendet wird, oder aus defekten Wasserleitungen
tropft. Selbst wenn ein Astronaut ins All pinkeln würde, käme
das Eisklümpchen früher oder später zur Erde zurück.

Wasser wird nicht knapp, es sei denn, es gäbe Institutionen,
die genau das wollen. Wer aber könnte so etwas wollen? Nun,
was lehren uns die Marktwirtschaftler: Was knapp ist, findet
seinen Preis. Kein Wunder, daß in manchen Wüstenländern
Wasser einen ganz erklecklichen Preis findet. Warum nicht
auch bei uns? Ist Ihr Wasserpreis nicht auch in den letzten
Jahren um 400 Prozent gestiegen? Genauer gesagt: Nicht der
Preis stieg, sondern die herrschende Partei legte den Preis
fest. Der Benzinpreis lehrt uns, daß es bei Preistreiberei keine
sachliche Grenze gibt. Nur der Widerstand der Leute kann
sie brechen, und ihre Bereitschaft, Regierungen abzuwählen
und solche zu wählen, von denen die herrschenden Parteien
sagen, man verschenke seine Stimme, wenn man sie wählt.
Die Bereitschaft dazu ist allerdings knapp. Und genau aus diesem Grund ist Wasser „knapp", oder genauer, wird den Leuten eingeredet, Wasser sei knapp.

Rasch hat man auch berühmte Experten zur Hand. Eines
dieser Exemplare ist Professor Dr. Wolfgang Seiler, Leiter des
Frauenhofer Instituts für atmosphärische Umweltforschung
und Leiter der Enquete Kommission zum Schutz der Erdatmosphäre in Bonn. Dieser Mann ist dafür bekannt, daß er in
den Medien die wildesten Umweltgeschichten in die Welt

setzt und hinterher, wenn er von Kollegen daraufhin angesprochen wird, in privaten Briefen behauptet, er habe das
nicht so gesagt oder gemeint. Das klingt dann so: „Sie verweisen dabei (ein Schreiben an ihn) auf verschiedene Zeitungsartikel, in denen angeblich von mir gemachte Aussagen
über die Zunahme von UV-B-Strahlung an der Erdoberfläche
zitiert werden. Diese Aussagen sind in der vorliegenden Form
nicht gemacht worden und müssen korrigiert werden". In der
Presse hat Herr Seiler diese Aussagen aber nicht korrigiert.
Das gilt auch für die Aussage, welche die „Bild-Zeitung" am
24. 5. 1992 abgedruckt hatte:

> „Niederschlag, der in den Bergen sonst als Schnee fällt,
> wird dann (nach der von ihm verwerteten, angeblichen
> Klimakatastrophe) als Regen auf die Erde runterkom-
> men. Im Frühjahr fehlt deshalb das Schmelzwasser, das
> über die Flüsse die Grundwasservorräte speist. Auf den
> Regen können wir uns auch nicht mehr verlassen: Weil
> es wärmer wird, verdunstet der Niederschlag, bevor er
> in den Boden eindringt."

Für wie dusselig hält dieser Wissenschaftsbeamte den Bürger eigentlich: Grundwasser kann sich nur aus „Schmelzwas-
ser" speisen. Wenn es im Winter „nur" regnet, kann dieses Regenwasser nicht ins Grundwasser eindringen. Wie heiß muß
es wohl werden, daß das Regenwasser, bevor es in den Boden
versickert, schon wieder verdunstet ist? Die anderen Wasser-
verknapper, ob Beamte oder nicht, sind kaum besser. Für
Geld ist alles zu haben, auch ausgekochte Dummheiten.

Natürlich gibt es Wasser nicht an jedem Ort der Erde in
gleicher Menge. Aber das war ja schon für die Leute im
Zweistromland, deren 5 000 Jahre alte Kultur die UNO im
Irak zerbomben ließ, nichts Neues. Anlagen zur Wasserbe-
wirtschaftung bildeten die Grundlage dieser Hochkultur.
Auch die Römer bauten Wasserleitungen über Hunderte von
Kilometern, um das Wasser dort hinzubekommen, wo sie es
brauchten. Mit unseren technischen Möglichkeiten, läßt sich
so etwas recht problemlos durchführen, man müßte es nur
wollen. Beim Wollen aber liegt das eigentliche Problem.

ANMERKUNG:

1) Wer an den Einzelheiten interessiert ist, findet sie in dem Buch F. William Engdahl: *Mit der Ölwaffe zur Weltmacht, der Weg zur neuen Weltordnung*. Dr. Böttiger Verlags-GmbH, Wiesbaden 1992, Seite 199 und folgende.

KAPITEL 8

Die Natur des Naturschutzes

Aber die Grünen haben doch eine Menge bewegt, heißt es. Bewegt vielleicht schon! Ob aber auch zum besseren, wäre zu fragen. Hitler hat ja auch Autobahnen bauen lassen. Wiegt das alles andere auf, was wir von ihm wissen?

Wohlverstandenen Pflanzen- und Tierschutz, pflegerischen Umgang mit der Landschaft, mit den Rohstoffen, der Energie, dem Trinkwasser, der Luft und den Abfällen, den Abgasen und Stäuben gab es längst vor den Grünen. Das war früher eine Selbstverständlichkeit und niemand machte deshalb viel Aufheben darum. Dann traten die roten Vorläufer der grünen Umweltbewegung auf. Sie wollten alle Welt antiautoritär emanzipieren. Jeder Halbstarke sollte sich so frei fühlen, seine Kippe, Cola-Dose oder Bierflasche dort fallen zu lassen, wo es ihm die Gefühle diktieren. Wer meinte, sich am Riemen reißen zu sollen, galt ihnen als „faschistoid". Mit dem Schlachtruf „gegen den täglichen Faschismus" bliesen die Neuroten 1966 zum Krieg gegen Anständigkeit, Sauberkeit, Pünktlichkeit, Zuverlässigkeit, Ordentlichkeit, Rücksichtnahme und gegen alles, was nach Kultur aussah. Das ist noch nicht so lange her.

Nach dem antiautoritären Wertewandel brach 1973 die Umweltschutzbewegung aus. Jetzt kehrte sich alles um. Aus Rot wurde Grün. Nicht mehr die materielle Not der Menschen diente zum Vorwand für Aktionen, sondern ein „Konsumterror". Der Lebensstandart der „Arbeiterklasse" sollte nicht mehr verbessert, sondern auf ein „natürliches" Maß herunter geholt werden. Plötzlich stimmten die Emanzipatoren das Kölner Karnevalslied an: „Auf die Bäume ihr Affen, der Wald wird gefegt!" Millionen Deutsche folgten ihnen bald. Die Grünen störte das ältere Karnevalslied „Wer soll das bezahlen?" nicht, fanden sie in einem anderen Witzlied doch eine bequehme Antwort: „Der Papa wird's schon richten..." Kosten? Uninteressant! Der Staat hat's ja! Soll er doch abrüsten!

Die rotgrüne Bewegung gibt sich „antifaschistisch". Das gilt aber nur dort, wo sie nicht auf Widerstand stößt. Wer ihr widerspricht, ihre Behauptungen anzweifelt und den Widersinn ihrer „Lösungsvorschläge" aufdeckt, erfährt es anders. Er kann dann am eigenen Leibe spüren, wie jene „Antifaschisten" mit leichtfertig sogenannten „Faschos" umgehen. SA-Schläger haben es nicht anders getrieben. Dem entsprechen auch die „kritischen Intelektuellen" der Bewegung. Sie beschimpfen jeden, der aus eigenem Nachdenken ihre Glaubensbekenntnisse nicht nachbetet, mit dem Übelsten, was sie sich denken können. Beim heute aufgeklärteren Sprachgebrauch sind „Antisemit" oder „hartgesottener Faschist" gebräuchliche Schimpfwörter.[1]

Schon jetzt glauben rotgrüne, das heißt in dieser Farbmischung doch wohl braune, Stadtverordnete und Gemeindevertreter, Kleingärtnern vorschreiben zu sollen, was sie auf ihrem Stückchen Land anbauen dürfen. Ihre übergeordneten Dienststellen drohen – wie erwähnt – mit „der Schlagkraft unserer Behörde", fordern einen Überwachungsapparat, und schließlich sogar eine mobile Einsatztruppe, wie die GSG-9, für den Naturschutz.

Naturillusion

Was wollen die Grünroten denn schützen? Den Hurricane etwa, der ganze Küstenstriche verwüstet, oder den Vulkanausbruch, der ganze Gegenden unter Schlamm oder Lava erstickt, oder – wie beim Brand des Yellowstone-Nationalparks in den USA – sogar Waldbrände? Ist die Dürrekatastrophe schützenswert, der immer wieder unzählige Menschen, Tiere und Pflanzen zum Opfer fallen, oder sind es die Regengüsse, Gewitter, Unwetter, die Flüsse anschwellen lassen, so daß sie alles, was in ihrem Tal wächst, hinweg fegen? Was ist schützenswert an „der Natur"?

Ist es nicht ein Widersinn, Natur schützen zu wollen? Der Mensch hat in langer harter und geistvoller Arbeit die Natur zurückgedrängt. An ihre Stelle errichtete er sich einen Garten Eden. Er ließ sich dabei von dem bei protestantischen Christen inzwischen geschmähten, biblischen Gebot leiten: „Machet euch die Erde untertan!". Nach diesem Gebot hat der Mensch die mörderischen Gefahren der Natur zu bannen versucht. Er hat unter anderem schwache Pflanzen und Tiergattungen, die in der Natur längst ausgestorben wären, umhegt, und ihnen in seinem Garten künstliche Überlebensnischen angelegt. Der Mensch lernte, Unwetter und Erdbeben vorherzusagen, um sich und einiges andere zu schützen. Mit zunehmendem Erfolg regulierte er Flüsse, um zu Hochwasserzeiten ihre tosenden Fluten zu bändigen. Er legt Wasserreservoire an, um Pflanzen und Tiere während der Trockenheit zu tränken. Er baute Deiche gegen die brandende Wucht der Sturmflut und pflanzt Hecken gegen die nagende Gewalt der Stürme.

So schuf sich der Mensch eine lebensbejahende Umgebung, in der es mehr grünt und blüht als zuvor in den natürlichen Wildnissen. Gewiß folgte der Mensch dabei Moden, gestaltete die Landschaft seines Gartens zu „künstlich", lernte daraus und ließ der Natur einen freieren Lauf, um bald erneut einzugreifen, wenn der Garten verwilderte. Wo immer wir ins Grüne gehen, nichts ist mehr Natur, alles ist ein mehr oder weniger gut gepflegter Garten, eine Kulturlandschaft. Was also soll da: „Naturschutz"? Wenn irgend etwas nötig wäre, dann vielleicht eine bessere Pflege dieser Kulturlandschaft, also bessere, höhere Kultur.

Bei dem Wort „Natur" träumen satte Stadtmenschen gerne von Urlaub und Freizeit, Impotente vernehmen etwas von

Rauschzuständen und Vertrockneten verheißt das Wort neue Lebenssäfte. Aber im Urlaub begegnet heute keinem mehr „Natur". Da ist alles Kultur, und meistens nicht einmal die beste. Es ist eine besondere Kultur, eine, die eigens auf impotente, vertrocknete, verstaubte Menschen hin angelegt, auf ihren Geldbeutel hin abgerichtet ist und mit ihren verquasten Träumen spielt. Die Landschaft wurde entsprechend gestaltet, ebenso die Kneipen, und sogar die eingeborene Bevölkerung. Sie posiert für die Touristen im Indianerputz, im Puszta-Look oder in der Krachledernen. Die einen wissen das. Sie wollen ein wenig betrogen werden und bezahlen schmunzelnd dafür. Andere wollen das nicht wahr haben und verteidigen verbissen ihre Illusion. Dazu zählen auch die Naturbegeisterten.

Natur ist die große Vernichterin. Sie ist das Unwägsame, das Ungeregelte, das Gefährliche, was jeden, der nicht kampfbereit ist, unweigerlich verschlingt. Urwald ist Natur. Dort hält sich Tod und Leben nur mühsam die Waage. Auch Wüste ist Natur. Man schicke die Naturbegeisterten nur zehn Tage in die Wildnis, nicht in eine, die als Touristenattraktion zurecht gemacht wurde, sondern in eine wirkliche Wildnis, und sie werden, wenn sie es überleben, von ihrer Spinnerei geheilt.

Jene Rettungsbesessenen, die alles retten wollen: die Kröten, die Mücken, die Unkräuter oder die Ozonschicht, kennen immer nur einen Vernichter, den Menschen. Warum wohl? Sie versuchen die Schuldgefühle, die ihr impotentes Leben in ihnen weckt, auf andere abzuwälzen. „Der Mensch war in seinem Kampf gegen die Natur zu erfolgreich, weshalb es heute die Umweltkrise weltweit gibt". So etwas sagten am 19. 10. 1991 im 1. Programm des WDR Leute, die nie den geringsten Beitrag dazu geleistet haben, daß es auf dieser Erde weniger gefährlich, geordneter und wohnlicher zugeht. Was Wunder, daß sie sich uneingestanden über die Sinnlosigkeit ihrer Existenz schämen. Ebenso unbewußt geben sie ihren Eltern und denen „die Schuld", die alle realen, materiellen Probleme für sie geregelt hatten. Das Geschimpfe der Umweltbesoffenen auf Technik, Industrie und Landwirtschaft ist doch nur das verdeckte, schuldvolle Eingeständnis ihrer eigenen Unfähigkeit, mit realen Dingen umzugehen und etwas Gutes zu bewirken.

In der bisherigen Weltgeschichte konnte sich kaum ein solches Ausmaß an hirnrissiger Verrücktheit behaupten, wie es in der heutigen Umwelt- und Naturschutzbewegung aufbricht. Ihre Jünger hätte früher die „Natur" selbst hinweggerafft. Erst die moderne Technik macht es möglich, daß selbst diese antiproduktiven Spinnereien mitversorgt werden können. Keine der bisherigen menschlichen Kulturen konnte es sich leisten, Dämme einzureißen und Kulturlandschaften zu verwüsten, um „der Natur" Raum zurück zu geben. Alle bisherigen Kulturen benutzten, was die Natur ihnen bot, um daraus für sich, ihre Tiere und Pflanzen bessere und lebendigere Lebensräume zu schaffen. Scheinbar nebenbei schufen sie auch noch jene Kulturdenkmäler, die wir heute an ihnen so sehr bewundern. Ihnen war „Natur" der natürliche Feind, der Todfeind, den es zu bändigen, zu bezwingen und zu kultivieren galt.

Eine der ältesten Dichtungen der Menschheit, das Gilgamesch Epos, besingt diesen unerbittlichen Kampf des Menschen mit der wilden Natur. Im Kampf mit der ungebändigten Natur erkennt das Epos das Wesen menschlichen Lebens, das den menschlichen Geist und die vermenschlichte Natur, nämliche die Kultur hervorbringt. Als Symbol der Kultur nennt das Epos die Stadt und das ewige Leben. Als „ewig" schätzt das Epos ein menschliches Leben, wenn es in dem eintönigen Bla Bla des bloßen Dahinlebens eine Richtung findet, um einen gültigen Zweck (und nicht nur sich selbst) zu verwirklichen. Das geschieht, daß man im Leben etwas schafft, das auch nach dem Tod noch eine Spur hinterläßt. Ein solches Leben ist nicht sinnlos vertan, weil es auf andere menschliche Leben bessernd eingewirkt hat. Was die Rotgrün-braunen mit ihrem Umweltgetöse angreifen, ist nichts weniger als das Wesen der menschlichen Zivilisation, es ist das Menschliche in der bisherigen Geschichte.

Unsere industrielle Zivilisation macht es heute möglich, die materielle Not restlos zu beseitigen und jedem Menschen eine produktive, sinnvolle Existenz zu erlauben. Und gerade als dieser alte Menschheitstraum in greifbare Nähe rückte, bäumt sich plötzlich aus unbewußten Tiefen die naturvessesene Barbarei dagegen auf. Im grünen Umweltgetöse läßt sich die Angst vor den Herausforderungen eines selbstzubestimmenden, schöpferischen Lebens nicht überhören. Ein solches Leben konnten bisher wegen des vorherrschenden Mangels nur wenige, außergewöhnliche Menschen führen. Der Aufstand der bequemen Dummheit gegen die Herausforderung des menschlichen Geistes bedient sich dazu der Schwafeleien eines Thomas Malthus, jenes heuchlerischen Pastors, den die britische East-India Companie im 18. Jahrhundert eingestellt und zu Ehren gebracht hatte, damit er ihre Ausbeuterei wissenschaftlich absegne.

Immer, wenn Menschen unproduktiv und steril geworden sind, selbst nichts mehr schaffen und sich nur noch um die Konkursmasse der menschlichen Zivilisation raufen, greifen sie auf die gleichen grünen, malthusianischen Ideen zurück. Das begann mit der Freien-Markt-Propaganda der monopolistischen, britischen Staatsbetriebe. Dem entsprach der Blut- und Bodenkult der menschenverachtenden Nationalsozialisten. Die gleiche Gesinnung teilen diejenigen, die das Verbot von DDT durchsetzten, die Kernenergie verteufeln, FCKW und Methylbromide verbieten, ungerechtfertigte Krebsängste schüren und durch unnötige Umweltängste schon den Kindern alle Lebensfreuden vermiesen.[2]

Gehört der Mensch nicht selbst zu eben der Natur, die diese Leute schützen zu müssen glauben? Wie sieht ihre Schützerei eigentlich aus? Schauen wir also etwas näher hin! Was geschieht mit Sicherheit in einem rettungswürdigen Feuchtebiotop, wenn man es alleine läßt? Scheinbar ganz von selbst, also „natürlich" tauchen darinnen Weiden auf. Es dauert nur wenige Jahre und das Feuchtebiotop ist von alleine verschwunden. Übrig geblieben ist ein Weidenhain. Das Wuchergestrüpp hat alles überwuchert, was sich unrealistische Menschen an Naturbelassenheit zurechtphantasieren wollten. Wer das Feuchtebiotop erhalten will, muß dafür sorgen, daß die Weidenschößlinge rechtzeitig ausgejätet werden. Ist das etwa die vielgepriesene Natürlichkeit?

Oder nehmen wir die Hochmoore, die unsere Grünen so lieben. Was machte sie möglich? „In Gewässern ohne Mineralversorgung vom Grund her können Moose ohne Wurzeln dank atmogener Mineralversorgung wachsen und die zur Torfbildung führenden Schichten aufbauen." „Atmogene Mineralversorgung", auf Deutsch heißt der Satz: Erst und alleine die „Schadstoffe" der Luft, lassen diese Moore wachsen. Kostentreibende Luftverordnungen der Regierungen rauben nicht nur gefährdeten Lebensräumen ihre letzten Versorgungsquellen, auch das sogenannte „Waldsterben" soll, soweit es real ist, weitgehend die Entstaubung der Industrieabluft verschulden. Wahrlich ein vorbildlicher Naturschutz, für den der Bürger obendrein teuer bezahlen muß! Unbestreitbar ist jedenfalls, daß damals, als in Mitteleuropa mit Beginn der Industrialisierung in großem Umfang Kohle verbrannt wurde, das Wachstum der Bäume deutlich zunahm. [3]

Nehmen wir ein so bekanntes „Naturschutzgebiet" wie die Lüneburger Heide! Als die Salzsieder Lüneburgs vor dreihundert Jahren immer mehr Holz brauchten, um ihre Salzpfannen am Kochen zu halten, holzten sie kurzerhand die Wälder ab. Sie pflanzten nichts nach. „Primärgehölze" eroberten sich die Gegend. Es wucherte vor allem Erika, dazwischen einige Birken, Weiden, Erlen, Wacholder und anderes. Dann kamen die Städter und fanden das „schön". Als das Salzsieden nichts mehr einbrachte, merkten geschäftstüchtige Romantiker, daß sich damit auch Gewinne machen ließen. Aber gewisse Gehölze nahmen überhand und trachteten danach, diese „Schönheit" zu zerstören. Zum Beispiel wuchsen Birken und Kiefern hoch und verdrängten das Heidekraut. Wußten Sie, daß es in der Lüneburger Heide Landschaftswarte gibt, die jeden Birkensproß ausreißen müssen, um den Landschaftscharakter so richtig heidschnuckelig zu halten? Und das heißt dann Naturschutz.

Überließe man es der „Natur", Birken und anderes Gehölz hätten längst alles überwuchert. Und so ist es mit allem, was sich Rotgrün-Braune unter „Natur" vorstellen. Es sind mehr oder weniger gepflegte Parks, menschliche Kultur, und deshalb finden unsere Naturschützer es dort auch so angenehm und schön. Aber wehe, man ließe sie uneingeschränkt machen. Wie lange dauerte es, bis es überall so aussieht wie nach einer „Open-Air-Rock-Veranstaltung" für den Umweltschutz?

Wie gebärdet sich Naturschutz in Aktion? Nehmen wir ein Tal irgendwo in Deutschland. Es liegt abgeschieden, ohne Bebauung. Ein kleiner Bachlauf mit Wiesengrund, rechts ein kleiner Laubwald, links ein steiniger Hang. Hummeln summen. Von ferne hört man einen Bussard schreien. Schmetterlinge flattern. Dann taucht ein Naturschützer auf und findet das Tälchen schützenswert. Gleich muß es gerettet werden. Vor dem Naturschützer hatte sich niemand außer dem Eigentümer, der zweimal im Jahr das Gras mähte, und vielleicht ein einsamer Wanderer oder Pilzesucher für dieses Tälchen interessiert.

Nun aber bricht der Teufel los. Zuerst muß der Wanderweg umgelegt werden, damit niemand mehr durch das Tal streift und dabei möglicherweise ein Knabenkraut zertrampelt. Und dann rollen sie an, die Stadt- und Gemeindevertreter, Naturschützer und Vereinsfunktionäre. Es gibt Begehungen gegen Spesenerstattung. Die Funktionäre erfahren dabei meistens zum ersten Mal etwas von dem Tälchen. Nun wird verwaltet, werden Gesetze eingebracht und verordnet. Die Käfer werden nachgezählt und die Vögel. Der Landwirt bekommt Auflagen. Er darf nichts mehr anbauen und anpflanzen. Er wird verpflichtet, nur zwei Mal im Jahr zu mähen. Wahscheinlich tat er es früher nicht öfters. Jetzt hätte er die Chance, dafür bezahlt zu werden – wenn und solange die Staatskasse sich das leisten will.

Das Tal schert sich einen Dreck um die Verwaltung. Der steinige Hang wächst zu. Die bodentypischen Pflanzen verschwinden. Andere breiten sich aus. Die Listen müssen neu geschrieben werden. Das Wäldchen wird geschlagen. Die nichts ahnenden Arbeiter schleppen das Holz durch die Wiese. Der Landschaftsschutz tritt in Aktion. Wieder wird vermessen, gerügt, werden Schuldige gesucht und bestraft. Den Paragraphentrampeltieren gelingt es allmählich, aus der Idylle eine Plage zu machen. Das ist Naturschutz in Aktion.

„Natur", das war immer schon im wesentlichen Vernichtung. Sie vernichtet sich selbst und alles, was sich gestaltet
hatte und irgendwann aufgehört hat zu kämpfen. Dazu
gehört auch das, was menschlicher Geist sich ausdachte, aber
die schlaff gewordene menschliche Hand nicht mehr pflegte.
Am 8. 10. 1991 war in der Presse zu lesen, man habe in Ägyp-
ten eine Pyramide wiederentdeckt. Eine ganze Pyramide? Ja-
wohl, eine richtige, 9 Meter hohe Pyramide wurde unter gut
10 Meter Dreck ausgegraben. Den Dreck hatte „die Natur"
über sie geschüttet. Im Urwald entdeckte man Reste großer
Zivilisationen genau so wie auf den Tels, den Tafelbergen in
den verwüsteten Steppen. Die Natur hatte die Menschen hinweggerafft und ihre Zivilisation begraben. Wie bescheiden
nimmt sich daneben die Schadensbilanz der Menschen trotz
vieler, irrsinniger Kriege aus?

Für unsere Naturschützer ist die „Natur" immer unschuldig. Wenn es in den Alpen zum Bergrutsch kommt, waren gewiß die Sessellifte und die Wanderer daran schuld, auch wenn
es dort seit Jahrmillionen Bergrutsche gibt. Wenn irgendein
Blümchen „ausstirbt", war sicher der Landwirt schuld, obwohl ständig und überall Pflanzen von anderen verdrängt
werden. Nur bei Vulkanausbrüchen fällt es diesen Rotgrün-
Braunen noch schwer, dafür auf eine einigermaßen glaub-
hafte Weise Menschen verantwortlich zu machen. Betäti-
gungsgrund genug für Wissenschaftler, die sich einen Namen
machen wollen.

Naturkatastrophen

Amerikanische Naturschützer scheinen in manchem, realistischer zu sein, als unsere deutschen. Als vor Jahren der
berühmte Yellowstone Nationalpark brannte, verzichtete
man auf das Löschen. Sicher wäre vieles zu retten gewesen,
wenn man, wie früher, das Geld für die Löschaktionen aufgebracht hätte. Das Budget riet aber, es brennen zu lassen und
die grüne Umweltideologie diente als Begründung. Postkar-

tenlandschaften versanken in Schutt und Asche. Kürzlich sah ich einen Film über die verwüstete Gegend und was konnte ich erkennen? Neues Leben sproß der Asche unbekümmerter, interessanter und vielschichtiger als je zuvor. Hatten die Umweltschützer also recht?

Auch hier im Lande ist so etwas nicht ganz unbekannt. Eine neue Straße wird durch ein Gebirge gelegt. Ein Berg muß angeschitten werden. Die Naturschützer entrüsten sich. Aber was geschieht? Die waidwunde Erde gebiert rasch neue Pflanzen. Sogar Pilze, wie z.B. Orangebecherlinge kommen von irgendwoher zum Vorschein. Die alten Pflanzen sind verschwunden, dafür treten ganz neue Arten auf. Es ist fast so, als habe die Natur auf diese „Katastrophe" gewartet, um wieder einmal ihre Üppigkeit unter Beweis stellen zu können, um mit einer ganz neuen Garnitur von Lebewesen dort eine restlos neue Lebenswelt entstehen zu lassen.

Die Naturschützer, die das alte Vorhandene bewahren und „retten" wollen, tun also sowohl der Natur wie dem menschlichen Eingriff Unrecht an. Nehmen Sie Ihren Fichtenwald. Jahrzehntelang können Sie dorthin gehen. Es tut sich nichts. Das gleiche, spärliche Kraut, die gleichen, vereinzelten Lebewesen, das gleiche, eintönige Einerlei. Aber dann wird der Wald eingeschlagen oder ein Sturm, wie „Wiebke" vor drei Jahren, reißt ihn um. Der angeblich „brutale" Einschlag bringt Leben in das Stück Erde. Schauen Sie sich nur den Kahlschlag eines Fichtenbestandes nach drei Jahren an. Sie werden ihn nicht wiedererkennen. Während im Fichtenwald alles muffig, modrig, tot ist, fängt nach dem Kahlschlag das Leben erst richtig wieder an. Es wächst und wuchert um die Wette. Plötzlich keimen dort Weidenröschen, Fingerhüte, Himbeeren, Walderdbeeren, seltene Gräser. Es wimmelt und summt von den vielen Insekten, die sich dort wohlfühlen. Nun, dann gehen Sie zurück in einen anderen Fichtenbestand, und schauen Sie sich um, was dort sprießt und wächst. Ist er nicht wie tot?

Die Katastrophe eines Kahlschlags hat für Leben gesorgt, für neues Leben. Und das erst ist das Wesen der „Natur": Tod und neues Leben. Was ist daran zu schützen? Einen Garten, einen Landschaftspark kann man pflegen, und man kann das vielleicht auch „schützen" nennen, aber die „Natur"?

Wer das nicht glauben will, der mag einen Blick in die Paläontologie werfen. Wohin? Paläontologie ist die Lehre von der fossilgewordenen Erdgeschichte, mit der sich stets ändernden Flora und Fauna. Welche Welten an Leben tauchen da vor unseren Augen auf? Das alles ist untergegangen, wurde verdrängt, plattgedrückt und versteinert. Ganze Erdzeitalter mit eigener Pflanzen- und Tierwelt lösten einander ab. Was vor Jahrmillionen gelebt hat, ist ausgestorben und tot. Die Natur hat vieles davon zusammengepreßt, unter Bergen von Schutt und Schlamm begraben. Gepreßt und versteinert zeugen die Fossilien von Lebewesen, die längst ausgestorben sind. Wir können das Leben nicht schützen und bewahren, wir können seinen Gang nicht aufhalten.

Arten verschwinden und neue treten auf, so wie wir selbst mit Sicherheit verschwinden und andere nach uns kommen werden. Wir werden das nicht aufhalten und wir brauchen es nicht aufzuhalten oder zu schützen. Aber wir könnten selbst leben und etwas zu der Vielfalt der Erscheinungen beitragen. Wir können auch dafür sorgen, daß neues Leben intensiver und vielfältiger möglich wird. Nur nennt man das nicht „Schützen" sondern „Arbeiten"; daran liegt den Umweltschützern aber wenig. Deshalb hassen sie die effektive Technik. Aber erst mit ihr gelingt es uns, Leben auf unserer Erde zu vermehren und zu steigern.

Natur oder Antikultur

Die Natur dreht sich scheinbar wahllos in einem Reigen von Vernichtung und Erneuerung. Erst der Mensch scheint dem ganzen eine Richtung zu geben. Er will die Erneuerung mehren und der Vernichtung wehren. Das Ergebnis dessen heißt Kultur. Sie läßt sich am besten an den großartigen Gartenanlagen erkennen, die alle großen Kulturen angelegt haben. Von der Pracht der hängenden Gärten der Semiramis wissen wir nur noch aus den Lobreden antiker Schriftsteller. Die Schönheit Hadrians vielgerühmter Villengärten können wir selbst noch an ihren Ruinen in Rom ablesen. Von der Gartenkultur der Renaissance- und Barockzeit blieben uns herrliche Zeugnisse erhalten. Welch ausgewogene Kunst steckt in den scheinbar natürlichen Zen-Gärten Japans. Ein bescheidenes Abbild solcher Gartenentwürfe findet man in den kleinen Vorortsgärten, wo sich die Kleingärtner stolz ihrer von Unkraut befreiten Beete und Blumenrabatten freuen, wo die Hecken und Bäume beschnitten, üppig in Frucht stehen und liebevoll etwas über den Winter gebracht wird, was dort – ginge es nach den Umweltschützern – gar nicht wachsen dürfte.

Was sind dagegen die Öko-Gärten unserer Naturschützer? Kürzlich brauchte der Umweltminister Nordrhein-Westfalens wieder einen medienwirksamen Auftritt. Er ließ eine Tüte Unkrautsamen kaufen, machte sich mit seinem Gefolge und einem Schwarm geladener Journalisten an Feldraine und Wegränder heran und streute das aus. Welch eine Kulturleistung! Auf der Bundesgartenschau in Frankfurt wird künstlich eine „naturbelassene" Ökofläche angelegt. Beinahe wäre der Bau der Deutschen Bibliothek in der gleichen Stadt unterblieben, weil sich wegen der Unentschlossenheit der Bauträger in der zu lange verwahrlosten Baustelle ein „Trittsteinbiotop" gebildet hatte, das es zu retten galt. Wird hier Kultur ins Gegenteil verkehrt? Macht sich der Mensch hier nicht zum Anwalt der Verwahrlosung? Matthiesens „Streuwiese mit Naturzwang" ist entweder Volksverdummung oder, gefährlicher: „Antikultur". Mit Natur hat das nichts zu tun.

Nehmen wir auch hierfür ein einfaches Beispiel: In meiner Gemeinde Erftstadt, westlich von Köln, sollte eine Ortsumgehungsstraße gebaut werden. Die vorgesehene Trasse führte geradewegs durch ein sogenanntes Feuchtbiotop. Um der grünen Politik gerecht zu werden, der sich die Mehrheitspartei verschrieben hatte, sollte zur Rettung von ein paar Kröten, Lurchen und ähnlichem Viehzeug eine Brücke über das Biotop gebaut werden. Der Voranschlag sah DM 1,9 Millionen als Baukosten vor. Schließlich wurden dann – wie in solchen Fällen üblich – 6 Millionen DM dafür ausgegeben. Natürlich fehlte das Geld an anderer Stelle. Den eigentlichen Charakter dieses Bauwerks machte aber erst ein weiterer Vorfall in der Gemeinde kund.

In Liblar, das zu unserer Gemeinde gehört, war Carl Schurz geboren worden. Zur Erinnerung an diesen einst für Amerika bedeutsamen Bürger, wird ein Preis und eine Medaille vergeben. Der auf jeweils 5000 DM festgelegte Preis ist für Leute gedacht, die sich um die „Freiheit" verdient gemacht haben. Preisträger waren z.B. Lech Walesa, der ehemalige Hochkommissar John McCloy oder die Cap Anamur, die sich für die Bootsflüchtlinge aus Vietnam eingesetzt hatte. Nun wollte die CDU den Preis dem Förderverein des ansässigen Behindertenhilfswerks zur Verfügung stellen. Sie versprach sich für ihren Antrag Erfolg, weil sie wußte, daß der Vorstand des Behindertenwerks der anderen, also der Mehrheitspartei angehörte. Trotzdem wurde der Antrag brüsk abgeschmettert. Hilfe für behinderte Kinder soll mit Freiheit nichts zu tun haben, hieß es. Problemlos wurden 6 Millionen für ein paar Lurche und Kröten ausgegeben. Aber 5000 Mark für behinderte Kinder aus aller Welt – denn der Verein bemüht sich vor allem darum, behinderten Kindern aus dem Ausland zu helfen – standen nicht zur Verfügung. Das Beispiel offenbart die Denkweise der Naturschützer: Kröten sind besser als Menschen.

Wer schützt schon die Natur?

Am 25.10. 1990 war in der „Kölnischen Rundschau" zu lesen:

> „Über 200 Seevögel sind im Sommer in Alaska nachweislich getötet worden, um nach der Ölpest des vergangenen Jahres Beweise gegen den Ölmulti Exxon zusammenzutragen. Die Vögel wurden angeblich im Auftrag der US-Naturschutzbehörde, die dem Innenministerium untersteht, und des Justizministeriums in

Schutzgebieten geschossen, in Öl getaucht, mit kleinen Sendern versehen und ins Meer geworfen. Dadurch sollte festgestellt werden, wieviele davon im Wasser versanken und wieviele an den Strand gespült würden. Wie die Washington Post berichtet, sollen auch im Auftrag des Staates Alaska Tiere für das Exxon Verfahren getötet worden sein. Im Sommer seien 10 Robben auf diese Weise umgekommen und zusätzlich wahrscheinlich Flußottern, Rotwild und Enten, um Ansprüche auf Schadenersatz wissenschaftlich zu untermauern".

Wenn es um Geld und Betrug geht, ist alles möglich.

Inzwischen gibt es andere Informationen vom Staate Alaska. Zuständige Stellen mußten erkennen, daß die Putzaktionen nach der „Ölkatastrophe", als der Tanker Exxon Valdez auf ein Riff aufgelaufen war und anschließend 40 000 Tonnen Öl ausgelaufen waren, mehr Schaden anrichtete, als das ausgelaufene Öl. Die Meeresdünung hatte den Ölteppich zerschlagen und anschließend das Erdöl weitgehend aufgelöst. Dagegen haben die Reinigungskolonnen die Küste auf Jahre hin nachhaltig verwüstet.

Auch in deutschen Zeitschriften stößt man hin und wieder auf nahezu unglaubliche Berichte über die Geldgeschäfte von Naturschutzverbänden. So konnte man in der Zeitschrift „Natur" Heft 4, 1990 unter der Überschrift „Geld her! so wird im Tierschutz abkassiert" etwas über die gebräuchlichsten Methoden, wie Spendengelder organisiert werden, lesen. Im Grunde kennt jeder die Masche: Eine lebensbedrohende Katastrophe wird an die Wand gemalt. Dem folgt der Alarmruf: „Wenn wir nicht sofort etwas unternehmen...". Dann ist jeder Bürger „gefragt" und schließlich kommt die Hauptsache: das Spendenkonto. Wieviele Umweltkatastrophen sind wegen leerer Konten überhaupt erst erfunden worden?

Die Wirkung solcher Anzeigen hängt von zweierlei ab. Zum ersten muß die Katastrophe einen wirklich bedrohlichen Eindruck hinterlassen. Wenn also bei dem Tankerunglück der Exxon Valdez 40 000 Tonnen Rohöl ins Meer flossen, schreibt man lieber 40 Millionen Liter, das klingt eindrucksvoller. Hat man kein wirkliches Problem, dann wird eines erfunden. So durfte am 5. 6. 1991, dem sogenannten „Umwelttag", Herr

Wolf Wichmann von der Firma Greenpeace in den Nachrichten des WDR folgendes verkünden. Jährlich flössen aus Leckagen der Tanker, die unter der Flagge sogenannter Billigflaggenländer wie Liberia, Panama oder Zypern fahren, allein 610 000 Tonnen Rohöl ins Mittelmeer. Niemand hat das nachgemessen. Die Menge dürfte auch schwer zu messen sein. Meinen Sie wirklich, in jenen Ländern sitzt das Geld so locker, daß man diese nicht unerhebliche Menge Öl einfach laufen läßt? Ich hielt das für unwahrscheinlich, rief beim Rundfunk an und konnte erreichen, daß diese Meldung aus den Nachrichten herausgenommen wurde.

Eine weitere Seite der Naturschützerpropaganda besteht darin, die Glaubwürdigkeit aller anderen, möglichen Gewährsmänner zu untergraben. Meinungen, die Zweifel an den Katastrophenmeldungen aufwerfen, wird unbesehen Profitinteresse übler Geschäftemacher unterstellt. Jedes widersprechende Gutachten gilt als ein von üblen Geschäftemacher bestelltes und bezahltes Gutachten. Stimmen, die es wagen, sich dem grünen Terror zu widersetzen, gehören „Meinungsterroristen", die andere einschüchtern wollen. Abweichende Stellungnahmen können nur von unbedeutenden Scharlatanen stammen, usw. Schließen die Umweltschützer im Vertrauen auf die überzeugende Macht des Neides leichtfertig von sich auf andere?[4]

Nehmen wir den Fall des Dr. Stephan Schmidheiny. Er ist einer der Reichsten in der Schweiz, Erbe von Firmen und Banken. Durch eine Serie von Interviews und Artikeln hat er sich zum Ökopapst der Wirtschaft hochstilisieren lassen. In dieser Funktion wurde er der Leiter einer eigenen UNO-Abteilung „Business Council for Sustainable Development", (Unternehmerrat für bewahrende Entwicklung), die Richtlinien für die nachrevolutionäre, grüne Wirtschaftspolitik ausarbeiten will. Da ich einige Fehler in seinen Interviews entdeckt hatte, schrieb ich ihn an und bekam von Frank Bosshardt in seinem Namen folgende Antwort:

> „Leider müssen wir damit leben, daß nicht alle publizierten Zahlen und Behauptungen den Tatsachen entsprechen, und daß auch mit Horrormeldungen im

Umweltbereich Mißbrauch und Unfug getrieben wird. Trotzdem wird uns täglich vor Augen geführt, daß ernst zu nehmende Umweltprobleme bestehen, und daß die menschliche Tätigkeit mehr als notwendig die Umwelt schädigt. Der Business Council for Sustainable Development versucht durch eine Neuorientierung der industriellen Entwicklung die Umweltschäden langfristig zu vermeiden und die menschliche Tätigkeit wieder in Einklang mit der Natur zu bringen. Für dieses Ziel ist eine Diskussion um das genaue Ausmaß einzelner Umweltschäden unerheblich. Es geht uns vielmehr darum, die grundsätzlichen Mängel der industriellen Tätigkeit sowie der Steuerungsmechanismen aufzudecken und Verbesserungen vorzuschlagen".

Was davon zu halten ist, konnte ich am 17. 8. 1992 in der Zeitung „Die Welt" nachlesen:

„Chiles Oberster Gerichtshof hat die zum Schmidheiny-Imperium gehörende Eisenhütte Compania Minera Pacifico (CMP) nach jahrelangem Rechtsstreit in einem Aufsehen erregenden Entscheid als Umweltverschmutzer gebrandmarkt und dazu verurteilt, die betroffenen Fischer und Olivenbauern zu entschädigen, die seit zehn Jahren gegen die „Dreckschleuder" prozessiert hatten. Das 1978 gebaute Eisenwerk im Huasco-Tal leitete große Mengen eisenhaltiger Verhüttungsreste in der Bucht von Chapaco ins Meer. Meeresfauna und -flora seien auf Generationen hinaus geschädigt worden. Zudem gelangen durch die Fabrikschlote täglich 7,4 Tonnen Rußpartikeln in die Luft mit schweren Schäden für die umliegenden Olivenhainen."

Warum konnte das Werk, an dem Schmidheiny mit 37 Prozent als Hauptaktionär beteiligt ist, so lange ungeschoren bleiben. Der Anwalt der Geschädigten hatte dafür eine plausible Antwort: „Die CPM genoß die offene Protektion des Diktators Pinochet". „Nun müsse sich – fährt Fernando Dougnac fort – die Fabrik endlich den offiziellen Normen für Luft- und Gewässerverschmutzung binnen Jahresfrist anpassen." Daß ist nicht die einzige Umwelt-Schweinerei, in die Schmidheiny's Unternehmen geraten sind. Es fällt schwer zu glauben, daß das alles wieder nur die üblichen wilden Übertreibungen waren. Warum sollten grüne Umweltschützer ausgerechnet ihrem Patron Schwierigkeiten machen und sich selbst damit ein Eigentor geschießen?

Noch andere Exemplare grüner Umweltbesorgnis machten von sich Reden. „Rettet den Regenwald!", den Spruch haben Sie sicherlich schon gehört. Auf die Fahne dieses Umweltprojekts wurde ein Paulinho Paiakan gemalt. Er erhielt dafür sogar den Umweltpreis der Vereinten Nationen. Dann wurde er wegen Vergewaltigung angezeigt. Dabei kam Ungeheuerliches zu Tage: „Der Häuptling macht Millionen mit der Ausbeutung des Regenwaldes, verhökerte heimlich Mahagoni, Pelze, Häute von seltenen Tieren, Gold". „Auf jeden Fall kein Vorbild mehr", stellte die „Freizeit Revue" 3 am 5. 8. 1992 fest.

Die Unterstellungen der ehrenwerten Umweltapostel haben schon ihren Sinn. Von leichter Hand verdächtigen sie alles, was an Vernunft und Urteilsvermögen appellieren könnte. Sie stellen sich, weil sie es nötig haben, als die letzten, übriggebliebenen, ehrlichen Menschen dar, als Martyrer für eine gute Sache. Weil die Bevölkerung in der Regel rundum betrogen wird, oder sich aus eigener Unsicherheit und mangelndem Überblick betrogen fühlt, haben solche Verdächtigungen auch meistens den gewünschten Erfolg. Jedenfalls tragen sie dazu bei, die Bevölkerung weiter abzustumpfen. Schließlich wird sie sich einen Dreck um die Streitereien kümmern, und die Ehrenmänner bleiben ungeschoren. Die „Werte-Wandler" können sich schließlich ungestört einen Zweig mittelständischer Unternehmen nach dem anderen vornehmen, ihn gleich- oder ausschalten und so Wirtschaft und Gesellschaft nach ihren gesellschaftspolitischen Wertvorstellungen ummodeln.

Zur Veranschaulichung ihrer „Methode" möchte ich eine Geschichte erzählen, die kürzlich einer neunzigjährigen Frau in Frankfurt geschehen ist. Sie hat mit Umweltschutz unmittelbar nichts zu tun, wohl aber mit den dort angewandten Methoden. Die alte Frau ist mit ihren neunzig Jahren sehr eigenwillig, so daß sie noch immer allein in ihrer Wohnung wohnt. Das haben gewisse Zeitgenossen bemerkt. Kürzlich stand einer plötzlich, als sie gerade ihre Wohnung aufsperrte, hinter ihr. „Bei Ihnen ist eingebrochen worden. Ich bin von der Polizei!" behauptete er. Die alte Dame konnte ihn nicht mehr abwehren und war verunsichert. Schon stand der Mann in der Wohnung.

Zur „Spurensicherung" durchkramte der angebliche Polizist alles. Er stieß auf kein Geld aber auf Kontoauszüge. Das genügte ihm. Als „Fachmann" weiß er, wie damit umzugehen ist. Zuerst galt es, die Frau zu „sensibilisieren". Es fiel ihm nicht schwer, der alten Dame die überall lauernden Gefahren des immer dreister werdenden „Verbrecherpacks" in den glühensten Farben einzureden. Dann mußte er Mißtrauen gegen alle sähen, die der alten Frau vermutlich beispringen und helfen würden. Alle, die der alten Dame irgendwie nahestanden, wurden also verdächtigt. Jeder wurde zu dem Einbruch, der angeblich zuvor stattgefunden hatte, tatsächlich aber erst jetzt stattfand, in Beziehung gebracht: Die Nachbarn kannten sich aus. Die Bankangestellten wußten um ihre Finanzen. Die Bank will sowieso nur Ihr Geld. Der Einbrecher/Polizist brauchte ja nur das, was er selbst vorhatte, denen anhängen, die der alten Frau möglicherweise helfen könnten.

Schließlich wurde der alten Dame dafür Glück gewünscht, daß sie gerade an diesen Polizist/Einbrecher geraten war, so einen verständnisvollen, umsorgenden Menschen, der alles in seiner Möglichkeit stehende tun werde, um die alte Frau und alle anderen, die in ähnliche Lage geraten könnten, vor diesem Verbrecherpack zu schützen. Danach war nur noch auf eine Kleinigkeit zu verweisen: Die Beseitigung des Verbrecherpacks kostet Geld.

Kurz und gut, die alte Frau wurde so eingeschüchtert, verängstigt und verwirrt, daß sie in diesem Augenblick nichts auf der Welt sehnlicher wünschte, als allem Verbrecherpack das Handwerk zu legen. Und gerade dies wollte der freundliche Polizist/Einbrecher erreichen. Warum sollte sie ihm dabei nicht helfen? Also machte sie sich mit der freundlichen Unterstützung des netten Herrn Polizist/Einbrecher auf den Weg zur Bank. Die alte Frau ließ sich in ihrer Verwirrung auch von dem Bankangestellten nicht abbringen, ihr Bargeld

abzuheben. Noch klag es ihr im Ohr: Die Bank will ja nur ihr
Geld. Die alte Frau mit einer monatlichen Rente von DM
1 340.- verlor auf diese Weise ihre Ersparnisse. In diesem Fall
waren es DM 11 000. Als sie aus ihrer Benommenheit auf-
wachte, war das Geld und der freundliche „Polizist" verschwunden. Geblieben war nur das Mißtrauen gegen die
Leute, die sie seit Jahren kannte.

Was hat das mit Umweltschutz zu tun? Alles! Genau nach
der Methode werden die Spendengelder erwirtschaftet. Der
einzige Unterschied ist nur: Nicht eine betagte Frau wird um
ihr Erspartes betrogen, sondern eine verdummte, senil gewordene, untauglich gemachte Gesellschaft wird dazu gebracht, langsam ihre produktive Lebensgrundlagen zu ver-
nichten. Wenn man will, ist das ein Morgenthau-Plan auf Ra-
ten.

Und die Folgen?

Am 23.10 1991 war in der „Kölner Rundschau" zu lesen: „Umweltsünder mit Fausthieb am Auge verletzt". Unter der Überschrift stand:

> „Das Opfer, ein Autofahrer, hatte sich vor zwei Jahren
> auf einem Autobahnrastplatz in der Nähe von Köln ge-
> weigert, ein weggeworfenes Stanniolpapier aufzuhe-
> ben. Darauf schlug der Straßenfeger zu: Er zertrüm-
> merte die Brille des Mannes, fügte ihm einen Riß des
> Augenlids zu, außerdem drang ein Glassplitter ins
> Auge ein. Dem Gericht erklärte der Frührentner, er
> habe 26 Jahre damit zugebracht, Blechdosen, verfaul-
> tes Obst und Hundehaufen wegzuräumen. Da habe er
> bei der Sturheit des Autofahrers einfach „Rot" gese-
> hen".

Das mag ein extremer Fall gewesen sein. Aber so etwas –
wenn auch nicht wie hier in Selbstjustiz – kommt immer häufiger vor. Am 16. 2. 1987 wurde in Nordrhein Westfalen jemand zu einer Geldstrafe von DM 15 000 verurteilt. Er hatte
Abfälle verbrannt und sein Nachbar hatte ihn angezeigt. Das

geschah im Sinne Minister Matthiesens (SPD), der die Bevölkerung aufrief, „Umweltsünder" den Behörden zu melden. Wo wird solche Denunziation hinführen?

Schon schlägt die „liberale" Wochenzeitung „Die Zeit" eine UNO Umweltschutztruppe vor. Grünhelme, eine internationale Söldnertruppe, soll Länder überfallen, die sich Umweltauflagen widersetzen, die irgendwo in New York Vertreter von zwanzig Ländern beschlossen haben. Damit entfällt die Notwendigkeit, wie im Fall von Panama, Ganoven zu kaufen, damit sie unliebsame Regierungschefs irgendwelcher Rauschgiftgeschäfte verdächtigen.

Man könnte in der UNO zum Beispiel einen Plan ausarbeiten, der jedem Land zuweist, wieviel CO_2 es ausstoßen darf. Damit wäre festgelegt, in welchem Land, in welchem Umfang chemische, Schwer- und Zementindustrie erlaubt ist und in welchem nicht. Dazu paßt es, wenn Umweltminister Matthiesen (SPD) von der „Schlagkraft unserer Behörde" spricht. Noch läßt er es offen, wer die Schläge bezieht. Noch arbeitet der Blockwart freiwillig, wenn er Umweltsünder denunziert. Wahrscheinlich ist es nur noch eine Frage der Zeit, bis die Meldung, wer den Thermostat seines Wohnzimmers auf über 18 Grad gestellt hat, ihren Lohn wert ist.

Das ist nicht eben neu. Als sich der liberale Hjalmar Schacht in einer wirtschaftlichen Situation wie der unseren für das „Projekt Hitler" entschied, hieß es auch: „Wir leben über unsere Verhältnisse". „Wir alle müssen Opfer bringen". Neu ist nur die Begründung: „Unserer Umwelt zuliebe". Damals war es „Ersatz", heute heißt es: „umweltfreundliche Produkte". Umweltsteuer, Wasserpfennig, CO_2 Abgabe, Benzinverteuerung, Müllentgelt, Gebührenerhöhung, Preiserhöhung, Kostenumverteilung. „Es muß einfach wieder mehr gearbeitet, weniger verbraucht, mehr gespart werden!" Wer für ein Brot, das dem Hersteller eine Mark kostet, fünf Mark bezahlt, „spart" vier Mark. – Er spart sie nur nicht auf dem eigenen Konto.

Umweltschutz hat seinen Preis und das so erlöste Geld fließt dorthin, wo es wieder einmal am nötigsten ist: In die Erhaltung der überreizten, internationalen Finanzstruktur.

Umweltschutz, Bedrohung aus dem Osten, einfaches Leben, zurück zur Natur, das alles sind nur unterschiedliche Verkaufsstrategien. SA-Schläger oder militanter „Anti-Fascho", das sind nur unterschiedliche Uniformen. Juden, Assylanten, das sind nur unterschiedliche gesellschaftliche Überdruckventile, die die Wut der Bevölkerung von der „politischen Klasse" ablenken.

Auf Benzin kann man verzichten, beim Wasser kann man noch etwas sparen, mit der Atemluft wird es schwieriger. Daher die Reihenfolge Benzinsteuer, Wasserabgabe, CO_2 Steuer. Warum nicht auch eine Steuer aufs Überlebendürfen? Haben Sie nicht gehört, daß unsere Erde „überbevölkert" ist? Bei uns leben 237,7 Personen pro Quadratkilometer, in Mexiko sind es 35,1. Aber Mexiko ist „hoffnungslos übervölkert". Afrika ist noch hoffnungsloser übervölkert. In Zahlen: In Zaire wohnen zum Beispiel 12 Einwohner pro Quadratkilometer, in Sambia 7,7, in Namibia 1,1. Macht nichts – die Länder sind hoffnungslos übervölkert. In Wirklichkeit sind sie nur „arm" und können die Überlebenssteuer zur Sicherung der internationalen Kapitalmärkte nicht mehr aufbringen.

Haben Sie es nicht gehört: „Es gibt zu viele Menschen, die Erde ist übervölkert, der Mensch wuchert auf ihr wie ein Krebsgeschwür, irgendwo muß doch ein Anfang gemacht werden." Wenn es alle sagen, alle Umweltschützer, Naturbegeisterten, Honoratioren, Fernsehsprecher, Rundfunkjournalisten, Zeitungsschreiber und Politiker, und besonders laut der Altbundeskanzler Helmut Schmidt (SPD), dann muß es stimmen, dann müssen auch Sie es glauben. Für die höheren Weihen solcher Forderungen sorgte am 27. Februar 1992 die britische Royal Society zusammen mit der US-amerikanischen National Academy of Science. Beide Edelmenschenclubs forderten in einer gemeinsamen Erklärung radikalere Maßnahmen zur Bevölkerungskontrolle in der sogenannten Dritten Welt, um „die Belastung der globalen Umwelt zu vermindern".

Natürlich unterscheidet sich der grüne Weg von dem braunen. Die braune Logik baute Verbrennungsöfen, und verschmutzte damit die Umwelt. Die grüne Logik erklärte DDT zum Umweltgift. Wenn die Leute an Malaria sterben oder verhungern, ist scheinbar niemand außer Gott dafür verantwortlich. Niemand wird dem Deutschen Bundestag deshalb Völkermord vorwerfen wollen, weil er zusammen mit seinem Auftraggeber in den USA, DDT verboten hat. Das Verbot kostet jährlich mehrere Millionen Menschenleben. Die braune Logik hat Menschen erschossen. Die grüne Logik verbietet im Namen der Friedenserhaltung die Herstellung von Fabriken für Düngemittel, weil man in ihnen vielleicht auch Sprengstoff herstellen könnte. Menschen verhungern millionenfach. Damals wurden Wohnviertel bombardiert und Menschen direkt umgebracht, heute zerstört man die Infrastruktur, die Menschen sterben erst an den Folgen.

Die Betroffenen sind selbst schuld, nicht die Parlamente. In ihnen beschlossen Politsöldner nur weitsichtige Umweltschutzgesetze und friedenserhaltende Maßnahmen. Zeigen die gleichen Parlamente nicht mit ihrer Zustimmung zu einer kleinen Nahrungsmittelhilfe für Verhungernde, daß sie Verständnis für die Not haben? Wir sind ja heute so menschlich geworden. Verhungernde müssen sogar noch den Vorwand liefern, wenn man ihr Land besetzt, um dort einen Militärstützpunkt einzurichten, zum Beispiel am Horn von Afrika zu noch besseren Kontrolle des Nahost-Öls. Umweltschutz legt über alles den großen Mantel des Einverständnisses.

Da fiel mir das Sonderheft „Forschungskreis Stadtentwicklung" vom Mai 1991 in die Hand. Dort beschreibt ein Rudolf Schmidt die Fortentwicklung der „linken" Revolutionsstrategie: „Das hieße weiter detailliert unter anderem: Behindert und verhindert neue Industrieanbauten und -werke, die Einführung neuer Technologien und den Ausbau der Infrastruktur, z.B. neuer Verkehrswege, Gas-, Wasser-,Kanal- und Stromleitungen sowie Handel und Export (Das geht am besten durch die Bekämpfung der Produktnutzung und durch Erschwernisse bei der Abfallbeseitigung bezw. -ablagerung). Widersetzt euch überhaupt allen technischen Neuerungen und Umänderungen. Gründet Friedensbewegungen und ruft (...)"

Ja, es ist schon wahr, was der Mann auf der Straße weiß: „Die Grünen haben eine Menge bewegt". Es fragte sich nur, für welchen Zweck und in wessen Auftrag.

ANMERKUNGEN:

1) Hierfür ist folgender Vorgang typisch; Das Buch R. Maduro, R. Schauerhammer: *Ozonloch, das mißbrauchte Naturwunder* wurde in Heft 2, 1992 der renommierten Zeitschrift „Wirtschaftswoche" wohlwollend besprochen. Daraufhin wurde nicht nur der Verfasser dieser Besprechung beschimpft, auch der Verlag wurde in Greenpeace Magazin II/92, Seite 5 mit einem „eisenharten Neo-Nazi" in Verbindung gebracht, der „den abscheulichsten Antisemitismus, den dieses Land jemals gedruckt gesehen hat, publiziere". Wo und wann dergleichen gedruckt worden sein soll, erfährt man natürlich nicht.

2) Es gibt eine breite umweltschützerische Literatur für Kinder. Zum Beispiel Grete Christiane, Ilona Jerger-Bachmann: *Das blöde Ozonloch*, C.H.Beck, München 1992. Die auf die Kinder abgeladene Daseinsangst Erwachsener führt zu schweren psychischen Schäden, die dann ‚den Verhältnissen' angelastet werden.

3) Günter O.Schenck: *Mineralbestandteile aus Kohlenrauch und -aschen als luftgetragene und sonstige Nutzstoffe zur Bodenerhaltung und Pflanzenernährung – Relativierung in der Ökologie* in: Verwertung von Reststoffen aus Kohlekraftwerken zur Bodenverbesserung und Pflanzenernährung, Vorträge der VGB-Sondertagung am 8. 10. 1991, TB-Nr 701

4) Der Begriff stammt von Ministerialrat Dr. Wolfgang Krause, dem Verfasser des Gesetzentwurfes gegen den Gebrauch von FCKW. Er warf am Rande der Konferenz „Alternatives to CFCs and Halons" in Berlin vom 24. bis 26. 2. 1992 den Verfassern des in Anmerkung 1 genannten Buches „Meinungsterrorismus" vor.
„Ich empfehle die Lektüre der Berichte des IPCC sowie der Enquete-Kommission des Deutschen Bundestages „Schutz der Erdatmosphäre und warne vor Scharlatanen" So beantortete Prof. Dr. Hartmut Graßl einen Leserbrief, der sich auf das in Anm. 1 genannte Buch bezog in die Ärztliche Praxis Nr. 89 vom 7.11.1992 Seite 26.

KAPITEL 9

„…und führen, wohin Du nicht willst. "

Am 11. Januar 1992 hieß es in den Nachrichten des WDR unter dem Stichwort „Umwelt-Alarm":

> „Nach den Erkenntnissen des World Watch Institutes in Washington kann nur eine **Revolution** in der Umwelt-Politik eine weltweite Katastrophe verhindern. In seinem Jahresbericht weist das Institut auf die zunehmende Zerstörung der Lebensbedingungen auf der Erde hin. Konkret verlangen die Wissenschaftler, **künftig auf fossile Brennstoffe wie Kohle oder Öl zu verzichten**. Auch die Militärausgaben müßten für produktive Zwecke genutzt werden. Das World Watch Institut ist **unabhängig** und wird von privaten Stiftungen und vom UNO-Bevölkerungsfond unterstützt."

Zwei Tage später stand es in allen Zeitungen: „Umweltschützer fordern eine Revolution für die Erde". Die Meldung enthält die üblichen, verblasenen Reizwörter „weltweite Katastrophe", „zunehmende Zerstörung", „Wissenschaftler verlangen", „verzichten". Aus dem Bisherigen ist klar, was gemeint ist. Darum geht es hier nicht. Auch soll uns der Trick nicht weiter kümmern, mit dem populistischen Satz über Militärausgaben für den folgenschweren Verzicht auf fossile Brennstoffe wie Kohle oder Öl zu werben.

Wir wollen uns vielmehr das beliebte Wörtchen „unabhängig" ansehen und fragen, was die Umwelthysterie damit im Sinn hat. Schon die nachstehende Information, daß „private Stiftungen" und der „UNO-Bevölkerungsfond" das Institut unterstützen, läßt an seiner Unabhängigkeit zweifeln. Sollte

es sich tatsächlich nur um die „Erhaltung der Lebensbedingungen unserer Erde" sorgen?

Man sollte vorsichtig sein, wenn eine Organisation, wie die
Vereinten Nationen (UNO), ins Spiel kommt. Mit der Welt-
organisation verbinden die Menschen in der Regel Friedens-
träume. Die Wahrheit sieht anderes aus. Sie schimmert beim
Vorgehen der UNO im Fall von Irak im Jahr 1991 oder gegenwärtig im ehemaligen Jugoslawien durch. Was der „UNO-
Bevölkerungsfond" im Schilde führt, wird sich im nun folgenden Kapitel zeigen, in dem wir den Zielen und Zwecken
der Umwelthysterie auf die Spur kommen wollen.

Neues Denken

Umweltschützer übertreiben, das hat sich herumgesprochen.
Daß sie in vielen Fällen sogar falsch und verlogen sind, beginnen viele Menschen zu merken. Warum das so ist, da doch der
pflegliche Umgang mit unserer Umwelt wünschenswert ist,
bleibt vielen unbegreiflich. Daher neigen sie dazu, das grüne
Getue trotz allem für eine „gute Sache" zu halten. Die Grünen
lieben es ja auch, im Gewande der Martyrer daherzukommen
und treiben, wenn sie den Verdacht gegen Industrie und
Landwirtschaft lenken, nur ihr Spiel mit dem Neid. Hem-
mungslose Geschäftemacherei erklärt in ihren Augen fast alle
Ursachen der Umweltprobleme. Dennoch bleibt die Frage:
Was bezwecken die Umweltschützer mit ihren Übertreibungen, Falschmeldungen, mit dem verblasenen Alarm und den
pauschalen Verdächtigungen? Kennt man in rotgrünen Kreisen nicht das Sprichwort: „Wer einmal lügt, dem glaubt man
nicht, wenn er auch die Wahrheit spricht?" Es kann doch nicht
sein, daß diese Leute sich selbst unglaubwürdig machen wollen. Auch die Standardantwort: „Alles nur Effekthascherei"
überzeugt auf Dauer nicht. So bleibt die interessante Frage:
Was bezweckt der sogenannte Umweltschutz?

Umweltschutzbehauptungen machen sich gerne mit viel
Prominenz gewichtig. Wer sich in Wissenschaft, Show-Busi-

ness, Politik, Wirtschaft oder sonst irgendwo hervortun will, führt Umweltschützerisches im Munde. Auch das verwirrt viele Menschen. Dennoch entpuppt sich eine dieser Behauptungen nach der anderen als falsch, als eine mehr oder weniger bewußt ausgestreute Lüge. Was wurde nicht alles über DDT gesagt? Nichts davon entsprach der Wahrheit. Muß das nicht auf die Leute, die damit hausieren gingen, zurückfallen? Selbst, wenn die Richtigstellungen nicht an die große Glocke gehängt werden, müssen diese Leute damit rechnen, daß sie als Lügner ertappt und somit unglaubwürdig werden.

Die Menschen erinnern sich nicht an Einzelheiten. Was hängen bleibt, ist ein allgemeines Gefühl des Bedrohtseins. Dieses Gefühl hat in der gegenwärtigen wirtschaftlichen Situation ihr Recht. Der „Umweltschutz" schiebt es nur auf ein falsches Geleis. Wenn dann aber bestimmte Umweltmaßnahmen einmal durchgesetzt worden sind, kümmern sie niemanden mehr. Wer stößt sich heute noch an dem völlig unsinnigen und völkermörderischen DDT-Verbot. Das Gleiche wird einmal für das FCKW-, das Chlorchemie-, das Kernenergieverbot und alle die anderen gelten. Ist der Schaden bezahlt und verschmerzt, will niemand mehr etwas davon wissen. Die Verbote schaffen eine Lage, und Betriebe wie Privatleute sind vollauf damit beschäftigt, sich auf sie einzustellen. Sind einmal Fakten geschaffen, will sie kein „Pragmatiker" mehr hinterfragen.

Solche Verbote schaffen nicht nur um uns her Fakten. Sie prägen auch die Menschen in ihrem Inneren um. Das ist vielleicht sogar das Wichtigste an ihnen. Die Bürger plappern nämlich nicht nur umweltschützerische Behauptungen wie die Fernsehunterhaltung von gestern abend nach. Die Behauptungen werden ihnen zur geglaubten Selbstverständlichkeit. Mit ihnen dringt die umweltschützerische Weltanschauung in die Menschen ein, setzt sich fest und schafft ein „neues Bewußtsein". Ist es ein vernünftiges? Es ist kaum wahrhaftiger als jenes, das früheren Generationen Höllenängste, Poltergeister und schwefelstinkende Teufel vorgaukelte.

Noch vor wenigen Jahren galt Wissenschaft und Technik als etwas Begeisterndes. Kinder interessierten sich dafür, wollten selbst einmal Wissenschaftler oder Techniker werden. Das ist heute fast vorbei. Man hat ihnen mit zunehmendem Erfolg eingeredet, daß Technik etwas Zerstörerisches sei, etwas vor dem man Angst haben sollte. Damals galt Aberglaube als lächerlich, heute wird statt dessen Fortschrittsglaube und Zukunftsoptimismus verpönt.

Packten früher fortschrittliche Menschen sachliche Probleme an, weil sie diese grundsätzlich für lösbar hielten, so gilt heute als fortschrittlich, sich selbst den Problemen anzupassen, sich auf sie einzustellen. Not, Unbill, Leiden werden zu Fragen des „richtigen Bewußtseins", der „richtigen Einstellung" zu ihnen. Das gilt schließlich sogar für Fragen des Hungers, der Behausung und der Kälte. Es kommt nur noch darauf an, – lehren Psychologen und Therapeuten – wie man sich subjektiv zu diesen Ereignissen stellt, ob man an ihnen leidet oder ob man sie als Extremerfahrungen genießen kann. Man soll das alles „positiv" sehen. Ein Rudel hochbezahlter Bewußtseinsklempner hilft den Politikern alle anstehenden, großen Probleme auf die gleiche Weise zu lösen: Aufklärung, Werbung, Bewußtseinsmanipulation. Als es ein Lehrlingsproblem gab, nannte man die Lehrlinge „Auszubildende". Entfaltet sich eine ansteckende, tödliche Seuche wie AIDS, macht man daraus einen Vorwand, um pornographische Gelüste zu befriedigen. Versagt eine Regierung, heuert sie eine bessere Werbeagentur an, und so weiter.

Das Denken der Menschen hat sich allmählich und, ohne daß es ihnen im einzelnen aufgefallen sein mag, grundlegend geändert. „Wertewandel" heißt das, und soll sich wie von alleine durchgesetzt haben. Die aufwendige kulturelle Umerziehung wird einfach nicht wahrgenommen. Niemand will es gewesen sein, keiner soll dafür verantwortlich gemacht werden. Der Wertewandel hat viele Aspekte und betrifft alle Seiten des menschlichen Lebens, die Kunst wie die Moral, die Arbeit wie die Freizeit, das Familienleben wie den Freundeskreis, vor allem aber das innere Selbst des Menschen und seine „Freiheit". Die Kampagnen des Umweltschutzes sind die wichtigsten Umerziehungsmittel in der großangelegten Charakterwäsche.

Daher ist es nur folgerichtig, wenn laut „El Pais" (spanische Zeitung) vom 3.6.1992 der Präsident des „Club of Rome", Ricardo Diez-Hochleitner, auf dem Umwelt-Weltgipfels in Rio de Janeiro eine „Neue Weltreligion" forderte, die sich auf eine „positive Verschwörung der Bürger" gründen und „das Sprungbrett für einen neuen Frieden mit der Natur" bilden soll. Boutros-Ghali der Generalsekretär der UNO eröffnete die Umweltshow in Rio daher denn auch mit einer Schweigeminute für die „Mutter Erde". Die neue Religion hat nämlich schon ihren Namen: „Gaia". Hinter dem Namen verbirgt sich eine archaische Erdgöttin, die von ihren Verehrern unter anderem blutige Menschenopfer verlangt hatte. Mit dem archaischen, über Leben und Tod erhabenen Herrscherkult mußte auch diese Religion abtreten.

In seiner anschließenden Rede erklärte Boutros-Ghali dann auch, daß dieser Kongress der Vereinten Nationen „den großen erkenntnistheoretischen Bruch" mit den Glaubensstrukturen der vergangenen Jahrhunderte darstelle. „Wir halten nicht mehr das Unbegrenzte (Gott) für gegeben. Das Zeitalter einer endlichen Welt ist angebrochen, in der wir uns unter Hausarrest befinden. Fortschritt ist nicht notwendigerweise mit dem Leben verträglich."

Der Wertewandel mag die Umweltapostel davor schützen, sich öffentlich lächerlich zu machen, aber er bewahrt sie nicht davor, als Lügner und Betrüger unglaubwürdig zu werden. Und die Frage bleibt offen, ob und warum die Umweltapostel das in Kauf nehmen. Sind sie zu dumm, es zu merken? Sind sie selbst nur Marionetten, die nach Gebrauch mit einer schönen Abfindung in der Versenkung verschwinden? Eine befriedigende Antwort werden wir erst dann finden, wenn wir erfahren, worauf die Umweltschutzkampagnen insgesamt abzielten.

Wir sind schon früher auf Gründe gestoßen, daran zu zweifelt, daß es den führenden Umweltschützern nur um eine etwas sauberere, lebenswertere und vielleicht idyllischere Umwelt gegangen sei. War ihr eigentliches Ziel der Wertewandel, oder gibt es andere Absichten? Nicht ohne Grund sucht man die Antwort zunächst bei wirtschaftlichen Interessen.

Eine goldene Nase

Tatsächlich läßt sich mit „Umweltschutz" viel Geld verdienen.
Eine ganze Industrie ist darum herum entstanden. Zu ihr
gehören die Betriebe, die ihre unverkäuflichen Waren nun
als „Bio" loszuschlagen versuchen. Andere bieten von Son-
nenkollektoren bis zu Windkraftwerken und Superkompo-
stern alles, was das Herz eines echten Umweltschützers be-
gehren sollte. Eine Reihe von Fachbetrieben ist entstanden,
die der gebeutelten Industrie hilft, noch die absurdesten
Umweltauflagen zu erfüllen (oder trickreich zu hinterge-
hen).

Weniger ernsthaft sind die zahllosen „postindustriellen"
Firmen, die sich um den „Umweltschutzgedanken" gebildet
haben. Es handelt sich um Umweltschutzverbände, -vereine
und -gesellschaften, die sich darauf spezialisieren, Spendengelder und Unterstützungen in Sachen Umweltschutz einzu-
heimsen, indem sie für die grüne Ideologie Werbung betreiben. Einiges der eingesammelten Gelder wird für mahnende
Spendenaufrufe wieder ausgegeben. Das meiste dient den
Vorstandsmitgliedern zur Verschönerung ihres Lebens. Der
Internationale Fond für Tierwohlfahrt des Brian Davis hat
1992 zum Beispiel den Wahlkampf in Großbritannien mit 50
Millionen Pfund geschmiert. Das ist ein erstaunlich hoher Betrag, der aufgewendet wurde, um die Wohlfahrt „hoher
Tiere" zu schützen. Ob die Spender oder die Geldwäscher
wußten, was mit ihrem Geld geschieht, interessiert uns hier
weiter nicht.

Ein Blick in die Chefetagen der lautesten Umweltorganisationen zeigt, daß es sich bei ihnen keineswegs um die Organisationen kleiner Leute handeln kann. In der September
Ausgabe 1990 der amerikanischen Zeitschrift „Outside" werden bisher unwidersprochen die Gehälter führender Umweltschützer aufgelistet. Der Präsident der Umweltverteidigungsstiftung (EDF), Fred Krupp, bezieht jährlich 125 000
Dollar, Peter Berle, Präsident von Audubon (Vogelschutz)
bringt es auf 140 000 Dollar und Jay Hair vom World Wildlife
Fund (WWF) auf 200 000 Dollar, hinzu kommt Dienstwagen

und Chauffeur. Kathryn Fuller macht 188 000 und Russel
Train 102 000 Dollar. Der Präsident der Nationalen Rohstoff
Verteidiungsstiftung, John Adams, hat 120 000 Dollar, sein
Anwalt bekommt 80 000 Dollar. Der Präsident von Nature
Conservancy ist 185 000 Dollar wert, seine Gruppe hatte sich
600 Millionen Dollar in Wertpapiere zur Seite gelegt. Der Lei-
ter der Rechtsabteilung bekommt beim Sierra Club 133 000
Dollar. Die Präsidenten der Wilderness Gesellschaft, George
Frampton, und der American Wildlife Foundation erhalten je
120 000 Dollar. Das sind nicht Gehälter, wie man sie von Or-
ganisationen kleiner Leute her kennt.

Die Autoren Maduro, Schauerhammer veröffentlichten in
ihrem Buch „Ozonloch, das mißbrauchte Naturwunder" eine
Liste der Zuwendungen, die große amerikanische Umwelt-
schutzorganisationen von Großspendern erhalten haben
(dergleichen muß man in den USA veröffentlichen). Im Jahr
1990 kamen sie auf den stattlichen Betrag von 585,3 Millionen Dollar. Liest man in dem Buch weiter und vor allem auch
in William Engdahls Buch „Mit der Ölwaffe zur Weltmacht",
dann sieht man, daß vor allem Öl- und Chemiekonzerne zu
den Spendern gehören.[1]

An den Summen zeigt sich: es geht um „ernsthafte" Ge-
schäfte. Daher trifft man in den Vorständen von Umweltorganisationen, wie zum Beispiel beim World Wildlife Fund
auch so renommierte „Oppositionelle" wie Prinz Bernhard
von den Niederlanden, John H.Loudon aus dem Vorstand
von Royal Dutch Shell, der zugleich Direktor in den Bank-
häusern N.M.Rothschild Orion und Chase Manhattan ist.
Auch Dr. Luc Hoffmann vom Chemiegiganten Hoffmann-La-
Roche, Thomas J. Watson von IBM und Russel Train und der
inzwischen verstorbene Aurellio Peccei, beide aus dem politischen Führungsstab der NATO, waren mit von der Partie.
Von Stefan Schmidheiny in der Schweiz war schon die Rede.
Wir belassen es bei dieser kleinen Auswahl.

Ein bekanntes Beispiel für einen solchen Verein ist Greenpeace. Diese Weltfirma wird von einem engen, inneren Kreis
nach den effektivsten Grundsätzen modernen Managements
straff durchorganisiert und geführt. Seine Mitglieder und Ak-

tivisten sind scheinbar an vielen belanglosen Entscheidungen demokratisch beteiligt. Sie haben aber keinerlei Einfluß auf die Geschäftsführung des Unternehmens. Diese liegt unter anderem in der Hand eines Lord Melchetts. Bei dem Herrn handelt es sich um den Enkel des Firmengründers und Erben des britischen Chemiegiganten Imperial Chemical Industries (ICI). ICI und die amerikanische Du Pont Corporation erhofften sich von dem FCKW-Verbot enorme Zusatzgewinne und eine weitergehende Kartellisierung der Weltchemieproduktion zu ihren Gunsten. [2]

Im Unterschied zu ICI macht Greenpeace jährliche Millionengewinne, ohne die Umwelt anders als durch Werbeanzeigen und Spendenaufrufe zu belasten. Selbst die deutsche Filiale von Greenpeace hatte 1991 über 60 Millionen DM auf der hohen Kante liegen, weil ihr keine anderen Anlagemöglichkeiten mehr einfielen. Jedenfalls weiß das „Der Spiegel" vom 23.9.91. Dort kommt auch der Geschäftsführer der deutschen Filiale, Thilo Bode, mit dem Hinweis zu Wort, „man brauche schließlich Geld, um Schadenersatzklagen der Industrie zu zahlen." „Es wäre verantwortungslos, wenn wir keine Rücklagen hätten. Am Ende wäre das Geld weg und wir auch." „Gott behüte!" kommentierte „Der Spiegel".

Mit Umweltschutz läßt sich noch auf andere Weise richtig großes Geld machen. Bleiben wir bei ICI und dem „Ozonkiller" FCKW. Das Montrealprotokoll vom September 1987, in dem die Industrienationen den Ausstieg aus der FCKW Technik ankündigen, genügte bereits, um den Preis für FCKWs um das sechs- bis zwanzigfache anzuheben, ohne daß die Produktionskosten davon berührt werden. Experten rechnen damit, daß diese Entwicklung noch nicht abgeschlossen ist und glauben, die Preise werden insgesamt um das Fünfzigfache steigen.

Warum das so ist? Das Montrealprotokoll macht aus FCKWs eine „verbotene Substanz". Etwas Ähnliches war in den zwanziger Jahren in den USA schon einmal mit Whiskey ausprobiert worden. Damals hat die Prohibition Schnaps verboten. Über Nacht stiegen die Whiskeypreise. Die Bronfmans hatten ihr Vermögen, mit dem sie unter anderem die Firma Du Pont

Corporation kauften, durch Whiskeyschmuggel verdient. Nun sahnen sie mit dem FCKW-Verbot ab. Geschichtliche Erfahrung zahlt sich eben aus.

Nicht nur FCKWs sind teurer geworden. Auch die „Ersatzstoffe", ob sie nun funktionieren oder nicht, gewinnen davon. Ihre Patente sind frisch. Nicht jeder, schon gar nicht ein Entwicklungsland, darf sie nachbauen oder kann die neuen Lizensgebühren dafür bezahlen. Wie aber will man die rasch wachsende Großstadtbevölkerung in den warmen Entwicklungsländern ohne leistungsfähige Kühleinrichtungen ernähren? Gerade hier sind wir bei dem eigentlichen Angelpunkt der verlogenen Ozonkillerkampagne angekommen. Man rechnet damit, daß als Folge des FCKW-Verbotes jährlich weltweit rund 40 Millionen mehr Menschen an Hunger und Nahrungsmittelvergiftungen sterben werden, als bisher schon verhungern. Das ist fast so viel wie Hitlers „Tausendjähriges Reich" insgesamt hinweggerafft hat.

Über die zusätzlichen Toten spricht man nicht. „Der ordentliche Ausstieg und die Einführung von FCKW-Ersatzstoffen werden eine der größten industriellen Leistungen der Nachkriegszeit darstellen", heißt es in dem Du Pont Informationsdienst vom 22. Oktober 1992, und weiter: „Betreiber von Kälteanlagen in den USA (müssen) **pro Monat** 2 000 industrielle Kühlzentrifugen, 41 000 Kühlvitrinen und -theken im Handel sowie in der Gastronomie und 92 000 gewerbliche Tiefkühlgeräte und Kühltruhen umrüsten". Die Zahlen gelten allein für die USA. Diese gewaltige Umrüstung muß natürlich bezahlt werden. Eifrige Rechner ermitteln daraus weltweit Zahlungen von jährlich 150 bis 200 Milliarden Dollar allein an die Kühlmittelhersteller. Nun lassen sich die Ersatzkühlmittel nicht in die vorhandenen Geräte abfüllen. Die neuen Kühlmittel verlangen eigene, neu zu entwickelnde Gerätetypen. Die Kosten dafür lassen sich überhaupt noch nicht absehen. Optimisten trösten sich damit, daß dies insgesamt etwas billiger kommen dürfte als ein neuer Weltkrieg.

Auch das ist noch nicht alles. In der europäischen Ausgabe von „Wallstreet Journal" erschien am 29. Juni 1990, einen Tag nachdem die Londoner Regierung das Montrealprotokoll unterzeichnet hatte, ein Artikel, der diese Tatsache würdigte. Darin kommt Bridget Paterson von der Firma ICI zu Wort. Er schreibt: „Es wird eine radikale Umverteilung des Marktes geben. Es wird dann nicht mehr 32 sondern nur noch sechs bis zehn weltweite Anbieter geben". Wahscheinlich ist die „Umverteilung des Marktes" ein wirtschaftliches Hauptziel der Umweltschutzkampagne. Denn auch in Deutschland erreichen die meisten Umweltschutzauflagen kaum mehr als, der Großchemie die Konkurrenz mittelständischer Unternehmen vom Hals zu halten.

Das paßt zu den übrigen Auswirkungen der Umwelthysterie im Lande: Als man sich mit Hilfe der Kernenergie vor Erpressungen durch die Ölmultis schützen wollte, verhinderte das die Antiatomkampagne, der sich die „politische Klasse" unterwarf. Die modernste Bruttechnik für Kernbrennstoffe, der Schnelle Brüter in Kalkar, wurde aufgegeben, Milliarden DM in den Sand gesetzt. Die umweltfreundlichste und sicherste Anwendung der Kernenergie, der Hochtemperaturreaktor in Hamm-Uentrop, wurde aufgegeben, Milliarden DM in die Luft geblasen. Die Wiederaufbereitung von Kernbrennstoffen, die den nuklearen Abfall drastisch verringert und neben dem Brennstoff Plutonium viele hochwertige Industrierohstoffe gewonnen hätte, wurde aufgegeben, Milliarden DM aus dem Fenster gekehrt. Selbst die andere Fronttechnik, die in Deutschland entwickelt worden ist, die Magnetschwebebahn, wird solange hinausgezögert, bis die Japaner ihre weniger entwickelte Technik aufgebessert haben und den Markt übernehmen. Es fällt schwer, dahinter nicht den Wunsch zahlungskräftiger, ausländischer Konkurrenten zu erkennen.[3]

Das Verbot von FCKW geht einen Schritt weiter. „Durch ihr Handeln haben die Unterzeichner (des Montreal Protokolls) die Totenglocke für einen wichtigen Teil der chemischen Industrie angeschlagen mit Folgen für Investitionen in der Höhe von Hunderten von Milliarden Dollar und für Tausende von Arbeitsplätzen in den betroffenen Sektoren" schrieb der Vertreter der USA bei den Verhandlungen in Montreal, Elliot Benedick, in seinem Buch „Ozon-Diplomatie" nicht etwa kritisch. Die USA und England wollen auf diese Weise die „Umverteilung der Märkte" durchsetzen. Deutschland spielte bisher in der Chemie im allgemeinen und besonders in der Chlorchemie eine starke Rolle.

Aber es geht ja nicht nur um die Chlorchemie. „Konkret verlangen die Wissenschaftler, **künftig auf fossile Brennstoffe wie Kohle oder Öl zu verzichten**", hieß es in der oben zitierten Meldung. Welche Brennstoffe kennen Sie sonst noch? Kernenergie ist verpöhnt. Es gibt Holz. Aber das rettete nicht die Wälder – wohl die Haushalte der Waldbesitzer. Sonnen-, Wind- und Faulgasenergie? Angegrünte Politiker wecken damit große Hoffnungen. Diese Energie gibt es scheinbar umsonst. Aber auch hier bleibt ein Problem. Man muß sie einsammeln. In den Kollektoren aus Glas, Beton und Stahl steckt viel Energie. Sie kann erst in Jahren damit wieder eingesammelt werden. Dann sind diese Kollektoren schon wieder erneuerungsbedürftig und kosten erneut Energie. Findige Leute haben den „Erntefaktor" solcher angeblichen Traumenergiequellen nachgerechnet, und schon verrinnt die Quelle im Sand. Diese Energiespielereien „rechnen" sich nur, solange die relativ billige Energie auf Kohlenstoffbasis zur Verfügung steht. [4]

Der gerade neugewählte Vicepräsident der USA, AL Gore, hat unter seinem Namen ein Umweltbuch erscheinen lassen, in dem er einen „Marshallplan für die Welt" in Sachen Umwelt ankündigt. Wahrscheinlich hat er beim sprichwörtlich geringen Geschichtsbewußtsein der Amerikaner Marshall mit Morgenthau verwechselt.

Leise töten

Nicht alles läßt sich durch das „Profitinteresse der Großindustrie" erklären. Dieses bei den rotgrün-braunen beliebte „Haltet-den-Dieb-Geschrei" ist mit Sicherheit nicht die ganze Wahrheit, und als Halbwahrheit vielleicht sogar die ganze Lüge. Im Zeichen der vom scheidenden US-Präsidenten verkündeten, aber insgeheim schon seit 1974 praktizierten

„Neuen Weltordnung" geht es um mehr als um Geld. Es geht
um Macht. Geld ist nur ein Teil der Macht, die herrschende
Wertvorstellung ist ein anderer. Ihr Wesen ist die Beherr-
schung der Menschen. Über Leben und Tod zu bestimmen,
ist der höchste Gipfel der Macht. Um den scheint es bei der
Umweltbewegung zu gehen.

Wir haben oben schon die Kampagne gegen DDT erwähnt.
Das Buch, das sie 1962 in den USA ausgelöst hatte, Rachel
Carsons „Der Stumme Frühling", war von Anfang bis Ende
ein einziger, nicht einmal geschickt aufgebauter Betrug. Edmund Sweeney stellte am 26.4.1972, zum Abschluß der
Hearings vor dem DDT-Verbot fest: „DDT stellt keine krebserzeugende Bedrohung für den Menschen dar, DDT wirkt
nicht mutagen (verändernd) oder teratogen (Mißbildungen
hervorrufend) auf den Menschen. Der vorschriftsmäßige
Einsatz von DDT hat keine nachteiligen Auswirkungen auf
Süßwasserfische, Tiere im Watt, Wildvögel oder andere Bereiche der Tierwelt...". Die gleiche Unbedenklichkeit ließ
sich den Ersatzstoffen für DDT nicht bescheinigen.

Trotzdem kam es zu dem Verbot von DDT. Es gab keinen
sachlichen Grund für dieses Verbot. Aber 150 Umweltorganisationen in den USA hatten mit der Unterstützung nahezu aller Massenmedien für diese Entscheidung getrommelt. DDT
ist ein außerordentlich wirksames Kontakt- und Berührungs-
gift. W.J.Haynes schrieb 1975 in „Toxicology of Pestizides":
„DDT hat bei den Nutzpflanzen, bei denen es zum Einsatz
kam, außerordentliche Ertragssteigerungen erzielt. Die Ertragssteigerungen entsprachen genau dem Grad seines Gebrauchs. Nutzpflanzen wie Baumwolle, Erdnüsse und Kartof-
feln, bei denen das Schutzmittel am meisten angewandt
wurde, zeigten Zuwächse zwischen 68 und 119 Prozent. Die
Produktion von Luzerne Keimen stieg sogar um 300 bis 600
Prozent". Mit der erfolgreichen Bekämpfung des Schwamm-
spinners konnten in den USA während der fünfziger Jahren
Millionen Hektar Waldfläche vor dem sicheren Untergang
bewahrt werden.[5]

Nach Auffassung der Weltgesundheitsorganisation WHO
in Rom hat DDT in den 25 Jahren seines Gebrauchs rund drei

Milliarden Menschen davor bewahrt, von Malaria oder anderen, durch Insekten übertragene Seuchen angesteckt zu werden. Ein Beispiel: In Cylon dem heutigen Sri Lanka, gab es vor Einführung von DDT 2,8 Millionen Malariafälle. 1963 auf dem Höhepunkt des DDT Sprühprogramms waren es noch ganze siebzehn Fälle. 5 Jahre nach Abbruch des Programms zählte man schon wieder eine halbe Million Krankheitsfälle. Ernsthafte Untersuchungen errechnen, daß das DDT-Verbot Jahr für Jahr mehreren Millionen Menschen das Leben kostet. Damit erweist sich auch dieses von demokratischen Regierungen ausgesprochene DDT-Verbot als weitaus mörderischer als Adolf Hitlers „Tausendjähriges Reich".

Warum wurde DDT verboten? Wir hatten oben schon Alexander King zitiert, hören wir nun Malcom Donald. Er war im US-Außenministerium für Bevölkerungsfragen verantwortlich. Donald sagte in einem Interview in den siebziger Jahren: „Mit DDT haben wir den größten Unsinn angerichtet. Malaria, eine der schlimmsten Krankheiten, wurde praktisch ausgerottet. Das war falsch. Dadurch haben wir das natürliche Gleichgewicht erschüttert. Zu viele Menschen blieben am Leben. Vielleicht haben wir Glück und es tritt ein anderer großer Killer auf".[6]

Sollte ein ähnlicher Wunsch die Suche nach dem „Ozonkiller" ausgelöst haben? Beim Verbot von FCKW, dem zur Zeit am häufigsten genannten „Ozonkiller", rechnet man allein aus der Auswirkung des Verbots auf den Bereich der Kühltechnik mit über 30 bis 40 Millionen Menschen, die im Jahr zusätzlich verhungern oder an Nahrungsmittelvergiftung sterben müssen. Es dürfte sich vorwiegend um farbige Menschen handeln. Das FCKW-Verbot ist demnach zehnmal wirksamer als das DDT-Verbot. Dabei berücksichtigen wir nur einen einzigen Anwendungsbereich von FCKW.

Wie gefährlich sind denn nun tatsächlich FCKWs für die Umwelt? Über mögliche „Ozonkiller" wurde vorher bereits öfters spekuliert. Bisher nannte man in diesem Zusammenhang gerne Überschallflugzeuge und Raketen. 1985 richteten sich die Anklagen plötzlich gegen die FCKWs. Nun wollte man sie als die eigentlichen Verursacher des Ozonloches aus-

findig gemacht haben. Durch das Ozonloch dringt angeblich
mehr von der gefährlichen UV-B-Strahlung auf unsere Erde
und vernichtet dort das Leben. Dabei sind Fluorkohlenwas-
serstoffe (FCKWs) sehr nützliche und stabile, chemische Verbindungen.

Natürlich bedurfte es wieder einer faustdicken Lüge, um
das Ganze loszutreten. Nehmen wir als Beispiel unser deutsches Intelligenzblatt „Der Spiegel": „Schafe und Lachse
seien, infolge verstärkter UV-Einstrahlung aus dem All, erblindet. (...) An die 300 Hasen habe man praktisch mit der
Hand einsammeln können, sie saßen orientierungslos in der
Pampa, die Linsen Ihrer Augen waren vom grauen Star ge-
trübt. Inzwischen wurden an die Schafhirten in Südchile
breitkrempige Hüte und Sonnenbrillen ausgegeben, zum
Schutz gegen die Strahlung, die der natürliche Schutzschild
in der Stratosphäre, die Ozonschicht, nicht mehr von ihnen
fernhält." (Spiegel 7/1992 Seite 202).

Der ganze Quatsch geht unter anderem auf das Umweltbuch „Erde im Gleichgewicht" von Al Gore, dem neuen Vi-
cepräsidenten der USA, zurück. Am 21. August brachte Kanal
7 der Fernsehstation KGO in San Franzisco den Hintergrund
der Geschichte. Der Reporter Brian Hackney war nach Pata-
gonien gefahren, um die Schauergeschichten Al Gores zu
überprüfen. Es stellte sich heraus, daß die einzigen Schafe,
die durch das Ozonloch erblindet waren, Spiegelleser oder
Wähler Al Gores waren. Die Augenkrankheit der Schafe und
anderer Tiere geht auf einen Virus zurück, der die äußerste
Hornhaut der Augen entzündet. Mit UV-Strahlung hatte das
überhaupt nichts zu tun. Selbst Greenpeace nahm die Geschichte aus seiner Propaganda, weil sie ihr zu unsicher geworden war.

Im Labor gelang es tatsächlich, FCKW mit Hilfe harter UV-
B-Strahlung zu spalten. Die gleiche Strahlung spaltet in der
Stratosphäre Sauerstoff O_2 und legt damit den Grund, daß
sich Ozon bilden kann. Ebenfalls unter Laborbedinungen gelang es, mit freigesetzten Chloratomen, Ozonmoleküle zu
zerstören. Man hatte zwar in der Stratosphäre 192 chemische
Reaktionen und 48 photochemische Reaktionen beobachtet,

aber trotz intensivster Nachforschungen nicht diese im Labor
nachgestellten. Trotzdem ließen „namhafte Wissenschaftler"
verlauten, Laborexperimente haben erwiesen, FCKWs zerstören die Ozonschicht.

Die politische Prominenz einigte sich im sogenannten
Montrealprotokoll von 1987 erstaunlich schnell darauf, die
Verwendung von FCKW in Sprühdosen zu verbieten und bis
1995 die Herstellung von FCKW mit den erwähnten Folgen
ganz einzustellen.

„Ozonloch" heißt die Ozonausdünnung, die kurz nach der
Polarnacht an den Polen gemessen werden kann. Dafür ist
nicht allein das fehlende Sonnenlicht verantwortlich, weil
nur der geringste Teil des Ozons an den Polen dort auch entsteht. Ozon wird vom Äquator her fortwährend dorthin ge-
weht. Für das „Loch" entscheidend sind besondere Wetterlagen. Der Südpol wird in jedem Spätsommer (dem dortigen
Winter) für mehrere Wochen durch einen gigantischen Luftwirbel vom Rest der Atmosphäre abgeschnitten. Daher dringt
kein weiteres Ozon bis dorthin vor. Es staut sich stattdessen
am äußeren Rand des Wirbels zu einem regelrechten „Ozon-
gebirge" auf. Das sind keine neuen Erkenntnisse. Es gibt her-
vorragende Fotografien dieses „Ozongebirges". Nur werden
sie aus der Diskussion um die angeblich drohende „Katastrophe" ausgeklammert.

Auch die Aufregung über die „Entdeckung des Ozonlochs"
im Jahr 1975 war verlogen. Schon 1956 maß Gordon Dobson
die Ozonschicht am Südpol, entdeckte und beschrieb dabei
die Ozonausdünnung als regelmäßig wiederkehrende Natur-
erscheinung. Sie ist wahrscheinlich älter als der Mensch. Am
Nordpol wurde eine entsprechende Ozonausdünnung, die
man damals schon „Loch" nannte, bereits 1934 gemessen
und 1944 in einer Schweizer Fachzeitschrift beschrieben. Eines ist jedenfalls sicher: FCKWs können dafür nicht verantwortlich gemacht werden.

Übrigens, Fluorchlorkohlenwasserstoffe (FCKW) können
selbst nichts „killen", auch kein Ozon. Dafür sind sie viel zu
stabil. Die schweren Moleküle müssen erst die Inversionslage
der Tropopause passieren und hoch in die Stratosphäre

(circa 40 000 Meter) aufsteigen, um dort möglicherweise von hartem UV-Licht getroffen und gespalten zu werden. Danach muß ihr Chlorbestandteil wieder absinken, um in Höhen von rund 25 000 Meter Ozon anzugreifen. Das UV-Licht erzeugt aber in der Zeit, in der es rein theoretisch ein FCKW-Molekül, das vielleicht dort hinauf gelangt sein könnte, spaltet, in Wirklichkeit gut eine Million Ozon-Moleküle.

Warum sollen gerade FCKWs am Ozonloch schuld sein? Man sagt, es gäbe keine Senke für FCKWs, weil man nicht soviel FCKWs am Boden fand, wie man aufgrund der bekannten Produktionszahlen dort erwarten sollte. Der Schluß, daß sie deshalb restlos in die Höhe gewirbelt werden, ist aber voreilig. Forscher konnten nachweisen, daß FCKWs im Boden von anäroben Mikroben verzehrt werden. Auch im Ozean traf man bis in 6 000 Meter Tiefe auf FCKWs und entsprechend gefräßige Enzyme und Bakterien.

Schließlich muß nicht alles Chlor, das man in der Atmosphäre antrifft, von FCKWs stammen. Weltweit werden jährlich rund 1,1 Millionen Tonnen FCKWs mit einem Chlorgehalt von rund 750 000 Tonnen hergestellt. Natürlich gerät davon nicht alles in die Umwelt. Demgegenüber gelangen jährlich aus den Weltmeeren, Vulkanen, aus verbrannten organischen Substanzen das Achthundertfache, also rund 670 Millionen Tonnen Chlor in die Atmosphäre. Vieles davon wäscht der Regen sofort wieder aus, aber sicherlich nicht alles. Im Jahr 1815 schoß der Vulkan Tambora bei einem einzigen, gewaltigen Ausbruch soviel Chlor hoch in die Stratosphäre, wie nach heutigem Stand erst in 300 Jahren verarbeitet wird. Trotzdem konnten weder damals noch zehn oder hundert Jahre später größere Schädigungen durch UV-Licht festgestellt werden.

Das „Katastrophale" am „Ozonloch" soll sein, daß die UV-Strahlung am Erdboden um 20 Prozent zunimmt. Um diese Gefahr realistisch einzuschätzen, muß man wissen, daß die Stärke der UV-Strahlung je nach Jahreszeit und Ort sehr stark schwankt: Am Äquator ist sie zum Beispiel um 5000 Prozent stärker als in der Nähe der Pole (weshalb sich vor allem über dem Äquator Ozon bildet und kaum an den Polen). Eine

ebenso „katastrophale" Wirkung, wie sie das „Ozonloch" her-
vorrufen soll, ereilt denjenigen, der 200 Kilometer näher in
Richtung Äquator, also etwa von Hamburg nach Kassel, oder
an einen 500 Meter höher gelegenen Ort umzieht.

Tatsächlich konnte von all den vielen hochsensiblen Meß-
stationen am Erdboden keine Zunahme der UV-Strahlung gemessen werden. Die vorhandenen Meßwerte deuten eher auf
eine Abnahme der Strahlung hin. Der eigentliche Grund
hierfür liegt neben „der Luftverschmutzung" wahrscheinlich
bei der Sonne: ihre Strahlungskraft schwankt in mehreren,
sich einander überlagernden Zeitläufen. Sie sind bisher aber
noch wenig erforscht. Mit den Sonnenzyklen ändert sich die
Fähigkeit des Sonnenlichts, Ozon zu erzeugen.

Erhöhte UV-Belastung soll vor allem zu vermehrtem Hautkrebs führen. Tatsächlich treten Hautkrebserkrankungen in
den letzten Jahren etwas häufiger auf. Von den drei Arten
Hautkrebs ist nur die eine, das seltene „maligne Melanom"
(Schwarzer Hautkrebs) gefährlich. Doch diese Art kommt in
Äquatornähe bei hoher UV-Strahlung deutlich seltener vor
als in Polnähe. Das gefährliche Melanom tritt außerdem noch
vorwiegend an Körperstellen auf, die gerade nicht dem Sonnenlicht ausgesetzt werden (z.B. Achselhöhle). Schließlich
zeigt die Medizinstatistik, daß am Melanom vor allem Menschen erkranken, die sich vorwiegend in geschlossenen Räu-
men aufhalten. Dagegen trägt UV-B-Licht unter anderem
dazu bei, daß sich in unserer Haut das wichtige Vitamin D_3
bilden kann. Es ist vor allem für die Knochenbildung und das
Immunsystem sehr wichtig. Aus diesem Grund bedeutete die
Erfindung der sogenannten „Höhensonne" zur künstlichen
UV-Bestrahlung zu Beginn des Jahrhunderts einen großen
Fortschritt für die Volksgesundheit.

Was ist also von der ganzen Sache zu halten? Die Antwort
läßt sich am besten an einem Beispiel ablesen. Was zu FCKW
und Ozonloch bekannt ist, trägt das bereits erwähnte Ta-
schenbuch zusammen. Es fand die Aufmerksamkeit einiger
Journalisten, die es wagten, in ihren Zeitschriften der Ozon-
killer-Hypothese mit den Argumenten des genannten Buches
zu widersprechen. Wie reagierten die „namhaften" Wissen-

schaftler darauf? Bis auf ein Argument sagen sie inhaltlich und sachlich nichts zu den Aussagen des Buches. Sie beschränken sich darauf, seine Verfasser und den Verlag zu verdächtigen.

Aber selbst die Art und Weise, wie sie ihr einziges sachliches Argument ausspielen, ist bezeichnend. Die „namhaften" Wissenschaftler prügeln nämlich ausschließlich auf eine Behauptung ein, die so aber gar nicht gefallen war. Das Buch bezweifelt, daß FCKW-Moleküle ohne weiteres in die zu ihrer Spaltung erforderliche Höhe gelangen. Es verweist in diesem Zusammenhang unter anderem auch auf das relativ hohe Gewicht der FCKW-Moleküle. Das Gewicht allein ist offensichtlich kein ausreichender Grund, weil auch andere schwere Gasmoleküle mühelos aufgewirbelt werden. Die kleine Unrichtigkeit des Buches benutzt nun Prof. Graßl und seines gleichen, um die Verfasser und die in den 190 Anmerkungen genannten Wissenschaftler pauschal als Scharlatane abzutun.

Sie benutzen die kleine Unrichtigkeit, um ihre viel bewußtere Lüge, FCKW-Moleküle würden mehrheitlich bis in die Stratosphäre hochgewirbelt, zu rechtfertigen. Die FCKW-Moleküle sind nämlich nicht nur schwer, sie sind auch träge und bilden deshalb Wolken. Solche Wolken verhalten sich annähernd wie Körper und sinken tatsächlich zu Boden. Am Rand der Wolke mögen einzelne Gasmoleküle sich mit Luftmoleküle mischen, aus der Wolke lösen und dann auch aufgewirbelt werden. Das ändert aber nichts an der Tatsache, daß die FCKW-Wolke in aller Regel zu Boden sinkt. [7]

Die besondere „Wissenschaftlichkeit" der „namhaften" Wissenschaftler bekundet ein anderes Beispiel. Man wollte beweisen, daß es einen Zusammenhang zwischen Ozonausdünnung und dem aus FCKWs stammenden Chlor gibt. Dazu fuhr man im Spätsommer an den Südpol und suchte sich eine Meßstation am McMurdo-Sund aus. Sie lag nur 15 Kilometer von einem Vulkan namens Erebus entfernt. Dieser pafft seit seiner Entdeckung vor 140 Jahren täglich rund 1000 Tonnen Chlorgas in die Atmosphäre. Das entspricht alleine schon in etwa dem Chlorgehalt der halben FCKW-Weltproduktion. Die „namhaften" Wissenschaftler ließen nicht nur ihre 33

Meßballons mitten in dem Luftwirbel hochsteigen, der zu dieser Zeit am Südpol das Zuströmen von Ozon verhindert, sondern auch mitten in der Chlorgaswolke des Vulkans. Ihre Meßergebnisse mögen gestimmt haben. Weder Wirbel noch Vulkan scheint sie aber bei ihrem Beweis gestört zu haben, daß das Ozonloch mit dem hohen Chloraufkommen am Südpol zusammenhängt, und dieses Chlor nur daher rühren kann, daß die FCKW-Moleküle vereinbart haben, sich nach ihrer Freisetzung unverzüglich am Südpol zu treffen.

In diesem Sinne nimmt es auch das „Ozone Trend Panel", die internationale Ozonbehörde, mit den „Fakten" nicht so genau. Professor Marcel Ackermann, der Direktor des berühmten Institute d'Aeronomie Spaciale de Belgique verweist in der Sendung des belgischen (flämischen) Fernsehens „Herover de Aarde" am 18.9.1992 auf die in dem Bericht zurechtverbesserten Daten seiner Versuchsstation und bemerkt dazu: „Diese Lehnstuhlwissenschaftler nehmen die Daten anderer und transformieren sie. Sie „verbessern" die Daten und behaupten dann, es gäbe eine Ozonabnahme. Schon vom ethischen Standpunkt aus ist das nicht korrekt. Sie begehen Betrug."

Alle Räder stehen still, wenn Dein starker Arm es will.

Bei der Nutzung fossiler Energiequellen wird CO_2 freigesetzt. Nun glaubten die „namhaften" Wissenschaftler herausgefunden zu haben, daß sich CO_2 in der Erdatmosphäre anreichere, sich dadurch der sogenannte Treibhauseffekt verstärke und beides zu einer gefährlichen Aufheizung unseres Klimas führe. Als Folge dessen erwarten sie allerlei Schrecklichkeiten, zum Beispiel das Vordringen der Wüsten, das Verkümmern des Pflanzenwuchs und das Ansteigen des Meeresspiegels.

Schon der dabei verwendete Begriff „Treibhauseffekt" ist irreführend. Beim Treibhaus verhindert das Glasdach, daß die von den Sonnenstrahlen erwärmte Luft aufsteigen und durch nachströmende, kältere Luft ersetzt werden kann. Der sogenannte „Treibhauseffekt" berücksichtigt aber gar nicht die Luftumwälzung. Er bezieht sich auf den Tatbestand, daß die Atmosphäre bei steigendem CO_2-Gehalt für bestimmte Arten der Wärmestrahlung weniger durchlässig wird. Das Klima ergibt sich aber nicht nur aus der Wärmeeinstrahlung. Käme es nur auf die Wärmestrahlung an, müßte die Erdtemperatur statt bei durchschnittlich + 15 bei – 18 Grad Celsius liegen. Nimmt man nur den prinzipiell mit der Atmosphäre gegebenen Treibhauseffekt hinzu, müßte sie bei durchschnittlich + 77 Grad Celsius liegen. Beides ist offensichtlich nicht der Fall.

Den Wärmehaushalt der Erde regeln verschiedene Arten des Wärmeaustausches. Wärmestrahlung ist nur eine davon, eine andere ist der Wärmetransport der Luft- und Meeresströmungen. Hierdurch wird Wärme aus den heißen Gegenden zu den kalten Polen hin abgeführt. Die dritte Art des Wärmetransports heißt Konvektion. Sie hebt die Wärme von der Erdoberfläche in die höheren Atmosphärenschichten.

Der Wasserkreislauf spielt dabei eine wichtige Rolle. Pro Sekunde verdunsten weltweit rund 14 Millionen Tonnen Wasser. Das kostet allein zwischen 80 und 84 Prozent der an der Erdoberfläche verfügbaren Energie. Der Wasserdunst steigt in die Höhe, kondensiert zu Wolken und regnet in der kalten Höhenluft über der sogenannten Treibhausdecke ab. Dabei wird die mitgeführte Energie wieder abgegeben und nach außen abgestrahlt. Etwas Ähnliches geschieht in jedem Kühlschrank. In ihrem Kühlschrank holen die FCKWs die Wärme aus dem Kühlschrankinneren heraus und geben sie außerhalb der Wärmedämmung an die Umgebung ab.[8]

Das eigentliche „Treibhausgas" ist nämlich der Wasserdunst. CO_2 kommt in der Erdatmosphäre nur mit einem Anteil von 0,35 Promille vor. Könnten wir CO_2 vollständig aus der Luft entfernen, würde sich der sogenannte „Treibhauseffekt" nur um zwei Hundertstel verringern. Um die benötigten „dramatischen" Auswirkungen zu errechnen, greifen die verwendeten Computermodelle auf einen einfachen Trick zurück, auf den positiven Rückkopplungsmechanismus: Geringe Temperaturerhöhung vermehrt den Wasserdampf in der Luft, der treibt die Temperatur hoch, und das führt wieder zur Vermehrung des Wasserdampfs, usw. Vermehrter Wasserdampf heißt aber auch mehr Wolken und Regen. Sie speichern nicht nur Wärme, sondern halten auch Sonnenwärme ab. Wolken haben eine weit höhere Albedo (die Fähigkeit, eingestrahlte Wärme wieder ins All zurückzustrahlen) als die Erde. Wolken strahlen 60 – 90 Prozent der Wärme zurück, während Land- und Wasserflächen nur zwischen 3 und 10 Prozent zurückspiegeln. Die Computermodelle haben aber ihre Schwierigkeiten mit der Wolkenbildung und deren Auswirkungen auf das Klima. Das hindert die Professoren Graßl und Hasselmann in Hamburg und andere nicht daran, mit den Rechenergebnissen ihrer Computer Schaum zu schlagen, und alle, die nicht mit schlagen wollen, Scharlatane zu nennen.

Die Klimakatastrophen-Apostel verkünden auch, der CO_2-Gehalt der Luft werde sich bis zum Jahr 2030, wenn man so weiter mache wie bisher, verdoppeln. Wendete man das Computerprogramm, daß man für solche Behauptungen bemüht, auf die Vergangenheit an, müßte der CO_2-Gehalt der Luft heute schon um 60 Prozent höher liegen, als es tatsächlich der Fall ist. Das vom Menschen freigesetzte CO_2 verschwindet nämlich zum größeren Teil in den Weltmeeren. Auf ein Teil CO_2 in der Luft kommen mehr als 50 Teile CO_2 im Ozean. Würden wir alle vorhandenen, wirtschaftlich nutzbaren, fossilen Energieträger in wenigen Jahrzehnten verbrennen, schafften wir es doch nicht, mit dem freigesetzten CO_2 seinen Anteil an der Luft zu verdoppeln.

Es ist nicht einmal erwiesen, daß sich der CO_2-Gehalt der Erdatmosphäre seit Beginn der Industrialisierung überhaupt erhöht hat. Als Beweis führen die Katastrophen-Apostel Messungen der in Eisbohrkernen eingeschlossenen Luft an. Es klingt überzeugend, wenn sich herausstellt, daß in Bläschen des Eises aus früheren Jahrhunderten Luft mit geringen CO_2-Gehalten eingeschlossen ist. Nun maß das Norwegische Polarinstitut auch die Luft, die im Gletschereis aus jüngster Zeit eingeschlossen war. Sie sollte dem heutigen CO_2 Gehalt der Luft entsprechen. Das tat sie aber nicht. Man stieß auch dort im wesentlichen auf die gleichen geringen CO_2-Werte, auf Werte, die angeblich für die Zeit vor der Industrialisierung typisch sein sollen. [9]

Es gibt keinen Grund, weshalb sich die Zusammensetzung der Luft in den Eisbläschen nicht ändern sollte. Professor Heyke zeigt, daß bei den üblichen Messungen der Klimakatastrophenlobby wesentliche Grundsätze der Chemie nicht beachtet werden. [10] Aber selbst wenn – was wir nicht wissen – der CO_2-Gehalt der Luft sich in der jüngeren Vergangenheit mit der Klimatemperatur nach oben oder unten bewegt hätte, beweist dies allein noch nichts. An den Veränderungen des CO_2-Gehalts könnten – und das ist sogar wahrscheinlich – Temperaturschwankungen schuld sein. Demnach trägt nicht der Anstieg des CO_2-Gehaltes der Luft Schuld an der Klimaerwärmung sondern umgekehrt eine mögliche Klimaerwärmung Schuld an höheren CO_2 Gehalten der Luft. Bei höheren Temperaturen gibt Wasser bekanntlich CO_2 ab. Jeder Sprudeltrinker weiß das.

Das Klima unserer Erde unterlag bisher schon großen Schwankungen, ohne daß hierfür Industrieabgase oder vom Menschen freigesetztes CO_2 verantwortlich gemacht werden könnte. Wir kennen den Wechsel zwischen Eiszeit und Warmzeit. Selbst in der jetzt seit nunmehr 10 700 Jahren währenden Warmzeit schwankten die Klimatemperaturen. Zwischen den Jahren 1000 und 1200 unserer Zeitrechnung herrschte ein durchschnittlich um ein Grad Celsius wärmeres Klima. Vor 6000 bis 8000 Jahren war es sogar um durchschnittlich zwei Grad Celsius wärmer.

Die Klimageschichte bezeichnet diese Zeiten als „Klimaoptima", d.h. es waren klimatisch optimale Zeiten. Damals gab es keineswegs breitere Wüstengürtel; im Gegenteil, die Sahara war zum Beispiel vor 6000 bis 8000 Jahren noch bewaldet. Auch spricht nichts dafür, daß bei Klimaerwärmung der Meeresspiegel ansteigt. Im Gegenteil! Wärmeres Klima könnte an den Polen zu mehr Niederschlägen führen und dort die Gletscher wachsen lassen. So jedenfalls war es bisher in den Wärmeperioden der Geschichte. Die Drohung mit der Klimaerwärmung ist sowenig begründet wie die Ankündigung einer neuen Eiszeit, mit der bis vor kurzem oft die gleichen „namhaften" Wissenschaftler den Menschen Angst machen wollten.

Am unverschämtesten logen die Verkünder der Klimakatastrophe mit ihrer Behauptung, mehr CO_2 und höhere Temperaturen hätten „katastrophale" Folgen für den Pflanzenwuchs. Pflanzen brauchen CO_2 so nötig zum Leben, wie Säugetiere den Sauerstoff. Die meisten der heute verbreiteten grünen Pflanzen entwickelten sich vor rund 200 Millionen Jahren, als die Atmosphäre fünf bis zehnmal soviel CO_2 enthielt wie heute. Würde der CO_2-Gehalt noch weiter absinken, könnte vielen Pflanzen eine Art Erstickungstod drohen. Die Zunahme an CO_2 läßt sie dagegen „aufatmen". Daher wird aus wirtschaftlichen Gründen in modernen Treibhäusern der CO_2-Gehalt der Luft künstlich auf das Doppelte bis Vierfache der Atmosphäre eingestellt. Der höhere CO_2-Gehalt der Luft beschleunigt den Pflanzenwuchs. Außerdem kommen die meisten Pflanzen dabei mit deutlich weniger Wasser aus und sind gegen Krankheitserreger wesentlich widerstandsfähiger. Kurz, sie sind gesünder.[11]

Einen beachtlichen Teil der eingestrahlten Sonnenenergie binden Pflanzen bei der Photosynthese. Sie nehmen CO_2 und Wasser ein, nehmen daraus mit Hilfe der Sonnenenergie den Kohlen- und Wasserstoff und bauen damit ihren Pflanzenkörper auf. Den freigewordenen Sauerstoff geben sie ab. Um welche Größenordnungen handelt es sich hierbei?

Industriell werden jährlich zwischen 20 und 22 Milliarden Tonnen CO_2 erzeugt. Rund 6 Milliarden Tonnen CO_2 werden bei der Brandrodung frei, also dadurch, daß man Entwicklungsländern eine technisch entwickelte Land-, Forst- und Energiewirtschaft vorenthält. Aus den gleichen Gründen versteppen in den unterentwickelten Ländern große Landstriche, was weitere 4 Milliarden Tonnen CO_2 freisetzt. Eine ähnliche Wirkung hätten die landwirtschaftlichen Vorschläge der Grünen. Dagegen bindet die noch intensiv betriebene Landwirtschaft in den Industrieländern einen CO_2-Überschuß von rund 4 Milliarden Tonnen. Die Pflanzenwelt setzt insgesamt 75 Milliarden Tonnen CO_2 um, einen großen Teil davon die Meeresalgen.

Ein Mensch atmet täglich rund 1 kg CO_2 aus. Eine stattliche Buche besitzt durchschnittlich 200 000 Blätter. Sie nimmt an einem Sonnentag rund 9400 Liter CO_2 aus der Luft, produziert daraus und aus Wasser etwa 9400 Liter O_2, regeneriert somit 45 000 Liter Luft und lagert 12 kg Kohlenwasserstoff als Holz ab.[12]

Eine große Menge CO_2 wird von Muscheln und anderen Meerestieren in Form von Gehäusen, Korallen und ähnlichem zu Kalkstein gebunden. Schließlich verbindet sich auch freigelegtes Silikatgestein an der Luft mit CO_2 und verbraucht beträchtliche Mengen davon.

Fleißige Rechner haben herausgefunden, daß wir für den Fall zusätzlich etwa 250 Milliarden Tonnen CO_2 in die Atmosphäre abgeben müßten, daß wir weltweit die Pflanzendecke wieder so dicht schließen wollten, wie sie noch vor wenigen hundert Jahren gewesen war. Warnungen wegen der zu hohen CO_2 Abgabe an die Luft sind also nicht nur unbegründet und falsch, sie sind unter diesen Umständen vielleicht sogar gemeingefährlich.[13]

Als im Februar 1992 Biologen den Mitgliedern der Enquête-Kommission des Deutschen Bundestags „Zum Schutz der Erdatmosphäre" diese Sachverhalte darlegten, warnte die SPD-Sprecherin Liesel Hartenstein die anwesenden Journalisten: Sie sollten diese Erkenntnisse nicht an die Öffentlichkeit dringen lassen, denn so etwas „setzt die falschen Signale". Offensichtlich hatte sie damit Erfolg.

Aber warum geht man gerade gegen CO_2 vor? Sicherlich läßt sich damit eine neue Umweltsteuer begründen. Die UNO sprach auf dem berüchtigten Umweltgipfel in Rio de Janeiro von einer geplanten Umweltsteuer in Höhe von jährlich rund 600 Milliarden Dollar. Wer aber nur das Geld sieht, ist kurzsichtig und wird nicht der Rolle gerecht, die dem Kohlenstoff als einziger ernsthaften, noch verbleibenden Energiequelle zukommt. Wollte man etwa wie bei der Milch eine Art Quotenregelung für die Abgabe von CO_2 einführen, könnte man dadurch bestimmen, welches Land Industrie betreiben darf und welches nicht. Was paßt besser zur geplanten „Neuen Weltordnung", als eine solche Reglung? Mit den neugegründeten „mobilen Einheiten" der NATO oder entsprechenden Blauhelm-Einsätzen der UNO ließen sich solche Regelungen gegen jedes ungehorsame Entwicklungsland – ähnlich wie 1991 im Falle des Irak – rücksichtslos durchsetzen. Es scheint, als ersehnen die in Bonn regierenden Parteien nichts sehnlicher, als die Gnade, mit der Bundeswehr entsprechende Kolonialkriege für die USA führen zu dürfen.

Inzwischen begreift selbst so mancher SPD-Bürgermeister, worum es eigentlich geht. Treu der Parteilinie hatte er sich darum bemüht, in seiner Stadt Dienstleistungsbetriebe anzusiedeln. Damit ließen sich bequem und „umweltfreundlich" Wirtschaftszuwächse erzielen und Geld in die Haushaltskasse holen. Produktionsbetriebe galten als unbequem und umweltbelastend. Nun sterben die Produktionsbetriebe und bald nach ihnen auch die Dienstleistungsbetriebe. Denn wem sollen sie noch „dienen", wenn nichts mehr produziert wird?

Der Tod ist ein Meister im Lügen

Eines dürfte klar geworden sein, mit der Erhaltung der Lebensbedingungen auf unserer Erde haben die wenigsten Umweltschutzkampagnen etwas im Sinn. Ähnlich steht es wahrscheinlich auch mit der Umwelt-Wissenschaft? Um bestimmte Kampagnen einzuleiten, werden in der Regel sogenannte Hearings veranstaltet und Enquete-Kommissionen zusammengestellt. Sie sollen strittige Fragen „wissenschaftlich" klären. Alles hängt davon ab, wer in solchen Kommissionen sitzt. Auch die Chefpositionen, der führenden „großwissenschaftlichen" Einrichtungen, wie zum Beispiel der Max-Planck-Institute, haben dafür zu sorgen, daß die Meinung der „überwiegenden Mehrheit der Wissenschaftler" die ist, die man für die jeweilige Kampagne benötigt. Dazu wird dann eine Flut einschlägiger Artikel, Arbeiten und Aufsätze veröffentlicht. Schaut man näher hin, muß man feststellen, daß sie von nur wenigen Leuten stammen, die sich noch dazu wechselseitig immer wieder selbst zitieren und dadurch ihre Aussagen „belegen".[14]

Im Grunde laufen alle diese Kampagnen, sei es nun das Verbot von DDT, FCKW oder CO_2, immer nur auf dasselbe Ziel hinaus: Das sogenannte Bevölkerungsproblem. „Es gibt zu viele Menschen", heißt es und man denkt sich: „Die müssen weg". Woran sich messen läßt, was zu viele Menschen sind oder nicht, ein solches Kriterium wird nirgends erörtert. Es scheint darüber ein stilles Einverständnis zu geben. Kaum jemand macht sich Sorgen, er könnte vielleicht selbst zu den „zu vielen" zählen. Schon beginnt das stille Einverständnis sich auszuwirken. Nur keine Bange, Sie, lieber Leser sind natürlich nicht gemeint. „Zuviel" sind immer nur die anderen. Es handelt sich um Menschen in Afrika, um AIDS-Opfer in Asien, um bosnischen Muslime, um die Kinder im Irak, die Palestinenser in Israel und die Armen in Lateinamerika oder in den Ghettos der USA, die Asylanten bei uns – kurz um Menschen, die nichts einbringen.

Natürlich sorgen starke psychologische Gründe dafür, daß man den Zusammenhang zwischen Umwelthysterie und Bevölkerungspolitik nicht sehen will. Wer zählt sich schon gerne zu den „viel zu vielen". Die meisten Menschen streiten alles ab, was in diese Richtung deutet. Sie tun das umso hysterischer, je mehr sie im Grunde ihres Herzens ahnen, tatsächlich überflüssig zu sein. Wahrscheinlich drücken sich die lautesten Umwelthysteriker mit ihren Umweltängsten um ihre Zweifel über sich selbst wie jemand herum, der im dunklen Winkel zu singen anfängt. Wegen des großen aufgestauten psychologischen Balasts führen sachliche Warnungen selten zu Erkenntnissen. Daher will ich es hier nur bei einigen Äußerungen führender Politiker bewenden lassen. Es sind nur einige von unzählig vielen anderen.

„Die weiße Weltbevölkerung", sagte Bertrand Russell, der große Guru der Friedensbewegten, „wird sich bald nicht mehr vermehren. Die Asiaten werden sich länger vermehren,

die Neger noch länger, bevor ihre Geburtenrate genug ab-
nimmt, so daß ihre Anzahl ohne Kriege und Seuchen konstant bleibt. Bis dahin können die Segnungen, auf die der So-
zialismus zielt, nur teilweise realisiert werden und die sich weniger vermehrenden Rassen müssen sich durch Methoden
verteidigen, die ebenso abscheulich wie notwendig sind."
Nein, das war nicht Adolf Hitler. Das sagte der „fortschrittliche" Brite Jahre nach dem Ende des Dritten Reichs.

„Man hält keine größere Herde, als man füttern kann. Mit
anderen Worten, Erhaltung verlangt möglicherweise ein Aus-
sortieren, um ein Gleichgewicht zwischen der relativen Anzahl jeder Gattung in einem bestimmten Siedlungsraum ein-
zuhalten. Ich weiß, das ist ein sehr heikler Gegenstand, aber
es ist eine Tatsache, daß die Menschheit nur ein Teil der belebten Natur ist. Jede neue Fläche die unter den Pflug
kommt, raubt man wildlebenden Gattungen." sagte Prinz Phi-
lipp, Prinzgemahl der britischen Monarchin.

„Das (der Schuldendienst) bedeutet Senkung des Realein-
kommens in Ländern, wo die Mehrheit der Bevölkerung bereits unter dem Existenzminimum lebt. Das ist schwierig, aber
man kann hochverschuldeten Ländern diesen schwierigen
Weg nicht abnehmen. Er ist unvermeidbar". Vorsitzender der
Bank für Internationalen Zahlungsausgleich, Fritz Leutwiler
in einer Rede des Jahres 1982. Einer seiner Bankierskollegen
bemerkte dazu treffend in einem Gespräch im Anschluß an
die Rede: „Fritz hat Mut. Wenn es nach ihm ginge, würde er
alle Leute in der Dritten Welt umbringen – mit Ausnahme einiger Rohstofflieferanten, natürlich."

Am 19. März des gleichen Jahres äußerte sich Robert
McNamara als Weltbankpräsident: „Übervölkerung und rapi-
des Bevölkerungswachstum Mexicos stellen heute schon eine
ernste Bedrohung der Sicherheitsinteressen der USA dar."
Am 2. Oktober 1979 hatte er bereits verkündet „Natürlich
gibt es verschiedene Wege, um die Sterberate hochzuschrau-
ben. Im thermonuklearen Zeitalter läßt sich das durch Kriege
rasch und nachhaltig bewerkstelligen. Hunger und Seuchen
sind die alten Mittel der Natur gegen Bevölkerungswachstum. Keines davon ist bisher verschwunden."

Thomas Ferguson leitete die Lateinamerika-Abteilung des Büros für Bevölkerungsfragen im US-Außenministerium. Er verkündete 1981: „Hinter all unserer Arbeit steht nur ein einziges Thema – wir müssen die Anzahl der Bevölkerung senken. Entweder folgen uns die Regierungen auf unserem Weg mit den netten, sauberen Methoden, oder sie bekommen die Art von Schwierigkeiten, die wir in El Salvador, oder im Iran oder in Beirut haben. Bevölkerung ist ein politisches Problem. Ist Bevölkerungswachstum erst außer Kontrolle geraten, braucht man autoritäre Regierungen, sogar Faschismus, um sie zu reduzieren. Den Fachleuten geht es beim Senken der Bevölkerungzahl nicht um humanitäre Gründe. Die klingen gut. Wir schauen auf Rohstoffe und Umweltfaktoren, wir achten auf unsere strategischen Bedürfnisse und sagen, dieses oder jenes Land muß seine Bevölkerung senken, oder es wird Schwierigkeiten geben. So werden Maßnahmen ergriffen. In El Salvador hat unser Programm nicht funktioniert. Es fehlte an der dazu gehörigen Infrastruktur. Es gab da eben, gottverdammt, zu viele Leute. Um wirklich die Bevölkerung zu reduzieren, und das möglichst schnell, muß man möglichst alle jungen Männer in Kämpfe einbeziehen und eine hinreichende Zahl geburtsfähiger Frauen töten." Aus einem Interview im Februar 1981.

Warum sollen wir noch mehr Zitate aneinanderreihen? Die Politik der USA folgt seit 1975 einem National Security Study Memorandum 200 (Studie zur nationalen Sicherheit) mit dem Titel: „Auswirkungen des weltweiten Bevölkerungswachstums auf die Sicherheit der Vereinigten Staaten und ihre Interessen in Übersee". Es behauptet, Bevölkerungswachstum und Entwicklung der Entwicklungsländer stelle „eine potentielle Bedrohung der nationalen Sicherheit der USA" dar, weil es ihren Anteil an den Rohstoffen der Welt zu schmälern droht. Laut Aussagen der Studie beanspruchten die USA als Führungsmacht ein Drittel aller Rohstoffe der Welt für sich.

In der Studie findet man detaillierte Anweisungen, wie sich die Bevölkerungsreduktion in anderen Ländern durchsetzen ließe und wie nicht. Vor allem müsse der Eindruck des Großmachtchauvinismus vermieden werden, liest man dort wiederholt. Umweltschutz wird als ein brauchbares Argument aufgeführt. Daneben will man die politische Klasse der betreffenden Länder persönlich beeinflussen und von sich abhängig machen. Den besten Effekt erwartet sich die Studie von der Propaganda Internationaler Organisationen.

Die politische Führung der USA stellt sich damit in eine recht eindeutige Tradition: „In der Lösung des Übervölkerungsproblems liegt die Voraussetzung für jede sozialistische und nicht sozialistische Regelung des nationalen und internationalen Lebens" schrieb Möller van den Bruck in den zwanziger Jahren in seinem programmatischen Buch „Das Dritte Reich". Es lieferte den fundamental neuen, politischen Ansatz für jene berüchtigte „Revolution", die unter Hitlers Namen bekannt geworden ist.

Heute rechtfertigt der sogenannte Umweltschutz diese zwischen 1939 und 1945 aus anderen politischen Gründen gescheiterte Revolution. Der dabei laut verkündete Antifaschismus verdeckt die Ähnlichkeit nur unzureichend. „An ihren Taten sollt ihr sie erkennen" rät zurecht schon die Bibel. Moderner klingt es so: „In den neunziger Jahren wird der Umweltschutzgedanke zum springenden Punkt der sozialen Reform und bei weitem das wichtigste Thema für die Geschäftswelt werden." Das schrieb Gary Miller am 12. Februar 1990 in dem renommierten Wirtschafts-Magazin „Fortune" unter der Überschrift „Die Umwelt: die Geschäftswelt schließt sich dem neuen Kreuzzug an".

Aus dem Dritten Reich nichts gelernt? Gleiche Ursachen führen oft zu gleichen Lösungswegen. Wie in den zwanziger Jahren krachen in unseren Tagen die internationalen Finanzmärkte. Daß es dahin kommen würde, war abzusehen. Anlageberater, Finanzexperten, Versicherungsvermittler und Provisionsjäger haben ihre Provisionen längst in Sicherheit gebracht. Übrig bleiben Wertpapiere in bunter Vielfalt und haufenweise. Sie alle versprechen dem Kunden, der dafür bezahlt hat, Renditen, Zinsen, Geldzahlungen. Aber woher sollen die Werte kommen, die solche Papiere begehrenswert erscheinen lassen?

Ich las Alexander Solschenizyns Roman „Archipel Gulag":
Auf 600 Seiten nichts als grauenhafteste Morde, Quälereien,
Erniedrigungen. Ich spürte plötzlich, daß mir die entsetzli-
chen Schicksale langweilig zu werden begannen. Ich ertappte
mich, wie ich abstumpfte. Und da stellte ich mir die Frage: Wo
liegt der Höhepunkt von alledem, wo wird das ganze Grauen
auf den Punkt gebracht? War es das willkürliche Erschlagen
von Häftlingen, das sie „nur so" aus dem Fenster Werfen, das
Einschlagen von Schädeln mit einer zufällig daliegenden Ei-
senstange? Solschenizyn selbst scheint einen solchen Gipfel-
punkt nicht gekannt zu haben. Daher wirkt sein Buch so er-
müdend. Aber an einer Stelle erzählt er etwas, was mir als der
Höhepunkt erschien. Er beschrieb, wie ein Entrechteter
seine Notdurft mit bloßen Händen wegräumen mußte, um
dafür noch verprügelt zu werden. Die Erniedrigung des Menschen, die Zerstörung seiner Würde, die Degradierung des
Menschen, die ihn noch unter das Tier stellt, in ihm nur noch
ein Stück Dreck, einen nutzlosen Esser, gar nur den Teil eines
wuchernden Krebsgeschwürs erkennt, das ist der Gipfel! Und
es ist der ganze Inhalt des grünen Umweltnihilismus. Der ge-
waltsame Tod ist dann bald nur noch die herbeigesehnte Er-
lösung aus einem entwürdigten Leben.

ANMERKUNGEN:

1) Diese und weitere Tabellen finden Sie im Anhang dieses Buches.
2) Hintergründe über Lord Melchett in dem Buch R. Maduro, R
   Schauerhammer: *Ozonloch, das mißbrauchte Naturwunder*, Dr. Böttiger Verlags-GmbH, Wiesbaden 1992, Seite 206 ff. Aus diesem Buch
   nehmen wir das meiste, was hier über FCKW gesagt wird.
   Zu Greenpeace Deutschland vergl.: „Der Spiegel" Nr. 38/1991 und
   das Editorial in: „Der Spiegel" 39/1991 vom 23.9.1991,
3) Den wirtschaftspolitischen Rahmen der letzten 100 Jahre, in den
   sich die Umweltkampagnen nahtlos einpassen, findet man im
   Buch von F. William Engdahl: *Mit der Ölwaffe zur Weltmacht, der Weg
   zur Neuen Weltordnung*, Dr. Böttiger Verlags-GmbH Wiesbaden 1992.

4) Zum Erntefaktor vergl.: Walter Seifritz: *Sanfte Energietechnologie –*
Hoffnung oder Utopie, Thiemig, München 1980.

5) Vgl. das, was oben im Kapitel 5 zu dem Thema bereits gesagt worden ist und die Zeitschrift: „Fusion, Wissenschaft und Technik für
das 21. Jahrhundert" 13. Jg., Heft 3.

6) Zitiert nach R Schauerhammer: Sackgasse Ökostaat, kein Platz für
Menschen, Dr. Böttiger Verlags-GmbH, Wiesbaden 1990, Seite 84.

7) Über das Verhalten der Gasmoleküle in der Atmosphäre gibt die ki-
netische Theorie der Gase Auskunft. Dazu der Aufsatz von James
K. Briant in Exp. Lung Res. 3, 1990 die Seiten 221-232.

8) Vgl.: *Der Atmosphärenkühlschrank*, in: „Fusion, Wissenschaft & Technik für das 21. Jahrhundert", 13 Jg. Heft 2 Seite 32 f.

9) Z. Jaworowski, T.V. Segalstad und S. Hisdal: *Atmospheric CO_2* and
Global Warming, a Critical Review, in: Norsk Polarinstitutt, Pap-
portserie Nr. 59, Oslo 1990. Professor Graßl wird hier wieder vor
„Scharlatanen" warnen wollen.

10) H.E. Heyke: *Zu den CO_2-Klimakurven aus Eisbohrkernen* in: „Erdöl +
Kohle, Erdgas Petrochemie", 45. Jg. Heft 5, Mai 1992, und ders.:
Gasblasen im Eis sind ein brüchiges Fundament für die CO_2-Steuer, in:
„Fusion,..." 13. Jg. Heft 3, Seite 32 ff

11) K. Schmitz, B. Werner, H. Wiesel: *Wirtschaftliche CO_2-Düngung* im
Unterglas Gemüsebau, Vergleich von zwei praxisbewährten Verfahren; in: „Gas" 41. Jg. Heft 6, Seite 18 – 22. Das ist nur eine unter
vielen Fachstudien.

12) S. Scherer: *Photosynthese, Bedeutung und Entstehung, ein kritischer*
Überblick, Fachbericht Bd. I, Häusler, Hennef 1983. Vergl. Auch
D.W. Lawlor und D.P. Häder: *Photosynthese, Stoffwechsel-Kontrolle,*
Physiologie, Thieme, Stuttgart 1990.

13) Friedhelm Seiffert: *Betrifft Klimathese und Meinungsmacher*, in: „Fusion, Wissenschaft und Technik für das 21. Jahrhundert", 13. Jg.,
Heft 1, 1992, die Seiten 14 und 15.

14) Vgl. Herbert Eder: *Der Wald lebte*, in: Sonderheft Forschungskreis
Stadtentwicklung, Dornstadt Mai 1991, Seite 65 ff
Zur sogenannten Klimakatastrophe vgl. Gerd Weber: *Treibhausef-*
fekt, Klimakatastrophe oder Medienpsychose? Dr. Böttiger Verlags-
GmbH, Wiesbaden 1991.

NACHWORT

Und nun?

Es gibt eine Wahrheit, die jeder sehen könnte und niemand sagen will – sage Du sie. Fürchte Dich nicht vor Fürsten (Bonzen) und Soldaten, nicht vor Priestern und Gelehrten, nicht vor Reichen und nicht vor dem Pöbel – sage die Wahrheit, wie sie in Dir ist. Es gibt nichts Einfacheres als statt der Unwahrheit, statt der Entstellung, statt der Beschönigung, die reine Wahrheit zu sagen, so wie Du sie kennst. Da braucht es keine Finten und Schliche, keine Beteuerungen und Phrasen – in Deiner Einfalt sage die Wahrheit, wie sie heute in Dir ist. Es kann auch sein, daß Du morgen schon das, was Du heute für wahr gehalten, als einen Irrtum erkennst. Dann habe den Mut, ihn einzugestehen und damit ein neues Zeugnis zu geben von dem, wie hoch Dir die Wahrheit steht. Ehrlich zu aller Zeit! Das mag Dein Wahlspruch sein! Peter Rosegger 1886

Wenn einer eine Sache lange und intensiv untersucht, wenn er durch viele Zweifel und lange Zeiten der Ungewißheit hindurchgegangen ist, dann kann er an einen Punkt geraten, wo es ihm „wie Schuppen von den Augen fällt" und er mit völliger Klarheit und Gewißheit die untersuchte Sache durchschaut. Solche Situationen sind Höhepunkte im Leben des suchenden Menschen. Aber es bleibt trotzdem schwierig oder gar unmöglich, anderen zwingend und rundherum überzeugend aufzuzeigen, was auf uns zukommt. Selbstgewißheit läßt sich nicht überzeugend an andere weitergeben.

Meistens ist es wie beim Verbrechen. Aufgeklärt wird hinterher, dann nämlich, wenn alles geschehen ist und jeder glaubt, es immer schon gewußt zu haben. So sehr Menschen eine harmlose Überraschung lieben, so sehr fürchten sie einen wirklichen Einschnitt in ihr Leben. Die meisten Menschen leben mit und von der Hoffnung, daß es bleibt, wie man es gewohnt ist. Alles wirklich Bedrohliche ist ihnen nur Täuschung und übertriebene Angst. Um es nicht wahrnehmen zu müssen, gehen sie manchmal sogar so weit, daß sie um sich her Scheinbedrohungen aufbauen. Sie richten sich damit ein und leugnen alles, was dem entgegensteht. Die Hoffnung einer solchen Haltung ist Bequemlichkeit.

Bequemlichkeit ist für die meisten Menschen das stärkste aller Argumente. Wahrscheinlich ist es auch der Bequemlichkeit zu verdanken, wenn Leute mit Übereifer gleich behaupten: Das, was in diesem Buch geschrieben steht, kann einfach nicht stimmen. Deshalb klingen mir jetzt, nachdem ich seitenlang gewettert, aufgelistet, verglichen, kombiniert und vielleicht sogar geschimpft habe, wo ich jedenfalls versucht habe, gefährliche Illusionen auszutreten, noch einmal die Worte meines verstorbenen Vaters im Ohr: Ist es denn wahr, was Du da sagst?

Als ich mit meinen Recherchen begann, war ich noch unbefangen. Aufgrund meiner Vorbildung ahnte ich, in die richtige Richtung zu gehen. Aber mir kamen oft Zweifel. Mich hatten ja nur vage, nebulöse Vermutungen geleitet. Alle meine Freunde, Bekannte und sonstigen Gesprächspartner hatten eine andere Meinung. Alle Autoritäten, an denen man sich mehr oder weniger bewußt zu orientieren pflegt, redeten in einem völlig anderem Sinn. Auch der Augenschein sprach gegen mich. Waren es nicht wohlwollende, oft selbstlose Menschen, die sich um die „Erhaltung der Umwelt" bemühten, während die anderen egoistisch und nur an sich selbst interessiert waren und sich einen Dreck um diese Dinge kümmerten? Vor allem die Tatsache, daß meine Freunde und guten Bekannten anderer Meinung als ich waren, machte mir zu schaffen. Sie trugen ihre Meinung wie eine Selbstverständlichkeit vor sich her. Sollten sie sich alle irren und nur ich nicht? War es da nicht viel naheliegender und bequemer anzunehmen, „ich selbst sei nicht ganz dicht"?

Ich mußte bei solchen Zweifeln immer wieder an Johann
Georg Elser denken, an jenen wenig gefeierten Attentäter auf
Hitler, den mir mein Vater als Vorbild nahe gebracht hatte.
Der „einfache Handwerker" wurde sich 1939 inmitten des nationalen Taumels seiner Überzeugung gewiß, daß dieser Hitler einen zweiten Weltkrieg auslösen würde. Deshalb und vor
allem, um diesen Krieg zu verhindern, gewann er die Gewißheit, daß Hitler beseitigt werden muß. Wo blieben damals
die Gelehrten der Zeit, wo waren die ach so demokratischen
Politiker, wo die klugen Kommentatoren? Ahnungen gab es
viele und so manche Befürchtung. Aber niemand dachte sie
zu Ende. Niemand wollte sich ihnen entsprechend verhalten
und seine Befürchtungen bis zur letzten Konsequenz durch-
stehen. Die Leute hätten sich dazu die Frage stellen müssen:
Ist es wirklich wahr, was du denkst und befürchtest? Aber die
Antwort wäre für sie unbequem geworden. Daher blieben
all die Linken und Liberalen gerne im Ungewissen oder
ließen sich durch allerlei andere Bedrohungen und Probleme ablenken. Sie begannen ihren damals versäumten Wi-
derstandskampf erst nach 1945 und kämpfen ihn bis heute,
weil sich das nun bequem machen läßt und die allgemeine
Anerkennung dafür sicher ist.

Elser dachte zu Ende, und handelte entsprechend. Nüchtern und sachlich, wie ein deutscher Handwerker vergange-
ner Tage, ging er ans Werk. Er bedachte seine Möglichkeiten,
legte sich einen gangbaren Weg zurecht und bereitete ihn
systematisch vor. Dabei fand er – so weit ich sehe – keine
Unterstützung. Niemand bestärkte ihn. Nur das beobachtete
Verhalten Hitlers bestätigte seine Vermutungen immer wieder neu. Weder das Gezeter der trägen und hilflosen Warner,
noch das von allen Seiten unablässig erklingende Hurra der
Mitläufer, konnten ihn beirren. Daß er schließlich doch scheiterte, lag nicht an ihm, nicht an einem Fehler oder einer Un-
bedachtsamkeit.

Ein kleiner, ungewöhnlicher Zufall ließ Hitler von seiner
Gewohnheit abweichen und verhinderte, daß die Weltge-
schichte einen anderen als den bekannten Verlauf nahm. Der
Zufall bewirkte, daß sich der Krieg, die Umorganisation der

Welt, der weltweite Kulturumbruch und die allgemeine Charakterwäsche auf diese Weise nicht mehr verhindern ließ. Die „Vorsehung" mag, wie Hiler es nannte, auf seiner Seite gestanden haben, Recht und Wahrheit stehen trotzdem auf der Seite des einsamen Elser.

Welch ein Unterschied zwischen dem Vorgehen dieses unbeirrbaren Mannes und jenen späteren Verschwörern des 20. Juli 1944! Welch unklare, verschrobene Ziele und Vorstellungen verbanden diese Leute und was für ein dilettantisches Vorgehen! Sie werden – wahrscheinlich deshalb – noch heute gefeiert, während Elser so gut wie vergessen ist.

Was hat das mit unserem Thema zu tun? Sehr viel, glaube ich! Als Hitler sein Buch „Mein Kampf" unter das Volk streute, hatte kaum einer „Zeit", es zu lesen. Es war ja nicht nötig, „man wußte ja so gut Bescheid", „man hatte sich seine Meinung bereits gebildet". Genau so ist es heute. Wer macht sich noch die Mühe, den Sinn hinter der politischen Sprücheklopferei zu ergründen und ihre Konsequenzen ernst zu nehmen. „Das sind alles nur Reden, es wird nichts so heiß gegessen, wie es gekocht wird, das schleift sich alles ab", sind Sprüche, die ich zu hören bekam. Aber die Politikeraussagen wurden und werden in die Tat umgesetzt. Damals mußten sie schließlich noch heißer gegessen werden, als sie gekocht waren, und abgeschliffen hat sich nichts außer dem Widerstand der meisten Leute. So verhält es sich heute wieder.

Mit wie vielen mittelständischen Unternehmern habe ich gesprochen, die mir auf die Schulter klopften und „Recht so" riefen. In ihrem Inneren verzogen sie ebenso spöttisch wie alle anderen den Mund: „Nur halblang, es wird nicht ganz so schlimm werden. Die Leute da oben sind vernünftiger geworden. Warum sollen wir schlafende Hunde wecken? Wenn die anderen zu dumm sind, wir finden schon einen Ausweg". Jeder hofft noch, selbst ungeschoren zu bleiben. So lügt man sich durch, und die seichte Lebenslüge macht zu Komplizen: „Und schließlich ist ja nicht alles schlecht, was da in Sachen Umweltschutz getan wird!"

Eine Sache, die mit Lug und Trug beginnt, die sich an allen Ecken und Enden in Betrug hüllt, muß im Desaster enden. Die Verlogenheit bleibt nicht auf die Umweltschutzkampagnen beschränkt, sie kriecht in die Menschen hinein und brütet dort Wahnvorstellungen aus. Der neu aufbrechende Ausländerhaß liegt vom Umweltfanatismus nicht so weit entfernt, wie es den Anschein haben könnte. Beide speisen sich aus der gleichen Quelle, aus dem gleichen, schlampigen Denken: „Wir müssen uns arrangieren. Wenn die anderen zu dumm sind, ich jedenfalls finde meinen Ausweg".

Die Bequemlichkeit ist eine starke, politische Macht und sie geht gegebenenfalls über Leichen. Wen kümmert schon die Frage, ob etwas wahr ist. Es muß in die Landschaft passen, unter all den anderen Halbwahrheiten und Lebenslügen einen Sinn machen, sich leicht und eingängig verstehen lassen und vor allem die Bequehmlichkeit rechtfertigen. Die meisten Menschen funktionieren inzwischen wie Manager für Öffentlichkeitsarbeit in Betrieben. Diese würden niemals etwas Kontroverses, etwas wirklich Umstrittenes „sponsern". Was unbequehm ist, ist nicht werbewirksam. Gibt es noch irgend jemanden, der nicht glaubt, sich selbst vermarkten zu müssen?

Früher lieferten Rassengesetze eine schnelle Erklärung. Man war von ihnen nicht unbedingt überzeugt: „aber bitte, wenn die da oben es so wollen, es macht Sinn". Jedenfalls zeigten diese Gesetze jemanden vor, an dem man die aufgestaute Wut ablassen konnte. Heute leisten das andere Halbwahrheiten und ausgekochte Lügen. Sie werden computergefertigt, weil die Menschen der Maschine mehr glauben als sich selbst und ihresgleichen. Sie spüren mit Recht, daß sich etwas Unheimliches zusammenbraut, sie haben in der Tat Angst, aber sie wollen nicht wissen, was es wirklich ist. Sie bedienen sich bequehmerer Ersatzängste: Damals ging die Gefahr angeblich von irgendwelchen minderwertigen Rassen aus, die die rassisch Edleren in den Dreck zu ziehen drohten, heute lauern statt dessen hinter jeder Ecke Umweltgefahren. Das Gefühl des Bedrohtseins ist echt, die bequehmen Erklärungen sind die Lüge.

Ich hatte das Buch längst abgeschlossen und mich nur noch mit den offenkundigen, aber stets geleugneten Parallelen zwischen „Umweltschutz" und Faschismus herumzuschlagen. Da fiel mir plötzlich etwas in die Hand, was meine Überlegungen schlaglichtartig bestätigte. Der Anlaß war die Ehrung Herbert Gruhls. Die Greenpeace-Aktivistin und niedersächsische Umweltministerin Monika Griefahn hängte Gruhl „als einem der Väter der deutschen Umweltpolitik" das Bundesverdienstkreuz um. Dieser hatte eben erst einen „Einwanderungsstopp aus ökologischen Gründen" gefordert. Die meist aus Südländern stammenden Ausländer frören, so schloß er, bei uns und würden folglich stärker heizen; sie belasteten dadurch die Umwelt noch mehr als die Deutschen. Schon deshalb „müßten sie weg". War das vielleicht ein Grund?

Vielleicht finden Sie diese Argumentation auch nicht gerade menschlich, aber was sollte sie schon hergeben? Mir brachte diese Aussage nach all den Recherchen und Betrugsaufdeckungen plötzlich Klarheit. Vielleicht war die Wortverbindung „Heizen – Verheizen" schuld daran, oder das Bild des (Verbrennungs)-Ofens. Aber zu leugnen ist es kaum, daß einem aus den vielleicht nur gehässigen Bemerkungen Gruhls die ganze Unmenschlichkeit der Nazis heraus angrinst. Wie kann man sich darüber aufregen, daß Menschen hier bei uns Zuflucht und die ihnen zuhause geraubte Wärme suchen, – noch dazu, wo unser wirtschaftliches Hauptproblem angeblich die „Überproduktion" sein soll.

„Umweltschutz" ist in vielfältigen Verdrehungen bei jedem Problem schnell zur Hand, das damit verbundene Ziel ist immer nur das eine: Wie soll man sich ohne viel Aufhebens die „viel zu Vielen", die „nutzlosen Esser" vom Hals zu schaffen. Gruhl hat in seinem neuesten Buch die Maske fallen lassen; er bringt den „Umweltschutz" auf seinen Begriff: Beseitigung der Überbevölkerung.

Das war auch mit den Rassengesetzen so. Rasse hin, Rasse her, es ging darum, sich der Überbevölkerung auf eine möglichst kostengünstige und noch dazu gewinnbringende Art und Weise zu entledigen. Die entsprechenden Gesetze und das pseudowissenschaftliche Klimbim, das sie rechtfertigte, sollten die Bevölkerung dazu bringen, auf dem Weg zur Beseitigung „unnützer Esser" möglichst weit mitzuziehen. Als die Bevölkerung schließlich von ihrem Wahn erwachte, war es zu spät, der zweite Weltkrieg war inzwischen voll im Gang. Wann wird sie dieses Mal aufwachen?

Beseitigung von Überbevölkerung ist Ökologiewahn und Naturfaschismus in reiner Form. Man muß Abstand von der üblichen Meinung gewinnen, um das erkennen zu können. Im Bereich der Meinungen kann man wahrscheinlich nur aus der Ferne die Symptome der Krankheit genau erkennen. Die Wasser-, Luft- Umweltreinhaltung unterscheidet sich in nichts von der Rassenreinhaltung und dem, wofür sie herhalten mußte. Deshalb sind Klimakatastrophe, Ozonloch, DDT-Verbot, Krebsangstschürerei, Waldsterben der ideologische Fusel, der die allgemeine Umweltbesoffenheit hervorruft. Je eher die Ernüchterung einsetzt, desto besser.

ANHANG

Forstwirtschaftsjahr[1]	Eiche		Buche		Fichte		Kiefer		insgesamt		Endergebnis des Wirtschaftsjahres[2][3]	
	1 000 m³ o.R.	%	1 000 m³ o.R.	%	1 000 m³ o.R.	%	1 000 m³ o.R.	%	1 000 m³ o.R.	%	1 000 m³ o.R.	%
1979	1 306	96	5 790	91	13 621	93	3 983	91	24 700	93	27 267	102
1980	1 431	106	6 534	103	14 924	99	4 999	110	27 888	102	30 327	111
1981	1 342	103	6 455	99	14 230	93	5 050	108	27 077	98	29 439	106
1982	1 175	91	6 215	97	13 684	92	3 236	107	26 366	96	29 001	106
1983	1 044	84	5 539	87	13 009	93	3 733	80	23 325	89	26 063	99
1984	1 239	95	5 955	93	14 992	98	4 404	94	26 590	96	29 150	105
1985	1 217	94	5 928	94	17 174	111	4 392	93	28 711	103	31 219	112
1986	1 316	100	6 391	101	14 760	98	4 576	97	27 043	98	29 177	106
1987	1 200	92	6 089	96	14 096	92	4 581	96	25 966	93	28 693	103
1988	1 070	86	5 699	89	15 080	95	4 604	93	26 453	93	29 508	103
1989	1 080	86	5 662	90	16 649	99	4 949	97	28 340	96	30 500	104

[1] Einschlagszeitraum in Bayern: 01.01. bis 30.09.
[2] 01.10-30.09., Bayern 01.01-31.12.
[3] Angaben für 1989 geschätzt

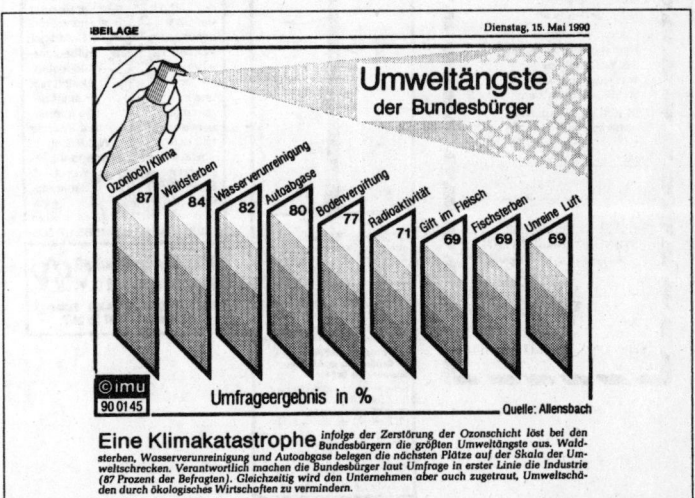

BEILAGE — Dienstag, 15. Mai 1990

Umweltängste der Bundesbürger

Ozonloch/Klima 87 · Waldsterben 84 · Wasserverunreinigung 82 · Autoabgase 80 · Bodenvergiftung 77 · Radioaktivität 71 · Gift im Fleisch 69 · Fischsterben 69 · Unreine Luft 69

©imu 90 01 45

Umfrageergebnis in % — Quelle: Allensbach

Eine Klimakatastrophe infolge der Zerstörung der Ozonschicht löst bei den Bundesbürgern die größten Umweltängste aus. Waldsterben, Wasserverunreinigung und Autoabgase belegen die nächsten Plätze auf der Skala der Umweltschrecken. Verantwortlich machen die Bundesbürger laut Umfrage in erster Linie die Industrie (87 Prozent der Befragten). Gleichzeitig wird den Unternehmen aber auch zugetraut, Umweltschäden durch ökologisches Wirtschaften zu vermindern.

Wenn verbrecherische Elemente mit Volksverblödungen übelster Art Politik machen, kommen solche Ergebnisse dabei heraus, die aufzeigen, wie man psychologische Kriegsführung betreibt, s. meine Fälschungsaufdeckungen und die damit verbundenen Betrügereien. Deshalb: Wer prinzipiell mit der Angst seiner Mitmenschen Politik betreibt, ist ein Verbrecher!

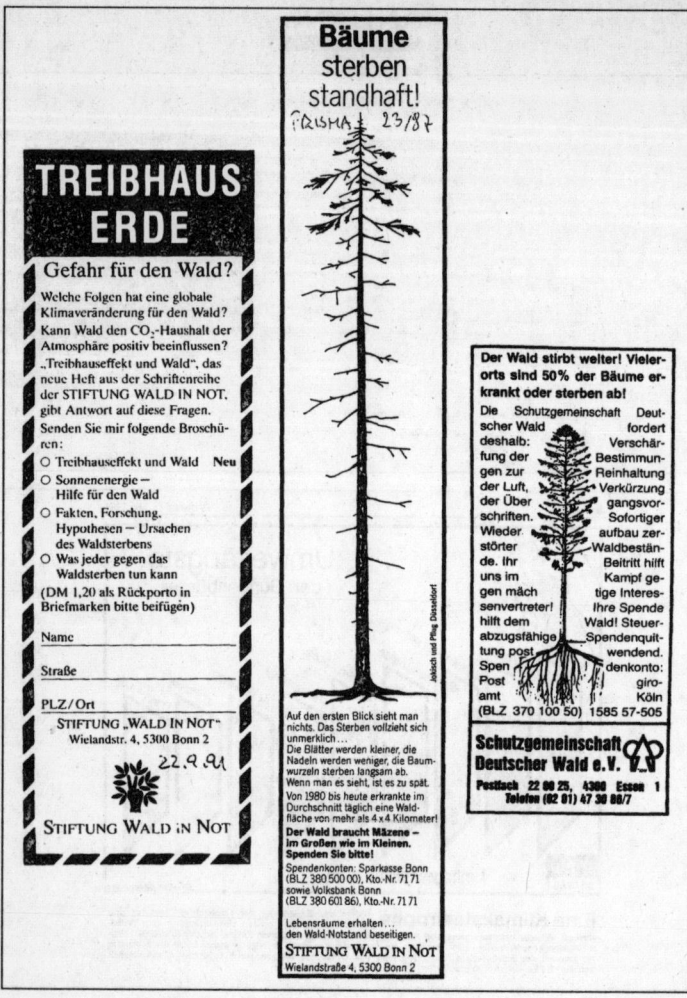

Und zu allem Überfluß eine kleine Spende gefällig!?
Was machen die nur mit dem Geld der verdummten Mitmen-
schen …?

Den Greenpeace-Funktionär Klaus Lanz dünkten die
SPIEGEL-Vorwürfe gegen seine verdienstvolle Organisation "völliger Quatsch". Greenpeace-Geschäftsführer
Thilo Bode war da vorsichtiger. Laut dpa erklärte
er, der SPIEGEL-Artikel (in Nr. 38/1991) "enthalte
faktisch keine falschen Angaben, jedoch eine unglück-
liche Aneinanderreihung von Informationen". Zu
deutsch: Die Autorin, SPIEGEL-Redakteurin Christiane
Kohl, hat gut gearbeitet. In einer SPIEGEL-Anzeige

Hamburger Rundschau

(siehe Seite 290) demen-
tiert Greenpeace denn
auch keine einzige Tat-
sachenangabe. Zu dem
Hauptvorwurf des SPIEGEL,
Greenpeace wisse mit
seinen 60 Millionen Mark
Festgeldern offenbar
nichts anzufangen, fiel
dem Greenpeace-Chef das
seltsame Argument ein,
man brauche schließlich
Geld, um Schadensersatzklagen der Industrie zu bezahlen. Mithin: "Es wäre verantwortungslos, wenn wir
keine Rücklagen hätten. Am Ende wäre das Geld weg
und wir auch." Gott behüte.   23.9.91

*Rettet das einträgliche
Geschäft!*

Einkommen einiger Umweltschutzgruppen im Jahr 1990

in US-Dollar

Organization	Revenues
African Wildlife Foundation	$ 4,676,000
American Humane Association	3,000,000
Center for Marine Conservation	3,600,000
Clean Water Action	9,000,000
Conservation International	8,288,216
The Cousteau Society	14,576,328
Defenders of Wildlife	6,454,240
Earth Island Institute	1,300,000
Environmental Defense Fund	16,900,000
Greenpeace International	100,000,000
Humane Society	19,237,791
Inform	1,500,000
International Fund for Animal Welfare	4,916,491
National Arbor Day Foundation	14,700,000
National Audubon Society	37,000,000
National Parks Conservation Association	8,717,104
National Wildlife Federation	77,180,104
Natural Resources Defense Council	16,926,305
Nature Conservancy	254,251,717
North Shore Animal League	26,125,383
Planned Parenthood	383,000,000
Population Crisis Committee	4,000,000
Rails-to-Trails Conservancy	1,544,293
Sierra Club	40,659,100
Sierra Club Legal Defense Fund	8,783,902
Student Conservation Association, Inc.	3,800,000
Trust for Public Land	23,516,506
Wilderness Society	17.903,091
Wildlife Conservation International	4,500,000
WWF/Conservation Foundation	60,000,000
Zero Population Growth	1,600,000
Total	**$1,177,656,571**

Sources: *Buzzworm*, Sept.–Oct. 1991; *The Chronicle of Philanthropy*, March 23, 1992

Wer finanzierte die beiden einflußreichsten Umweltorganisationen (EDF und NRDC) im Jahr 1988?

in US-Dollar

Foundation	EDF	NRDC
Beinecke Foundation, Inc.		850,000
Carnegie Corporation of New York	25,000	
Clark Foundation		150,000
Columbia Foundation		30,000
Cox Charitable Trust		38,000
Diamond Foundation		50,000
Dodge Foundation, Geraldine	75,000	10,000
Educational Foundation of America	30,000	75,000
Ford Foundation	500,000	
Gerbode Foundation	50,000	40,000
Gund Foundation	85,000	40,000
Harder Foundation	200,000	
Joyce Foundation	75,000	30,000
MacArthur Foundation		600,000
Mertz-Gilmore Foundation	75,000	80,000
Milbank Memorial Fund		50,000
Morgan Guaranty Charitable Trust	5,000	6,000
Mott Foundation, Charles Stewart	150,000	40,000
New Hope Foundation, Inc.		45,000
New York Community Trust	35,000	
Noble Foundation, Inc.	20,000	35,000
Northwest Area Foundation		100,000
Packard Foundation	50,000	37,000
Prospect Hill Foundation		45,000
Public Welfare Foundation	150,000	
Robert Sterling Clark Foundation	50,000	40,000
Rockefeller Brothers Fund		75,000
San Francisco Foundation		50,000
Scherman Foundation	40,000	50,000
Schumann Foundation		50,000
Steele-Reese Foundation		100,000
Victoria Foundation, Inc.	35,000	35,000
Virginia Environmental Endowment		25,000
W. Alton Jones Foundation	100,000	165,000
Wallace Genetic Foundation, Inc.	80,000	65,000
William Bingham Foundation	1,000,000	150,000
Total*	**2,885,000**	**3,236,000**

* The total includes some smaller foundation grants not listed here.

Source: *The Foundation Grants Index*, 1989, 1990

Die wichtigsten Geldgeber der 15 größen Umweltschutzorganisationen der USA im Jahr 1987 und ihre Zahlungen

(Empfänger, Geldgeber, Betrag)

Recipient	Foundation	Grant in $
1. World Resources Institute	MacArthur Foundation	15,000,000
2. World Resources Institute	MacArthur Foundation	10,000,000
3. Nature Conservancy	R.K. Mellon Foundation	4,050,000
4. Nature Conservancy	Champlin Foundations	2,000,000
5. Oregon Coast Aquarium	Fred Meyer Charitable Trust	1,500,000
6. International Irrigation Management Institute	Ford Foundation	1,500,000
7. Open Space Institute	R.K. Mellon Foundation	1,400,000
8. International Irrigation Management Institute	Rockefeller Foundation	1,200,000
9. Chicago Zoological Society	MacArthur Foundation	1,000,000
10. Native American Rights Fund	Ford Foundation	1,000,000
11. Wilderness Society	R.K. Mellon Foundation	800,000
12. World Resources Institute	A.W. Mellon Foundation	800,000
13. University of Arkansas	W.K. Kellogg Foundation	764,060
14. National Park Service	Pillsbury Co. Foundation	750,000
15. National Audubon Society	A.W. Mellon Foundation	750,000

Source: *Environmental Grant Association Directory*, 1989

Entwicklungsländer, deren Bruttosozial-
produkt kleiner ist als die Jahreseinnahmen
der US-Umweltgruppen

(Land, BSP, Bevölkerung)

Recipient	Foundation	Grant in $
1. World Resources Institute	MacArthur Foundation	15,000,000
2. World Resources Institute	MacArthur Foundation	10,000,000
3. Nature Conservancy	R.K. Mellon Foundation	4,050,000
4. Nature Conservancy	Champlin Foundations	2,000,000
5. Oregon Coast Aquarium	Fred Meyer Charitable Trust	1,500,000
6. International Irrigation Management Institute	Ford Foundation	1,500,000
7. Open Space Institute	R.K. Mellon Foundation	1,400,000
8. International Irrigation Management Institute	Rockefeller Foundation	1,200,000
9. Chicago Zoological Society	MacArthur Foundation	1,000,000
10. Native American Rights Fund	Ford Foundation	1,000,000
11. Wilderness Society	R.K. Mellon Foundation	800,000
12. World Resources Institute	A.W. Mellon Foundation	800,000
13. University of Arkansas	W.K. Kellogg Foundation	764,060
14. National Park Service	Pillsbury Co. Foundation	750,000
15. National Audubon Society	A.W. Mellon Foundation	750,000

Source: *Environmental Grant Association Directory*, 1989

Staatsanwaltschaft Detmold

4930 Detmold, 08.03.89

Postfach 470
Heinrich-Drake-Straße 1
☎ (0 52 31) 7 68 - 238
Vermittlung (0 52 31) 7 68 - 1
Fernschreiber: 93 58 00

Geschäfts-Nr.: 4 Js 63/89
Bitte bei allen Schreiben angeben!

Herrn

Wolfgang Roeder

Louisenstr. 27

5042 Erftstadt-Kierdorf

Sehr geehrter Herr Roeder!

Das Ermittlungsverfahren gegen Sie wegen
Verdachts der Beleidigung u. a. ist eingestellt worden.

Hochachtungsvoll
Marten
Oberstaatsanwalt

Beglaubigt

(Huber)
...angestellte

*Anzeige des Grünen, Herrn Schopmeier aus Detmold, wegen Beleidi-
gung in Sachen der Umweltbesoffenheit „Keine Tropenhölzer mehr in
deutscher Rathäuser". Das Verfahren wurde eingestellt. Auch MdB
Robert Antretter, Grüner aus Backnangm hat selbiges 1987 bereits
versucht – auch er scheiterte unverzüglich.*

Pet 1-11-18-270-41050   Erftstadt-Kierdorf

                                         Umweltschutz

Beschlußempfehlung

Das Petitionsverfahren abzuschließen.

Begründung

Der Petent trägt vor, er habe nach achtjähriger, privater For-
schungsarbeit einen Umweltbetrug von weltweitem Ausmaße auf-
decken können. Fast sämtliche der Öffentlichkeit suggerierten
Umweltprobleme seien lediglich das Produkt krimineller Lügen
und Manipulationsversuche von Beamten und Politikern.

So gebe es weder ein Waldsterben noch eine Verschmutzung der
Luft oder der Nordsee. Die zur Reinhaltung der Luft eingeführ-
ten Maßnahmen wie Abgas-Sonderuntersuchung, Einführung des ge-
regelten Katalysators sowie die Entschwefelung und Entstickung
der Kraftwerke seien lediglich eine Betrugsaktion am deutschen
Volke.

So sei z.B. Schwefeldioxid ein Pflanzendünger, der mit der Ent-
schwefelung der Kraftwerke nunmehr den Pflanzen entzogen werde.
Auch die Behauptungen über eine Schädigung der Ozonschicht und
den Treibhauseffekt seien vorsätzliche Lügen. Selbst bei einer
Erwärmung des Südpols um 50° C werde kein einziger Tropfen
Wasser aus dem Eise abschmelzen können, da die Temperatur am
Südpol auch dann noch immer unter 0° C liege.

noch Pet 1-11-18-270-41050

Die Betrugsaktion sei Ausfluß einer "naturfaschistischen" Denkweise, die eine Aussöhnung mit der Natur suche, obwohl diese
der größte Feind des Menschen sei.

Der Petent fordert den Petitionsausschuß deshalb zu sofortigen
Maßnahmen auf.

Der Petitionsausschuß sieht hierzu keinen Anlaß, da die Thesen
des Petenten wissenschaftlich nicht allgemein anerkannt oder
zumindest von einem gewichtigen Teil der Wissenschaftler ernst
genommen werden. Wissenschaftliche Thesen eines Einzelnen können aber nicht Grundlage für politisches Handeln sein, solange
ihnen die Anerkennung fehlt.

Der Petent hat für seine Behauptungen auch keine stichhaltigen
Beweise vorgelegt, die wissenschaftlichen Kriterien genügen.
Der Hinweis auf die weitgehend gleichbleibenden Einschlags-
zahlen der Holzwirtschaft sind kein Beweis für die Behauptung,
es gebe kein Waldsterben, denn gleichbleibende oder sogar zunehmende Holzerträge stehen nicht im Widerspruch zu der Feststellung, daß eine bedenklich wachsende Zahl von Bäumen umwelt-
bedingt erkrankt ist. Auch sind unterschiedliche Aussagen und
Prognosen über den Umfang der Verschmutzung der Nordsee bzw.
die Höhe des Treibhauseffektes kein Beweis für deren Fehlen.
Die Argumentation zur Unschädlichkeit einer Erwärmung des Südpols ist schon deshalb haltlos, weil die Abschmelzung der
mehrere Tausend Quadratkilometer umfassenden polaren Eiskappe
nicht vom geographischen Zentrum des Südpols, sondern von den
Rändern her erfolgen würde; Temperaturdifferenzen von wenigen
Grad könnten dadurch schon verherende Folgen bewirken.

Die Behauptungen des Petenten stehen auch in völligem Widerspruch zu den umfangreichen Untersuchungen der Enquete-Kommission des Deutschen Bundestages "Vorsorge zum Schutz der Erdatmosphäre", die eine Vielzahl anerkannter Wissenschaftler
aller Fachrichtungen aus aller Welt zur Umweltproblematik ange-

- 50 -   Anl. 3 z. Prot. Nr. 11/79

noch Pet 1-11-18-270-41050

hört hat und in Kürze ihren Bericht an den Deutschen Bundestag vorlegen wird.

Abschließend kann der Ausschuß dem Petenten deshalb nur empfehlen, sich auf dem in der Wissenschaft üblichen Wege - z.B. durch Veröffentlichungen in den einschlägigen Fachpublikationen oder Vorträgen auf Fachkongressen - um eine Anerkennung seiner Thesen zu bemühen.

Da der Petitionsausschuß die Forderungen des Petenten nicht unterstützen kann, empfiehlt er, das Petitionsverfahren abzuschließen.

Allgemeiner Deutscher Automobil-Club
Nordrhein

Vorstand

Herrn
Wolfgang Roeder
Louisenstraße 27

5042 Erftstadt Kierdorf

14.März 1985

Sehr geehrter Herr Roeder,

Ihre privaten Recherchen habe ich erhalten und mit
viel Interesse gelesen. Bei mir rennen Sie mit vielen Ihrer Argumente und Feststellungen offene Türen
ein. Leider ist die heutige Diskussion in weitesten
Kreisen und auch im ADAC hierüber sehr unterschied-
lich.

Von Grünen und Politikern werden diese Dinge fast nur
noch emotional gehandelt zum Zwecke der politischen
Show, Fakten bleiben außer acht. Ich will einmal ganz
despotisch sein, wenn wir nicht aufpassen, bekommen
wir nach einer "braunen", "roten" eines Tages auch
noch eine "grüne" Diktatur.

Mit freundlichem Gruß

Otto Flimm
Vorsitzender

ADAC
Alteburger Straße 375
Postfach 51 05 40
5000 Köln 51
Telefon 02 21 / 3 79 95 03

Der Bundesminister für Umwelt, Naturschutz und Reaktorsicherheit

Geschäftszeichen (bei Antwort bitte angeben)

IG I 2 - 070 10 II

Postanschrift:
Postfach 12 06 29
5300 Bonn 1
Fernruf: (0228) 305- **2420**
Telex: 8 857 90
Teletex: 228 38 54
Dienstgebäude Nr: ..2..........

Der Bundesminister für Umwelt, Naturschutz und Reaktorsicherheit
Postfach 12 06 29 · 5300 Bonn 1

Herrn

Wolfgang Roeder

Louisenstr. 27   15. Okt. 1991

5042 Erftstadt-Kierdorf

Sehr geehrter Herr Roeder,

im Auftrag von Herrn Minister Töpfer möchte ich Ihnen für
Ihr Schreiben vom 20. Sept. 1991, in dem Sie zu den Fragen
"Waldsterben" und "Kohlendioxid in der Atmosphäre" Stellung
nehmen, danken.

Das Bundesumweltministerium ist eine staatliche Behörde,
die sich mit Fragen der Politik und Verwaltung befaßt. Das
Ministerium ist insbesondere keine Einrichtung, die sich
eigenständig mit wissenschaftlichen Fragestellungen befaßt.
Bei Bedarf kann das Bundesumweltministerium Sachstand aus
dem Bereich der Wissenschaft heranziehen. So hat die Bundesregierung einen unabhängigen wissenschaftlichen Beirat zur
Beurteilung der Waldschäden ins Leben gerufen. Dieser ist
der Meinung, daß Schwefeldioxid beim Waldsterben eine Rolle
spielt. Auch beim Kohlendioxid sind die Wissenschaftler in
der Enquête-Kommission des Deutschen Bundestages "Schutz der
Erdatmosphäre" der Meinung, daß sich die Konzentration an
Kohlendioxid in der Atmosphäre im Laufe der Jahre eindeutig
erhöht hat. Ich rege an, sich wegen weiterer Fragen ggf.
dorthin zu wenden.

Mit freundlichen Grüßen

Im Auftrag

Ludwig

Dienstgebäude
1 = Kennedyallee 5   4 = Husarenstraße 30
2 = Bernkasteler Straße 8 5 = Graurheindorfer Straße 82
3 = Godesberger Allee 90   (Eingang Husarenstr. 30)
                          6 = Ahrstraße 20

Telefax:
1 = 305-32 25 4 = 305-28 99
2 = 305-35 24 5 = 305-37 46
3 = 305-26 95 6 = 305-23 99

Erreichbar mit öffentlichen Verkehrsmitteln
1 = Hochkreuz Stadtbahnlinien 16/63   4 und 5 = Bushaltestelle Augustinum Linie 638
         Bushaltestelle Linien 614 u. 618   Straßenbahnhaltestelle Finanzministerium
2 = Hochkreuz Buslinie 612   Linie 61
3 = Hochkreuz Stadtbahnlinien 16/63   6 = Bushaltestelle Linien 610 Danziger Str. und
                                          614 Deutsche Forschungsgemeinschaft

DIE ZEIT – Nr. 25 – 15. Juni 1990

Argument. 51, 58/2

Grünhelme
statt Stahlhelme

Der Schutz der Umwelt wäre eine sinnvolle
Aufgabe für Soldaten / Von Peter Menke-Glückert

BONN. – In Ost wie West haben Soldaten das gewohnte Feindbild verloren. Zum ersten Mal in ihrer Geschichte empfiehlt die Nato ihren Mitgliedern keine weitere Erhöhung der Verteidigungsausgaben. Raketen werden verschrottet. Konversion – die Umwandlung von Rüstungs- in Friedensproduktion – ist gefragt. In einem Mitgliedsstaat des Warschauer Paktes, der DDR, wird ein Theologe und Kriegsdienstverweigerer Minister für Abrüstung und Verteidigung. 1989 sind zum ersten Mal in den letzten vierzig Jahren die Rüstungsausgaben und die Zahl bewaffneter Konflikte in der Welt rückläufig.

Was bisher Science-fiction war – der Fortfall der Bedrohung –, ist inzwischen soldatischer Alltag auf Kommandeurstagungen, auf Strategie-Konferenzen, in Tagesbefehlen. Doch fehlt für den Umbruch von Hochrüstung auf Friedensplanung, von Ost-West-Konfrontation auf Sicherheitspartnerschaft ein Konzept, das den Soldaten als neuer Auftrag einleuchtet.

Für ein solches Konzept lieferte ein Kolloquium der Planungsstäbe der Außenministerien der Sowjetunion und der Bundesrepublik Mitte Mai in Bonn wichtige Bausteine: Die Armeen in Ost wie West, Nationale Volksarmee und Bundeswehr, GI und Rotarmisten sollten gemeinsam das Überleben der Menschheit sichern. Dieser Auftrag müßte nicht nur der Abwehr militärischer Konflikte, sondern auch globalökologischer Katastrophen gelten. Ähnlich wie bei der Verifikation von Abrüstungsschritten müßte zum normalen soldatischen Auftrag die Überwachung von Umweltschäden und ihren Folgen gehören – etwa beim Eingreifen gegen schwerwiegende Luft- oder Gewässerverschmutzungen oder bei der Überwachung von Schiffsrouten, ob die Großtanker mit hochgiftigen Abfällen die Sicherheitsvorschriften einhalten.

Seit etwa zehn Jahren photographieren Flugzeuge der Bundesluftwaffe mit Spezialkameras die Schiffsrouten in der Nordsee; viele Umweltsünder wurden so erwischt. Seit 1974 messen zehn Warnämter des militärischen Katastrophenschutzes im Bundesgebiet Luftschadstoffe im Auftrag des Umweltbundesamtes.

Noch findet die Übernahme solcher Umweltaufgaben durch Soldaten meist außerhalb ihres offiziellen Auftrages statt. Noch sind derartige Greenpeace-Aktivitäten in keiner militärischen Dienst- oder Ausbildungsvorschrift zu finden.

Doch inzwischen ist es an der Zeit, in den Streitkräften regelrechte Umwelt-Spezialeinheiten zu bilden: Störfall-Kommandos in umweltbelasteten Regionen, Umwelt-Pionier-Bataillone, die bodenverseuchte Standorte sichern und sanieren, Altlasten beseitigen und schließlich Muster- und Pilotanlagen in den Umwelt-Notstandsgebieten der DDR errichten. Eine Umweltschutz-Grundausbildung statt des jetzigen „Gammel-Dienstes" in Bundeswehr und Nationaler Volksarmee – das wäre jetzt erforderlich.

Und muß nicht endlich auch mit der Aufstellung von „Grünhelmen" begonnen werden: Uno-Umweltverbänden, die mit modernstem Meß-, Warn- und Katastrophengerät ausgestattet sind? Grünhelme könnten jedenfalls wirksamer als viele örtliche Stellen Umweltkatastrophen verhindern, eindämmen, unter Kontrolle bringen. Die Uno-Umweltpolizisten könnten sowohl bei eklatanten Verletzungen des Umweltvölkerrechts auf Beschluß des UN-Sicherheitsrates tätig werden als auch auf Anforderung einzelner Regierungen.

Die militärische Abrüstung sollte mit ökologischer Aufrüstung verbunden werden. Das wäre ein einleuchtender Friedensdienst gerade für die junge „grüne Generation" – ein sinnvoller neuer soldatischer Auftrag.

■ *Peter Menke-Glückert, bis 1982 Abteilungsleiter für Umweltfragen im Bundesinnenministerium, ist Rechtsanwalt und Berater für Umweltprobleme. Er wohnt in Bonn.*

Wir bestimmen, wer industrialisiert wird und wer nicht.

22.2.90

Alarmierende Zahlen über Bevölkerung

Täglich 250 000 Geburten

Manila (rtr) — Die Weltbevölkerung nimmt nach alarmierenden Angaben der Vereinten Nationen in jeder Sekunde um drei Menschen und damit täglich um etwa 250 000 zu. Die Fortschritte bei der Eindämmung der Geburtenraten seien geringer als erwartet. Die Weltbevölkerung von derzeit etwa 5,25 Milliarden werde sich deshalb bis Ende des 21. Jahrhunderts voraussichtlich nicht wie zunächst geschätzt bei 10,2 Milliarden einpendeln, sondern könne gegen 14 Milliarden steigen. Am stärksten werde die Zunahme in den ärmsten Ländern sein, die dafür am schlechtesten gerüstet seien, heißt es.

15.5.90

UN: Bevölkerung wächst bis 2000 um eine Milliarde

London (rtr) — Die Weltbevölkerung wird in den 90er Jahren nach Einschätzung der Vereinten Nationen (UN) um eine Milliarde zunehmen, was möglicherweise katastrophale Auswirkungen auf die Umwelt habe. Die Prognosen im neuen UN-Report „Die Lage der Weltbevölkerung" übersteigen alle bisherigen Schätzungen. Gegenwärtig leben auf der Erde rund 5,3 Milliarden Menschen. Dem Report zufolge werden die armen Länder, wo 90 Prozent des Bevölkerungszuwachses erwartet werden, am stärksten betroffen sein. Die Umweltveränderungen könnten hier „die Schwelle zur Katastrophe überschreiten". Nafis Sadik, Direktor der UN-Bevölkerungsfonds, erklärte: " Die nächsten zehn Jahre werden das 21. Jahrhundert formen. Sie werden vielleicht sogar über die Zukunft der Erde als Heimstatt für Menschen entscheiden."

Wer weiß, wie riesig China ist — vom Norden bis zum Süden sind es sagenhafte 5 500 km = ein Land, fast so groß wie Gesamt-Süd-Amerika — der weiß auch, wie sich darin 1 Milliarde Menschen „verlieren". Was sollen solche Zahlenspielereien, die obendrein nicht gerade menschenfreundlich sind und die wir seit Jahrzehnten immer wieder an die Wand gemalt bekommen!? Was hat man nicht alles schon prognostiziert, welche Untergangsgemälde nicht schon in Szene gesetzt? Derlei Prognosen sind insgesamt entwürdigend und wertlos.

Betrugsverdacht gegen „Animal Peace" hat sich erhärtet

Tierschützer sollen mehr als 100 000 Mark an Spendengeldern veruntreut haben / Vorstand weist Vorwurf zurück

DARMSTADT (dpa) Der Verdacht gegen den Tierschutzverein „Animal Peace" wegen Betrugs und Veruntreuung von Spenden in Höhe von „weit mehr als 100 000 Mark" hat sich nach Angaben der Staatsanwaltschaft Darmstadt erhärtet. Der Verein habe unter anderem offenbar Spenden für ein nicht existierendes Tierheim gesammelt, berichtete Oberstaatsanwalt Georg Nauth. Zudem seien bei den Ermittlungen Quittungen von Spenden gefunden worden, die augenscheinlich nie geleistet, sondern zugunsten Dritter ausgestellt wurden.

Am vergangenen Mittwoch waren die drei Niederlassungen der Organisation in Eitorf, Windeck (beide Rhein-Sieg-Kreis) und Oberrod im Westerwald durchsucht worden. Der Vereinsvorstand steht nach Angaben Nauths im Verdacht, mehr als 10 000 Spenden „nicht ausschließlich und unmittelbar für Tierschutzbestimmungen, sondern für andere Dinge verwendet zu haben".

Der Vorstand von „Animal Peace" hatte die Vorwürfe der Staatsanwaltschaft in der vergangenen Woche zurückgewiesen. Angesichts der Menge der Straftaten die in der Bundesrepublik begangen würden, erscheine es fast lächerlich, eine Organisation, die sich nur für das Recht der Tiere einsetze, so massiv zu verfolgen. Gegen den Verein laufen nach eigenen Angaben auch Ermittlungen wegen Sachbeschädigung an Jagdkanzeln und Pelzgeschäften sowie wegen Tierbefreiung aus Pelzzuchtstationen. Ein Mitglied hatte nach der Durchsuchungsaktion gesagt: „Wir stehen jetzt an der Wand und haben nichts mehr zu verlieren. Wir werden unsere Aktionen forcieren."

Eintrittsgelder für Waldgebiete gefordert

BERLIN (dpa) Nach den alarmierenden Zahlen über den Zustand des deutschen Waldes haben sich Politiker aller Parteien dafür ausgesprochen, für das Betreten bestimmter Waldgebiete künftig Eintrittsgelder zu erheben. Die Agrar- und Umweltexperten nannten Nationalparks, Naturschutzgebiete und Wälder mit einem höheren Freizeitangebot. Eintritt sollte nach Ansicht des landwirtschaftspolitischen Sprechers der CDU/CSU-Bundestagsfraktion, Egon Susset, etwa in parkähnlichen Anlagen genommen werden. Wenn dem Besucher Sportanlagen geboten würden, dann könne er auch durch einen Obulus zum Erhalt einer solchen Anlage beitragen.

09. 04. 86

Regen in Köln ist nicht sehr sauer

Messungen in Leverkusen, deren Daten seit der Schließung der Wetterstation im Botanischen Garten auch als repräsentativ für Köln gelten, haben ergeben, daß der Regen in der Kölner Bucht kaum sauer ist. Der pH-Wert im Durchschnitt der vergangenen vier Jahre lag mit 6,5 fast an der chemischen Neutralitätsgrenze (7 pH) und über der Unbedenklichkeitgrenze für den Pflanzenwuchs (6 pH). Mit einem in der Bundesrepublik nur in wenigen Exemplaren verbreiteten Spezialgerät, dem pH-Ombrometer, wird der pH-Wert des Regens jeweils augenblicklich ermittelt.   fk

Anhang

239

Strafe für Straßenkehrer

Umweltsünder *23.10.* mit Fausthieb am Auge verletzt

Sein übertriebener Einsatz für eine saubere Umwelt kam einen ehemaligen Straßenkehrer jetzt teuer zu stehen. Das Kölner Landgericht brummte dem 51jährigen gestern eine Geldstrafe von 2700 Mark auf, weil er einen uneinsichtigen Umweltsünder mit einem Faustschlag aufs Auge verletzt hatte.

Das Opfer, ein Autofahrer, hatte sich vor zwei Jahren auf einem Autobahnrastplatz in der Nähe von Köln geweigert, ein weggeworfenes Stanniolpapier aufzuheben. Daraufhin schlug der Straßenreiniger zu: er zertrümmerte die Brille des Mannes, fügte ihm einen Riß des Augenlids zu, außerdem drang ein Glassplitter ins Auge ein.

Dem Gericht erklärte der Frührentner, er habe 26 Jahre damit zugebracht, Blechdosen, verfaultes Obst und Hundehaufen wegzuräumen. Da habe er bei der Sturheit des Autofahrers einfach „Rot" gesehen.   r.

So weit kommt's.

Zu viel Stickstoff

Der Wald belastet Grundwasser und Klima

Bonn. (ap/dpa) Der von saurem Regen und Luftschadstoffen geschädigte Wald rächt sich für die Umweltsünden der Menschen in den Industriestaaten: Er trägt jetzt selbst zur Verunreinigung des Grundwassers sowie zur Verstärkung der Klimaschäden bei. Auf diese neuen Erkenntnisse wiesen Mitglieder des vom Forschungsministerium berufenen Expertenrats für Waldschadensforschung gestern in Bonn hin.

Nach der erfolgreichen Verringerung der Schwefeldioxid-Emissionen ist es vor allem das vom Wald nicht mehr zu verkraftende Überangebot an Stickstoff, auf das der Wald umweltfeindlich reagiert. Dieser Stickstoff stammt als Ammonium aus der Landwirtschaft und als Stickstoffoxid aus den Auto-Abgasen, wobei die Landwirtschaft doppelt soviel zur Belastung beiträgt, wie der Verkehr.

Stickstoffgesättigte Waldböden geben den Überschuß einerseits als Nitrat an das Grundwasser ab. Das führt dazu, daß selbst das Grundwasser unter Waldböden häufig 60 bis 80 Milligramm Nitrat pro Liter enthält und als Trinkwasser nicht verwendet werden kann, so Professor Karl Kreutzer von der Universität München. Andererseits wird das Zuviel an Stickstoff als Lachgas in die Atmosphäre abgegeben, wo es teils zur Verstärkung des Treibhauseffektes, teils zum Abbau der Ozonschicht beiträgt. Große Teile der deutschen Mittelgebirge seien bereits zu flächendeckenden Lachgas-Quellen geworden, erklärte Kreutzer.